ZUOGE
DONGJIAJIAO DE
HAOJIAZHANG

做个懂家教的好家长

——著名教育专家赵石屏教授对家教多年的思考

赵石屏　著

作家出版社

图书在版编目（CIP）数据

做个懂家教的好家长：著名教育专家赵石屏教授对家教多年的思考 /
赵石屏 著 . -- 北京：作家出版社，2017.9（2023.4重印）
ISBN 978-7-5063-9386-7

Ⅰ . ①做… Ⅱ . ①赵… Ⅲ . ①儿童教育 - 家庭教育 Ⅳ . ①G78

中国版本图书馆CIP数据核字（2017）第048356号

做个懂家教的好家长：著名教育专家赵石屏教授对家教多年的思考

作　　　者：	赵石屏
责任编辑：	郑建华　乔永真
装帧设计：	梦　石
出版发行：	作家出版社有限公司
社　　　址：	北京农展馆南里10号　　　邮　　编：100125
电话传真：	86 - 10 - 65067186（发行中心及邮购部）
	86 - 10 - 65004079（总编室）

E – mail: zuojia@zuojia. net. cn

http: // www. zuojiachubanshe. com

印　　　刷：	唐山嘉德印刷有限公司
成品尺寸：	165 × 240
字　　　数：	319千
印　　　张：	21.5
印　　　数：	30601—33600
版　　　次：	2017年5月第1版
印　　　次：	2023年4月第10次印刷

ISBN 978-7-5063-9386-7

定　　　价：	48.00元

谨以此书，献给——

我的父亲和母亲

目 录
CONTENTS

下集　家长的教育能力 / 189

写在卷首

这是我之前所著《石屏谈家教》的修订版，补写进这十几年时间的思考。我出生在一个学者家庭，父母毕业于西南联大，博学慈爱，对我有着极为深刻的影响。我上山下乡时在农村教过夜校，回城以后教过中小学，1978年考上大学，之后在大学任教、研究家庭教育，直到现在：钟爱儿童、钟爱教育，心甘情愿为它付出艰辛、不倦努力，以此报效我无比钟爱的家国。

中华民族以家庭教育文化著称于世界，流传着几千年延绵不绝的"课子"典范。孟母三迁而有"亚圣"孟子，岳母刺字而有《满江红》的慷慨悲歌，关于家庭教育的著述抄本如《家训》《家范》《三字经》《千字文》《女儿经》《童蒙须知》……无不彰显着中华"家文化"独一无二的厚重。

在现代中国，"家文化"经"文革"劫后余生，这三十多年重新崛起，家庭教育充分展示出了其理论与实践的成熟进步，同时也面对着更多的挑战。多元化教育理论的倡导，社会生存日益激烈的职业竞争、升学压力，心怀无数梦想的家长，媒介热情渲染的完美榜样……不断唤起人世间最美好的期待与热望：天下为人父母的期待与热望。这是一个庞大的教育动机系统，它的驱动力如此强烈，使得当今家庭教育不曾逊色于历史上任何一个教育盛世。

社会在发展、在变革，二十一世纪我们需要什么样的家庭教育？八十年代出生的独生子女已经长大，陆续进入职场、婚恋、为人父母，生命周期开始了一轮新的起点。这些"80后"家长开始更加热切地关注家庭教育，他们的家长素质也具备了值得称道的深度与厚度。

教育作为人类独特的文化传承活动，是人类生生不息、延续发展的必须，家庭教育则是儿童在家庭的学习、效仿，是人类生存方式在家庭的传递和延续。家庭教育研究要涉及人类学、社会学、心理学、教育学、生物学等绝大部分与"人"相关的学科领域，而为此思虑不辍，几经易稿，也真正是引人入胜的，现概述如下。

其一，家庭的教育机制是怎样的？

"机制"是由结构、关系决定的工作原理和工作方式。家庭教育之所以无可替代，就在于它的教育机制基于生物性、基于生活世界。达尔文曾提醒过人们，弱小动物从不单独生活，"而人同样不能够单独生活，人的个体抗御自然的能力很差，为了在这个星球上生存和延续，人必须依靠最发达的神经系统来弥补身体其他部分的先天不足……无论是速度还是体力，人都不如其他动物，所以人类必须依靠群体[1]。家庭因此成为人类生存方式的最佳选择，人类最早的教育也就在家庭中进行。

人类文化学者本尼迪克特说："每一个人从他诞生的那时起，他所面临的那些风俗便塑造了他的经验和行为……待等孩子长大成人，该社会的习惯就成了他的习惯，该社会的信仰就成了他的信仰，该社会的禁忌就成了他的禁忌[2]……""文王之化，自家而国"，家庭对人的文化塑造无时不刻、无处不在，如中国伦理文化之春节、祭祀文化之清明、科举文化之文昌，都是由家庭承载而"化成天下"的。

基于生物性的与生活世界的属性，我总结出家庭的教育机制有九大机制：生物性机制、初始性机制、秩序性机制、情感性机制、关系性机制、生活性机制、利他性机制、叙事性机制，以及由家庭承载的习俗所具备的机制，这些教育机制是家庭独具的[3]。

其二，生存教育的价值更为凸显。

人类最原始的教育就是生存教育，莫非到现在父母反倒忘了孩子是要独立生存的不成？事实真正如此。中国社会财富在今天快速增长，"衣马轻肥"的"纨绔子弟"版本在不断重演，将富裕状态下家庭教育的新问题突显出来。

---

① [美] 马斯洛等著，林方译：《人的潜能和价值》，华夏出版社，1987。
② [美] 露丝·本尼迪克特著，王炜等译：《文化模式》生活·读书·新知三联书店，1988。
③ 赵石屏著：《试论家庭的教育机制》，载《教育研究》，2007.11。

其实这个问题也并不"新",中国历史上的豪门富贵多了去了,哪里只在当下才有呢?眼看他千百年穷通转换、冷暖炎凉的世事更迭,人们才懂了"金玉满堂,莫之能守;富贵而骄,自遣其咎"①,明白了后代的生存能力只能通过他们自己的艰苦磨砺才能获得。一言以蔽之,"生于忧患,死于安乐",国之生存如此,家亦如此,个人生存更是如此。

身置现代多元文化背景,孩子的未来更具复杂性与不确定性,这种不确定性始终伴随着家庭教育的全过程,因此家庭教育要有应对不确定性的理性,要考虑开放性、多样性和动态性。家庭教育要允许孩子在多元的文化要素中去体验学习、积累经验、学会选择,而不要将孩子规定在某种单一的价值体系之内去学习成长,家长的教育期待也不宜只是静态的、简单化的指向,如只认定读书成才,弄成华山一条路。

为此家长需要具备教育的风险意识,具备掌控和接受风险的能力②,懂得教育动机、教育投资与教育效果之间存在的多种可能性,懂得每一种教育模式或教育方法实施,其结果都存在不确定性,并不一定指向家长认定的未来。例如家庭教育在选择某种模式(如民主型)的同时,必须做好接受这一选择的风险——后果是积极的或消极的、建设性的或破坏性的③。

更进一步说到人类生存,从古至今的三大苦难:饥饿、战争、疾病,至今依旧严重威胁着人类,人类依旧困厄其中。个人、家庭、民族的生存都需要在艰难中开拓前行,绝无轻松可言。中华民族在险恶异常的地球环境中生生不息,延绵数千年至今繁茂昌盛,独步古今,它所蕴含的精神力量,屹立于世界之巅!教孩子们懂得"生存不易",才能聚集起足够强大的能力来应对这个"不易"。

其三,"平等主义"的教育困境。

亲子关系所在的生命秩序,是中国传统家教依赖的法定秩序,亲代拥有绝对的教育权威,以保证训导子代符合生存规范。而西学东渐的文化重视个人价

---

① 老子:《道德经》。
② [美]亨利·N·波拉克著,李萍萍译:《不确定的科学和不确定的世界》,上海世纪出版集团2005.9。
③ 赵石屏著:《试论家庭的教育关系》,载《教育研究》,2012.11。

值，现今的教育理论也有主张弱化家长的话语权，以保证儿童"自己做决定"、获得"平等"的资格，亲子关系理论因此陷入程度不一的困境。

基于生物属性的人类婴儿出生时候的无知状态，以及相当长时间内需要学习才能生存的"非平衡态"，决定了家庭教育关系的生命之序无可更改[1]，人性中携带的原始欲望对人类社会生存也具有相当大的破坏性。所以，人类解决儿童无知无能状态的唯一办法是教育、训导，遏制人性中反社会的破坏力，也需要教育和规训，正如古训所以"生不教，父之过""父子之严，不可以狎；骨肉之爱，不可以简。简则慈孝不接，狎则怠慢生"。[2] 这是中国文化对秩序的理解和遵从，也就是对生命秩序表面"平等"的否定。

我深信人类行为有着深刻的生物基础，人类凭借大脑从动物圈里走了出来，从某种意义上说，社会是人的大脑的产物，社会活动（包括教育）从根本上讲无法左右生命秩序，教育关系无法超越生物性而左右教育终端。现代人类盲目的狂妄，意欲消解生命秩序，包括消解为人之子的内心秩序，为了献媚"平等"，甚至提倡"大不敬"来哗众取宠，这真正是该被喝止的。

其四，教育的宽严之争。

历史上关于宽教与严教孰优之争的这个教育论题由来匪浅，不是今天才有。中国传统文化教育以"严"著称，追溯其渊源，在《易·家人卦》中就有提出[3]，并一直成为主流理念奉行至今。"严"就是必须遵从规则，就是必须根据规则去成长、必须凭借规则约束自己，"不以规矩，不成方圆"，有规矩才能保证教育完成社会化，保证儿童成人，所以"自在不成人，成人不自在"颠扑不破。

宽严之争的另一个问题，是为什么需要宽松教育？其实富于价值的宽松教育并不是终极目标，它只是要创造一种精神空间，让孩子在其中获得主动、主体发展。曾经无数次地，我们问自己"为什么没有培养出大师"？那么，大师是什么？大师是财富大亨么？不是，大师是精神巨匠！从这个角度讲，孩子能得到多少精神营养，才有多大可能的精神发育；孩子能有足够成为大师的精神

---

① 赵石屏：《试论家庭的教育关系》，载《教育研究》，2012.11。

② [北齐] 颜之推：《颜氏家训》。

③ 《易·家人卦》。

空间，才有可能培养出大师！这个问题如此迫切！为此我在全书中用了相当的篇幅来谈孩子的精神需要，如何优化孩子的精神发育。从家长到社会都需要思考：我们到哪里去找到养育出大师的精神营养呢？怎样才能提供可让儿童成长为精神巨匠的精神空间呢？

其五，家庭教育发生的最主要方式：示范与效仿。

家庭的教育是生活世界的，在生活世界中受到的教育是人类最具本质意义的教育①。在汉语词源中，"教"最原本的涵义即"示范"与"效仿"②，而观察学习原本就是人类学习的基本方式之一，尤其是在生命早期，儿童在家庭生活里的观察学习必然发生，"示范"与"效仿"正是基于人类的这种"类本质"得以实现。父母在家庭生活中负载并示范着生存方式、价值取向、情感态度、思维方式、知识技能、行为规范，孩子的效仿在其中自动生成，故而优化家庭生活世界、优化示范，就是优化家庭教育。

"国家化民成俗，学者修己治人"③，现今中国家庭教育理论不足，实证亦不足，我们这一代人误了黄金般的韶华芳年，故不敢称已能接近"知天命"、"耳顺"，只是自许教育，心甘情愿为此毫不吝惜自己的任何努力，书中或隐或显有着"不可知论者"的兴叹，实在是对教育这项人类活动纷繁复杂不得其旨的抱憾。

关于书名，《做个懂家教的好家长》，其意在于："好家长"一定是懂家教的。"懂家教"与文化学历无关、与财富权力无关，懂家教是学习得来的。孔子说："好学，近乎知。"④ 意思是说，一个人好学，就已经差不多是智慧的了。为人父母爱子如命，不缺深爱，缺的是如何培养孩子成才的教育见识、教育能力。所以，家长好学，就能懂家教。家长懂家教，则孩子幸甚、家庭幸甚、国家幸甚！

拙著第一版名《石屏谈家教》，这次我把姓氏放进去《——著名教育专家赵石屏教授对家教多年的思考》，彰明我对"从何处来"这一哲学问题的肃穆。

---

① [德]哈贝马斯：《交往行动理论》，复旦大学出版社，2004。
② [东汉]许慎：《说文解字》，中华书局，1963。
③ [宋]朱熹：《四书集注》。
④ 《中庸》。

出版在即，我以更加的眷恋追忆我的父母。父母去矣——于今何处，百思不得，劬劳哀思，百身莫赎。父亲去前手书"父字"、母亲去前嘱我"为国家再健康工作二十五年"，音容宛在，慈命镂心，不敢一日懈怠，不敢不"临深履薄"。所以这二十五年，我每天都在开始……"知止而定""而有所思"，做一个好学者，写出好书。

感谢黄希庭教授、郑日昌教授多年的悉心指导，启功先生"天人合一"的点教① 使我如天窗顿开。感谢朱丕智等挚友对拙稿逐一斧正，感谢出版社郑建华先生诚挚相助，拙著经修订得以再版。自知功力之限，虽已竭尽心力，向往审美与神性，毕竟未能抵达，故而憾甚。诚祈诸位不吝赐教，不胜感激之至。

岁次丙申常州赵石屏识于暮春三月

---

① 1992年我到北师大进修，奉母命拜望地理系周廷儒院士，不期周院士和夫人不久前先后相距一周仙逝，他们的紧邻启功先生得知，邀我至家，详细告诉我他之所知。之后一年时间，我几次请教过启功先生，他对教育的见解在我看来"真乃智者"。

上　集

家长的教育之识

我曾经在北京大学见到一个"舀菜汤的北大学生",让我一直由衷赞叹，深深感念。在学生食堂免费的菜汤桶那里，他排在我前面，轮到他的时候，他转过身礼貌地对我说"阿姨，您稍等一下"，然后用汤勺耐心地在桶里捞起菜叶，一小会儿盛了一碗，端到旁边小饭桌上，那里只有一碗米饭……我明白了，于是忘了自己舀汤走过去俯身对他说："你吃慢一点，阿姨给你买菜去。"他一下子站起来非常真诚地说："阿姨，真的不用，真的……"我说不出的心疼，却真的无法拒绝他的请求……我无数次把这个故事讲给家长们听，这个舀菜汤的北大学生，在千人就餐的学生食堂里，面对自己的贫困，他却有如此的坦荡！

多好的孩子啊！他那一份无比宝贵的坦荡，一直打动着我到现在：是什么样的家长教出如此优秀的孩子？他考入北京大学，实属了不起，更了不起的是他在繁华的大都市、在许多家境优越的同学之中，面对自己贫寒的那一份坦荡！而他的父母，在贫困中让孩子具备这份太难得的禀赋！我感念着这个优秀的北大学生，更感念着他的父母：他们的教育见识如此卓越！

中国古代的人才标准是"德才学识"，即道德、才能、学问、见识。"学识"指学问、知识、眼光、见识。家长的教育之识指家长具有的教育眼光、见识及教育知识，其中，见识是家长教育孩子的眼光、见解，而知识则指相关的专业知识，有知识不一定有见识，而见识一定是以知识为基础。这里的知识不单指书本上的知识，家庭教育的实践性很强，生活世界里代代传承的知识与见识更具价值。

人到中年，为人父母，进入人生最辉煌、承担责任最多的阶段，除了职场需要打拼，自己的子女教育往往也有诸多困惑，孩子成长中的各种问题接踵而来，其中有的是家长可以从容应对的，有的则是让家长很纠结、不大明白、无法判断的。在现代中国，家庭教育要面对各种文化的影响冲击，对此不少家长已经深感险象四伏、束手无策、教育失控，例如孩子太自我、太开放，家庭教育深感棘手，甚至无能为力；又如孩子网游，是应当接纳还是需要限制？如果需要限制，那么孩子又如何去掌握获取网络信息的能力？

因材施教是教育原则，而如何因材施教，家长就要知道孩子是块什么样的材料，孩子的特点是什么，思维类型、性格特点、智力水平等孩子的"之所长""之所短"，在此基础上家长才能因材施教，这就需要家长学习相关的一些知识；家庭教育持续的时间最长，特别需要家长有长远眼光，在孩子学前阶段，就要为孩子情绪管理能力打好基础；在孩子小学的时候，要准备中学的学习能力，不能只看分数；在孩子成长的不同阶段，能够调整方法与孩子不同阶段的心理特点相适应，因此家长的"远虑"能克服盲目性，贯通孩子成长不同阶段的教育。所以，我力求把问题写得更深入一些，希望能帮助家长"知其然"并力求"知其所以然"，以利于提升教育之识，争取更多的教育主动。

从个人来说，孩子事业成功，家庭幸福是每个家长的殷切愿望。从国家民族来说，21世纪是人才较量的世纪，中华民族要实现伟大复兴，依靠的是下一代孩子，他们的素质能力、胸襟气度如何，决定着民族的命运。家庭教育传承着中华民族几千年"施教于家而成教于国"的文化精髓，我们要教给孩子担当大业的胸襟气魄，培养他们治国平天下的经纬之才。这既是国家、民族的，又的确是每个家长的事情。

第一卷　素质教育从操场开始

提示：健康始终要放第一位（P4）／素质教育从操场开始（P6）／

一、健康始终是第一位的

记得以前制定"三好学生"的标准第一是"身体好"，然后才是"学习好"还引起过争议，有人提出第一位应该是品德好，但国家领导人坚持第一位是"身体好"，可见健康始终是放在第一位的。国家如此，家庭更是如此，"身体好"从来就是家庭教育的自然目标，家长谁不高度重视孩子的身体？给孩子看病都尽可能到最好的医院、挂专家号，平日营养更是殚精极虑。

我曾提问过很多中小学生家长，最担心孩子哪些事情？回答第一担心和忧虑的也是孩子的健康，其次是学习问题；在对中小学生的调查中，孩子们"最烦恼"的事情也与健康问题有关，如有难治的病、高度近视、肥胖等。

世界卫生组织要求各国政府逐步实现每个人都能得到初级保健，包括营养、安全、饮水、清洁环境、儿童保健、预防接种、普及健康教育、常见病及创伤的有效处理、提供药物等。在我国部分农村，初级保健还是家庭健康教育的重点，在大多数城镇，儿童的健康教育还需要家长重点关注如下几个问题。

第一，高度重视睡眠问题。不少家长为提高孩子的学习成绩，千方百计在补习班、增加学习时间上下功夫，说明还不了解睡眠对学业的重大影响。据世界卫生组织调查，影响孩子学业的几大因素中，睡眠不足是第一因素，其次是饮食习惯、运动不足！这恐怕是好多家长不了解的。现在中小学生的作业练习比较多，速度慢一点的孩子经常不能保证睡眠。我曾提醒家长，如果平日睡眠不足，双休日就少上补习班，把睡眠补上，有家长却不在意地说："没关系，不去补习班在家里还不是打游戏，睡的时间还要少呢。"这样睡眠总量不足，必然成为影响学业的主要原因。

我在中学听课发现，几乎每节课都有学生趴着，甚至一个班有三四个，断断续续大概要睡半节课，老师也反映现在总体上学生的睡眠好像老是不够，因为作业、因为网游，也有完全听不懂昏昏欲睡的。从睡眠的原理说，人在睡眠中才能完成人体内蛋白质的合成，修复人体不断的耗损，睡眠能促进能量物质的储存，所以睡眠充足，精力才充沛。家长见孩子错题、扣分心里就发火，却不想想，昏昏沉沉的大脑怎会不做错题？家庭教育要注重细节，这些就是重要的细节。

第二，重视食品卫生。家长对孩子的饮食卫生负有重要责任，一定要指导孩子的消费卫生，如怎样识别污染食品、注意包装是否合格、避免盲目追求高消费等。例如喝水，白开水就最好，可乐等炭酸饮料应该少喝。还有就是路边的小摊，看见背书包的孩子在小摊买零食吃，我心里就发紧，那些花花绿绿的零食是何等的不安全！家长怎么不教孩子自我保护呢？

孩子上学离开家长在外，家长就要教给孩子抵御诱惑、自我保护的意识。一次我见凉粉挑担前围了七八个小孩子，每个手里都捧着凉粉吃得津津有味，而旁边一个女孩却没有吃，她坐在一大堆五颜六色的书包中间，认真看护着这些吃凉粉同学的书包，我忍不住停下脚步问她怎么不吃呢，她认真地回答"妈妈说过不能吃街边的这些东西"，那可爱的样子让人疼爱不已，教一个七八岁的孩子抵御街边小吃的诱惑真还不容易，她的妈妈却做到了。

第三、培养公众健康道德意识。健康不仅与医学有关，而且与社会、环境、自己的行为有关。每个人除了维护自己的健康，还要维护他人的健康。前不久有一则报道居住在楼上的小孩蹦蹦跳跳，楼下的住户不堪其扰，交涉无果，生气到将天花板戳穿以示问题严重，这就是公众健康道德的问题。虽说蹦跳是小孩的天性，然而家长不加约束、不予教诲，就成为公众道德问题。

还有住楼上的孩子每天放学回家，从一楼开始按门铃，每层楼两家人的门铃都按，一直到他家的四楼。房主开门孩子已经跑掉了，扰得阖楼不安，反映给孩子的家长，家长还不大高兴，说孩子不听话没办法，邻居们到学校向孩子的老师告状才制止掉。也有小孩子乘电梯、乘地铁闹腾不休，开心嬉戏，旁若无人，家长在一旁并无教导制止，诸如此类。"养不教，父之过"，说的就是这种家长了。

家长要养成孩子一个关键性的意识，就是在公众场合的"收敛"意识，一进电梯、一到地铁、去到书店……习惯性地就收敛起自己的说笑、吃东西、大声的打电话等。公众健康道德要从家庭开始培养，而家长责无旁贷。

二、素质教育从操场开始

依我之见，目前健康教育最严重的不足，是孩子缺乏身体活动、缺乏体育锻炼、缺乏户外活动，而且还不是个别现象。原因不完全是缺乏体育设施，而是很多家长把体育锻炼仅仅作为学校体育课的内容，体育成绩好坏若不影响升学则无关紧要。孩子除了学校每周几节体育课，一年四季里，肌肉、器官、身体各系统缺乏任何锻炼，这是何等可怕的事情！

2012《中国城市儿童户外活动蓝皮书》显示，87.4%孩子表示喜欢户外活动，超过90%的孩子认为户外活动对自身发展有多项受益，包括帮助体质增强、拓宽知识面等，95.8%的儿童认为户外活动让自己变得更快乐了。调查发现，虽然孩子们认可户外活动的积极作用，但在日常生活中，由于家长担心孩子的学习、孩子学业任务繁重以及数码类玩乐的增加、治安环境等原因，致使孩子们越来越"宅"，越来越远离户外活动。

调查显示，半数孩子认为自己不参加户外活动的首要原因是作业太多，这一比例随着年级的增高而逐渐增加。平时儿童放学后，每天户外活动时间平均可达到 1 小时，但尚有 27.7％被调查孩子不足 1 小时。对比之下，却有 12.45％的儿童每天看电视、玩电子游戏的时间超过 2 小时，到寒暑假这一比例达到 61.4％。[①]

缺乏运动，缺乏户外活动，孩子的身体健康从何说起？要拥有现代的健美体魄，锻炼更是必不可少，但为什么家长却忽视了呢？主要还是观念问题。一些家长认为，体育锻炼是为了读书头脑更清醒，或者可以作为读书之路不通时的职业出路；也有认为体育是有体育天赋的孩子的事，现在升学压力那么大，也就顾不上这许多。持上述观点的家长还不是少数。

正确的观点是，所有的人都需要体育，中小学生更是普遍需要体育！家庭教育要树立起现代体育观，要像尊崇高学历一样尊崇体育素养高度重视。有发达国家的调查显示，"最受欢迎的学生"第一条件是"运动员一样的体魄"，对此男女生的结论一致。如果我们对学生提同样的问题，虽然现在也开始推崇健身、推崇"马甲线"，但自古以来"郎才女貌"的标准仍然有相当的市场，男生才华出众、女生温和、美丽还是普遍赞赏的标准，相当多的女生只是追求瘦身，身体基本素质却不在考虑之列。追根溯源，汉文化对人体的禁锢审美态度是重要的历史因素。

有家长对孩子的体育天赋视而不见，坚持"唯有读书高"，不喜欢"头脑简单、四肢发达"，以致牺牲了孩子的体育潜能，"学而优则仕"，虽然家长的这些选择有其情理的合理性，反映的却是缺少现代体育观念。在城市里，学习好的孩子更不易坚持锻炼，每天一小时的锻炼或训练往往保证不了。学习成绩稍有波动，家长就警告道"还是学习第一位呀！"于是被迫停止体育锻炼以"保证"学习。至于初三、高三的学生，为了保证升学复习，被家长停止足球、田径等运动项目，最多也只是休闲式地打打羽毛球、散散步，实际上也等于废弃了锻炼。在我见过的寒暑假计划中，把体育锻

---

① 《中国城市儿童户外活动蓝皮书》. 新华网，2012.5.31。

炼列入计划的，以前不到 1%，现在学校提高了体育考核的项目和标准，才经常看到节假日有中小学生在操场锻炼，但其中应对考核的比较多。

在某次高三优生心理辅导活动中，我询问孩子们最希望家长做什么？孩子们异口同声地说，希望准许我们打篮球、踢足球！他们都是有希望考上全国名牌大学的孩子，却比其他孩子更难得到体育锻炼的准许，这太令人忧心。所以之后我在班主任讲座、在家庭教育讲座都再三叮嘱教师和家长，一定要学会"打体育这张牌"，这是一张"王牌"！无论从身体健康角度、学习考试角度、人格健全角度、意志磨炼角度，体育锻炼都是一张"王牌"。

有的家长只操心孩子别生病，却不重视体育锻炼，就本末倒置了。从预防疾病角度看，体育锻炼可以全方位增强身体素质，是防止疾病的最根本途径之一。我曾调查过一个少年游泳队的队员，常年训练尤其经过冬泳训练的，很少患感冒或呼吸道感染，以前常患感冒的孩子，游泳一个冬天之后，很顽固的上呼吸道疾病也再没有出现，游泳队孩子的家长都说效果难以置信！所以，家庭教育一定至少让孩子在某一项体育项目中得到系统的训练，保持每天 1 小时的锻炼，才能基本保证身体的活动需要，保证神经系统、肌肉系统、呼吸循环系统等得到系统的锻炼。

体育锻炼也是优化情绪的有效方法，有研究证明，血液中的血清素如果低于正常水平，人就会情绪失控、心境消极甚至抑郁，而体育锻炼能促使大脑合成血清素，可以有效消除负面情绪，所以养成孩子体育健身的好习惯，是优化情绪的必选项目。

坚持体育锻炼才能培养起"体育养生"的习惯，我国不少中年知识分子英年早逝的教训之一，就是他们之中很多人缺乏体育养生的习惯，纵然才华过人、学识渊博，却因健康恶化而英年早逝，令人痛惜。

体育锻炼还事关民族素质。二十多年前一个留美博士告诉我，美国一部分人的种族歧视一直将"从不锻炼"作为嘲笑华人的依据和话题，让我开始关注这个问题。客观地讲，现代西方人体观更重视通过锻炼实现体魄强健的视觉审美，而汉民族比较喜欢约束身体，并不欣赏"四肢发达"，对女性更是"约束"至上，细腰、缠足，直至今日的瘦身，都不是通过体育锻炼而是通过静态的约束来实现审美，从现代体育观来审视，是带有些病态的审美。

近年我去美国，发现 20 年前的歧视改变不多，让我非常痛心，是否重视体育锻炼，的确是衡量一个民族素质的重要尺度。看着美国的土地上，只要有孩子、有学生就一定建有体育场馆设施，无处不在的标准操场、橄榄球场、游泳馆、健身房，人声鼎沸的锻炼场馆、道路上疾驰而过的自行车拉力、矫健如飞的长跑者，白发苍苍、精神矍铄的轮滑队伍，小区里齐备的篮球场、草坪，别墅房间里的蹦床、健身器械……我不由思接万里，想到我们好多中小学的孩子下课只能在水泥地上蹦蹦跳跳，真恨不能中国所有的中小学、小区一夜之间突然有了千个万个操场，我们所有的孩子在里面尽情奔跑、跳跃，得到系统的身体锻炼，所有的孩子体魄美健、朝气蓬勃——那是我们中华民族从未有过的情景啊！所以我总是大声疾呼——素质教育，从建操场开始吧！

第二卷　教孩子做一个好人

提示：*欲不可纵（P11）/ 诚意正心（P11）/ 君子能劳、后世有继（P15）/ 劳谦谨饬，做靠谱的人（P18）/ 幼学壮行，匹夫之责（P21）/*

　　教孩子如何做人、如何做一个好人，是家庭教育的一个大题目。人类结成社会相依而存，相互依赖着生存在地球上，所以一个人是否可靠、是否靠谱，比是否有能力更重要。什么是好人呢？好人就是人品可靠的人、有德的人。"德"的本意是"心正、目正"[①]，就是意诚心正，引申为道德品行，以不伤害他人利益、社会利益、国家民族利益为主要指标。

　　任何社会的教育都是将"德"放在第一位的，"君子先慎乎德"。[②] 首先要做一个好人，其次是才学，一个人没有正直、善良、忠诚，即便才华出众也不叫做好人，而历史上遗臭万年的罪人，也并不一定学问浅薄、低能无用，好多都是学问渊博，能力过人的。所以中华民族从古至今都强调"首孝悌，次见闻""德才学识""行有余力而学文"。

　　家庭教育首先是教孩子做一个好人，好人首先是"心正"的人，"一言

---

① 　金文中的"德"是"目"下面加"心"，会意着目正、心正才算"德"。
② 　《大学》。

以蔽之，思无邪"的人。厚德的人是好人，节制的人是好人，助人的人是好人，堂堂正正的人、担责任的人、"能劳"的人、宽厚的人，就是好人；如果以天下为己任，救民于水火则是圣人。

近些年由于经济发展的突出地位，从饥贫中解放出来的人们释放着对物质的空前欲望，做人的教育、道德教育似乎成了空洞的东西，无处落脚，有些过时，"旧调不弹"。社会道德的约束力下降，"从恶如崩"，致使不受约束的欲望不断冲垮道德底线，恣肆妄为、释放邪恶：颠覆信任、毒污食品、戕害正义善良……甚至以清为傲的读书人，也折腰物欲，不要了礼义廉耻，呈现着"士之无耻"的"国之大耻"！

家长不要认为邪恶与自己无关，可以袖手旁观，邪恶永远等在下一个路口，受害者这次是别人，下一次就是你，无处逃遁。一次我上课讲到这个问题，第二天一个学生拄着拐告诉我，下课后他在过红绿灯路口的时候，被违章司机撞了，司机逃逸——他说，邪恶真的等在下一个路口啊！

世上绝无空洞的做人，一个人可以不读书，可以不学技术，可以不工作、不成家，然而却必须做人。每个人都实实在在地在做人，即使家长一个字也不说教，其自身为人也是做人的身教示范。那么，怎么教孩子做一个好人呢？要教的是"欲不可纵""诚意正心""君子能劳""劳谦谨敕""幼学壮行"。

一、欲不可纵，神存富贵

1. 欲不可纵

好人一定是有节制的人。"节制"是人类公认的几大美德之一，而且是很重要的品质，节制为什么成为了美德呢？古人训导说，"除非节制，人类不能得救"，意思是说人类如果放任自己的欲望，必然走向灭亡。这是至理名言。整个人类社会的文明、规范，如制度、法律、道德等，都是为了限制"人的欲望"从而保证社会的正常秩序，其共同的核心，就是节制。著名心理学家弗洛伊德指出"文明即禁忌"，中华文明延绵数千年保留至今，就仰赖中华文明成功地遏制住了人的欲望泛滥，建立起良性的文明秩序，稳固延绵数千年而不灭。

从个人说，"敖不可长，欲不可纵，志不可满，乐不可极"①，要想拥有幸福人生、成功人生，则不可放纵、不可轻傲、不可自满、不可沉湎安乐。总之，除非节制，不能成人，放纵欲望，注定毁于放纵。

所以一个好人，首先是有节制的人。节制自己的欲望不超过边界，不超过一个度，而要做到这一点难度很大。所以家长从孩子小时候就开始教孩子学着遏制自己的欲望，节制教育要贯穿家庭教育整个过程。之所以难度大，因为家长几乎每天可能有遇到，小孩子总是想要这样要那样，家长就得一件事、一件事地指导，教孩子怎样处理"想怎样"与规则之间的冲突，直到孩子能够约束自己、符合社会规范。

欲不可纵，这一关过不了，迟早陷入放任欲望的泥潭深渊之中。一位家长在孩子读小学时就灌输只要学习好就能走遍天下，所谓"书中自有黄金屋"，想要什么有什么。孩子大学毕业后在某研究所工作，由于缺少最基本的节制欲望的训导，最终为国外间谍组织重金诱惑，出卖国家机密，锒铛入狱。家长抢天呼地，到处托人，说无论花多少钱也要把孩子弄出来，却不曾反省自己在这出悲剧中的重大失误。

2. "神存富贵"

人的欲望各有不同，有的人希望拥有金钱、拥有权力、拥有地位，有的人希望拥有智慧、拥有知识能力；有的欲望是利己，有人立志要利国利民；有的人看重口腹之欲，以逐物为快；有的人看重扶危济困，以道义为责。所以有一句话叫做"神存富贵，始轻黄金"，②意思是说有精神的富贵才能真正看轻物欲。就像《陋室铭》说的："谈笑有鸿儒，往来无白丁。……孔子云：何陋之有？"③南阳诸葛亮的草庐、西蜀杨雄的亭子都很简陋，但此间主人富有智慧、学问渊博，何来简陋呢？这就叫做神存富贵，始轻黄金。

家庭教育要培养孩子蓬勃向上的精神家园，向往拥有智慧、向往利国利民，就像岳母刺字"尽忠报国"，培养儿子以天下为己任的志向，才能真

---

① 《礼记·曲礼上》。
② [唐] 司空图：《二十四诗品》。
③ [唐] 刘禹锡：《陋室铭》。

正不为物欲所累、所困。孔子视富贵如浮云，一生不倦地追求大智慧，其境界甚至"朝闻道、夕死可也"①，意思是如果在早上有闻至大的真理，傍晚就死去也无遗憾。孔子的大智慧奠定了中华民族生存的主流文化基础，影响至今，居功至伟。

1988 年，几十位诺贝尔奖得主聚集巴黎发表宣言："人类要在 21 世纪生存下去，必须回首 2500 多年前，去汲取孔子的智慧。"我们中华民族为什么可以延绵数千年至今生命力更加蓬勃？因为我们从古至今重视"德者，本也"，重视"神存富贵"，重视教化，"自天子以至于庶人，壹是皆以修身为本"②，孔子说"骥不称其力、而称其德"，被称为骥骥的好马，不是因为它日行千里，而是因为它有忠义的美德。马尚如此，何况乎人？

二、"诚意正心，儒释道俱同"

1. 成才"八目"

教孩子做一个好人，要从心正、意诚开始。儒家修身成才有"八目"③之说，"八目"即"格物、致知、诚意、正心、修身、齐家、治国、平天下"，诚意、正心在其中。纵观社会人事，所有的真善美都是从"心正"开始，而所有的邪恶都源于"心不正"，好人首先是心正，心正则人正，所以做人的起点在心，做好人必须要诚其意、正其心，家庭教育如果没有"正心""诚意"的教育，也就没有教孩子"做一个好人"的起点。

著名的《钱氏家训》警示后人："心术不可得罪于天地""庙堂之上，以养正气为先"④。司马光的学生向他请教为人处世、可以终身信守的座右铭，司马光说"其诚乎！吾生平力行之，未尝须臾离也"⑤，意思是说终身需要坚守的就是"诚"啊！我平生一直在努力践行，意诚心正，没有片刻背离过。

---

① 《论语·里仁》。
② 《大学》。
③ 八目：格物、致知、诚意、正心、修身、齐家、治国、平天下。
④ [后唐·吴越] 钱镠：《钱氏家训》。
⑤ [清] 黄宗羲：《宋元学案》。

2. "慎独"即心正

孔子认为道德的最高境界是"慎独","慎独"就是"心正",即使在无人知晓的情况下也意诚心正。东汉时期的杨震,官至司徒太尉①而为官清廉,不受私谒,被人称为"关西孔子"。一次某县令为报答他的知遇之恩,夜里拜访带上贵重的黄金送给杨震,杨震生气严拒,县令说:"夜里无人知道。"杨震严正道:"天知、地知、你知、我知,怎么说无人知呢?"县令满面羞愧带着黄金退下。杨震的廉洁刚正也成为子孙的宝贵财富,他的后代继承其心正载德,"四世为太尉,德业相继",②成为东汉京城的名门望族,让世人无不感叹"积善之家,必有余庆"!

常言道"鬼神为之德",就是警示人的言行要以心正来自律,不论他人知与不知,还有天知、地知、鬼知、神知,还有自知,这才是最具效力的道德力量。所以,"正心诚意,儒释道俱同"③,诚其意,正其心,是儒家提倡的修养内容和途径,实际上也是佛教、道教的教义所在,所以"儒、释、道俱同"。

我曾接触过一个优秀的中学生,善良正直、聪慧勤奋、学习优异,低调宽厚,老师同学邻里都很称赞。他在写妈妈的作文里,写到他还是小学生的时候,偶然发现了妈妈放得很隐秘的好几个献血本,上面记录着妈妈献血的多次记录,他问妈妈为什么我们全家都不知道,妈妈说她上下班经常路过献血站,听说医院很缺血浆,于是就比一般人多了几次献血。母亲的心正意诚、平实谦逊,给儿子极大的感染和教育。古人云"母者,牧也",这个优秀的中学生,正是母亲的慎独、大义、谦和、端庄"牧"育出来的。

心正、意诚甚至就是做一个好人的唯一条件。例如一群路人帮助拾起被大风刮飞的一大摞百元钞票,分文不少,因为他们意诚,想的是"谁挣钱都不容易";拾到数万巨款的人为什么拾金而"不昧",因为他们心正,

---

① 东汉太尉相当于丞相,位三公之列。
② [南朝·宋] 范晔:《后汉书·杨震列传》。
③ [宋] 夏元鼎:《满庭芳》。

别人的钱是别人的！"临财不可不廉介，存心不可不宽厚。"① 我们周围的好人很多，这些好人就是孩子做好人的榜样，心正、坦荡、不自欺。

培养孩子做一个好人，关系到孩子一生的功败垂成。如果家长只重视学习成绩，琴棋书画，轻视人品栽培，认为"我们家这条件孩子能坏到哪里去"？这种眼光短浅的心态和做法，孩子极可能最终人品不过关，人生半途而废，甚至全盘皆输。

3. 心不正乃至害命

俗语道，"心不正乃至害命"。一位弹钢琴的音乐学院大学生杀了人，许多人百思不解，他本是学业优秀的大学生，为什么去杀人呢？我也一直在思索为什么他能够杀人，从小到大学的教育没有任何人教他去杀人，可是他确确地杀人了，认真追问下去，其实他杀人的根源就是"心不正"——面临突然发生的撞人事故，心思"正"与"不正"必然成为第一反应，他的第一反应就是"农村人很难缠"，然后不顾对方苦苦哀求，连续数刀杀死手无寸铁的被害人。

有知识而没有善意、没有心正是危险的，"格物、致知"才艺高、有知识，只是成才的初级素质，"心不正"又如何"修身、齐家"，更遑论"治国、平天下"。这个大学生如此的心不正，可以推测他的家庭长期都缺乏"正心"的教育，缺乏对他"诚其意、正其心"的要求，一念之间，把二十多年家庭的教育结果体现到极致！可见教孩子"诚意正心"是何等重要。古人云"积善之家必有余庆，积不善之家必有余殃"② 说的就是这个家庭教育的道理。

三、君子能劳，后世有继

宋代名臣司马光治家治国治学都堪称有成，他在说到治家方略时指出，

---

① [后唐·吴越] 钱镠：《钱氏家训》："持躬不可不谨严。临财不可不廉介。处事不可不决断。存心不可不宽厚。"

② 《易·家人卦》。

"君子能劳，后世有继"①，意思是说，"能劳"是生存的根本，家族兴旺的根本，人只有依靠自己的劳动，依靠艰苦持业，家族才能立足、延续、子孙才能兴旺发达。家族如此，个人亦如此。

一个人对待劳动的态度和劳动观念，奠定人生的基本进程，"能劳"就是人生的立足点，在劳动技术高度发达的现代社会，"能劳"的价值一点没有变化，同样是一个人生存之根本，家庭兴旺后继有人之根本。对此，家庭教育要强调几点：第一，劳动乃人生立足点；第二，子女一定要有正当职业；第三，孩子要自理，要学会独立面对。

1. "能劳"乃立足之本

家庭"能劳"教育的根本观点是，获得生存资本、获得人生幸福要靠自己的劳动。现在有的人不相信这一真理，总以为可以走取巧捷径不劳而获，总是把希望寄托于自己努力之外的因素，因而图轻松、慕虚荣，甚至可能无视王法，铤而走险，其结果毁掉一生，究其根源是对待劳动的态度不正，缺乏的恰恰就是"能劳"。

三十多年前一个青年人公费留美，每月由国家派给几百元的生活费，他父亲担心太困难，便写信叫自己在国外的弟弟资助一下，而青年人的母亲却不允，说："国家给的生活费可以维持生活，如果不够他自己去打工。"父亲说："有什么关系吗？我的弟弟。"母亲坚持道："不行，我的儿子！"见此父亲也就赞同，遂用毛笔蘸墨涂掉那一行关于资助的字，直到仔细辨认也没有一点痕迹才寄出信函。这位青年人得知后告诉父母"不用担心我"。他以好成绩被聘为助研，收入增加了不少，研究成绩也很突出，之后他学成回国，现在已是中国科学院院士。他说母亲从来就是这样"大事清楚分明"。

这件事说起来并不算什么，也就是让孩子少花一点钱，但它涉及一个根本的观点：一个人生存的立足点是自己劳动，"别人的终究还是别人的，自己的才真正是自己的。"很简单的一句话，好多人在付出了惨重的代价之后才认识到。比起有些炫耀与富人贵人沾亲带故的家长，这位母亲的教育

---

① [宋] 司马光：《家范·卷十》。

见识和对人生的理解，深刻非凡。

有个高校教授的孩子读了研究生却独自到北京开西餐店，兴致勃勃地不辞千辛万苦，从早到晚地干，老板长工的活儿都干，说这就是自己的理想，要打拼出有品牌的餐饮王国。这位教授说自己并不希望孩子做餐饮业，可是孩子积极向上、能够吃苦，扎扎实实地干，就是最重要的好品质，就是"能劳"，就能保住人生的根本。

关于劳动观念的培养，家长要记住一句流行很广的话"家产万贯不如薄技在身。"这是不少世族大家、豪门巨富留给子孙的家训。它道出了一个真理：财产是不可靠的，劳动才能保证生存！如果家长辛苦奔波，赚钱、积攒家业，相信这样就可以坐享财富，永葆子孙一世衣禄，忽视孩子的劳动技能培养，就非常危险。因为人生往往难以料定，应付最恶劣的生存环境，只能依靠劳动和劳动技术。

2. 子女一定要有正当职业

现在的家庭教育出现了比较突出的一个新问题，就是孩子成人了却不进入职场，不工作。一是富足人家的子弟不入职场，衣食无忧、游手好闲，即所谓的纨绔子弟、衣马轻肥的"五陵少年"[1]，二是父母并不富有，而子女懒惰无能、怕吃苦，挑三拣四、不愿劳动、无收入无住房，甚至已结婚生子，还赖在父母家里靠父母供养，成为"啃老"一族，以至于逼得有的老人无奈之至，只好提出要解除亲子关系，赶自己的子女出门。

从生存的角度看，子女成年而无正当职业，是很危险的事情。据统计，我国大学毕业生尚有几十万人待业，其中约10万人依靠啃老生存[2]，成为时下比较突出的新问题。从家庭教育角度看，很大程度是因为家长忽视劳动教育所致。

南宋学者袁采著有《袁氏世范》，他提出，"人之有子，须使有业。贫贱而有业，不至饥寒；富贵而有业，则不至为非……富贵之子无业以度日，遂起为非之心"[3]，意思是说，一个家庭，子女一定要有正当职业，一定要在

---

① [唐]杜甫《秋兴（其三）》："同学少年多不贱，五陵衣马自轻肥。"
② 麦可斯公司：《2012中国大学生就业报告》，2012.6.11。
③ 马镛：《中国家庭教育史》，湖南教育出版社，1997。

社会中承担一种职业角色，富裕人家的子弟尤其如此，从事社会职业能够保证贫寒家庭不至饥寒，对富贵家庭，社会职业则能保证家族子弟不为非作歹。衣食无忧的年轻人如果不工作，很容易垮掉，被人性里的邪恶吞噬，这个基本的人生事理家长一定要懂得。

一个男子很有出息，独立办企业不到 40 岁就挣下上亿财富，然后选了一个城市准备息业，陪孩子读书，然而他父母都坚决反对，告诉他："你现在 40 岁就不入职场、不做事了，那还了得！很危险，要出事的。况且孩子读书哪里用得着你不工作去陪他？闲在家里给孩子的榜样也很不好。"于是这个男子在孩子读书的城市开办了分公司，努力工作，保持着创业的活力，也依旧是孩子崇拜的好父亲。

3. 孩子家务劳动的价值

独生子女家庭孩子家务劳动太少，已经成为一个比较普遍的问题，我看不少大学生、研究生的宿舍又脏又乱，垃圾成堆只会推物管失职，总有"扫一屋"就不能"扫天下"的浅薄，这与他们的家庭不提要求有关．不少家长把做家务看成小事情，看作浪费学习时间，认为将来请保姆、家务社会化可以轻松解决家务事，读好书才是别人帮不了的。这样的观点看似说得过去，但这是把学做家务的价值缩小了，其实孩子做家务，首先旨在养成"自己料理自己"的观念，习惯自理，这是孩子独立能力的起点，是立足于社会的基本条件。

一个人有所作为并不一定起源于做家务事，但却起源于基本的自理观念和能力。家长如果不对孩子提出自理的要求，从早到晚、从头到脚包干一揽子事情，结果是孩子丧失了自理的最基本习惯、愿望和技能。"君子能劳，后世有继"，立足社会一生的本事就是从料理自己开始，从自己的事情自己做开始。

四、劳谦谨敕，做靠谱的人

劳谦谨敕，就是勤劳、谦虚、严谨、检点，内心正，外圆融。"靠谱"是指可靠，值得相信，不靠谱就是靠不住，让人不敢相信。是否靠谱是做人做事的基本品质，也是公、私交往与否的基本前提，所以从立足社会来讲，靠谱甚至是比能力重要的品质。

1. 靠谱的人是好人

第一，靠谱是言而有信。关于言而有信，可以讲晋文公奖励"万世之功"的故事给孩子听：春秋时期晋文公与楚成王争夺中原霸权，在城濮（今山东鄄城）有过一场大战，开战时大臣狐偃主张兑现对楚国的诺言"退避三舍"，晋文公采纳了狐偃的意见，退兵90里地最终仍然大败楚军，成就了中原霸主地位。战后晋文公将首功奖给了狐偃，将次功给了战场总指挥，理由是"指挥获胜是一时之功"，而"履行诺言乃万世之功"，[①] 万世之功就是言而有信，就是靠谱。

第二，靠谱是有边界、有底气。靠谱的人是坚守原则、有底气的人。古人有"四观"之说，用四观来判断人是否靠谱、是否值得交往。这四观即"观人于临财，观人于临难，观人于忽略，观人于酒后"，意思是看一个人是否靠谱，看他面对钱财是否不贪，面对困厄是否有担当，看他办事是否有责任，看他酒后是否自控不乱。这也是古人判断一个人是否可交的标准。"临财不苟得，临难不苟免。狠不求胜，分不求多。疑事不质，直而不有"[②]。意思是说面临财物不苟得，面临危难不苟且偷安。与人有纷争不一定非要赢，财物分割不一定非要多得。有疑问的事不一定询问，担任了官职不要视为己有。

第三，靠谱是踏实去做。靠谱的人懂得事情是做出来的，所以总是在"做"这个环节上非常认真，轻重缓急拎得很清楚，事无巨细考虑周全，总是让事情稳妥，让人放心，这样的人很靠谱。

2. 扶危济困的人是好人

扶助有危难的人，救济困苦的人，是人类共同的美德，也是一种可贵集体生存方式。中国历朝历代，都有数不清的扶危济困的好人。有地方志记载，明代一柳姓人氏，万历某年饥荒，他出粟赈救邻里族人十余家，煮

---

① 城濮之战是继齐、楚召陵之盟和宋、楚泓之战以后，晋国与楚国之间的一场大战，在春秋历史上具有重大意义。它扼制了楚国的北进势头，稳定了中原形势，成就了晋国的中原霸主地位。
② 《礼记·曲礼》。

粥施舍，救活了很多人；清代某杨姓人氏，康熙五十九年（1720）大饥荒，他出粟500石救灾，而且在去世时，焚烧了乡邻欠债的全部债券。到雍正十一年（1733）又逢饥荒，他的儿子同样鼎力救灾济贫，声明并不索还[1]……都得到了地方官的嘉奖。类似的扶危济困、为贤一方，在各地方志里比比皆是，这样的好人代代相传，直到今天。日常生活中助人为乐的好人很常见，就是我们说的"还是好人多！"

一位古稀老人回忆自己一生何为快乐，她写道："助人为快乐之本。"以助人为快乐，这就是好人的高境界。一位家长给孩子读童话《七色花》，然后问孩子："如果你有一朵七色花你要什么？"孩子兴致勃勃地说："我要好多巧克力，还有游泳池。"家长说："好的，再想想能帮别人做什么？"孩子高兴说道："我拿一瓣把爷爷的心脏病治好，拿一瓣把爸爸的近视眼治好……"家长夸孩子，"好能干哦！"然后说："医院还有许多病人怎么办呢？"孩子大声说："对！对！把他们全部都治好！"

这位母亲很准确地把帮助人的教育放进故事里去。的确，作为人类三大苦难之一的疾病，带给人类的痛苦太深！也许这个孩子长大了真的就成为一个可以"生命相托"的好大夫，而这个孩子的母亲就为人类解除疾病的苦难做了很具体的贡献，这就是实实在在的做人的教育，她在培养孩子做一个好人，扶危济困的人。

现在有人叹息世风日下、厚德不再，其实不是的。"德不孤，如有邻"，意思是说，德性高尚的人很多，"十步之内必有芳草"，在我们周围肯定是"好人多"的，这一点不容怀疑。这些好人大到救民于水火之中的圣人，小到帮助照料邻居小孩的主妇，还有随时都能伸出援手济难救困的平民，都是好人、厚德的人。一个成绩很好的高三孩子有点抱怨同学老是问他题，有点耽误自己复习，母亲认真地告诉他，"你把解答时间集中一下应该没多大影响，没有说自己高考就不帮助人的道理。"这就是做人的教育。高考结果这孩子考上清华，同学也考上理想大学，而学会助人对孩子来说更是宝贵。

---

[1]　甘肃省庄浪县委宣传部：《扶危济困类名人》，2008。

五、匹夫之责，幼学壮行

1."幼学壮行"就是责任

不断提高自己、发展自己是人的责任，中国古代提出的"幼学壮行"就是如此，[①]"幼学"强调读书学习是儿童的责任，是"我要学习"；"壮行"即长大之后要担起责任。

有的家长努力督促孩子学习，几乎每天都要念叨，却忽视了强调孩子对学习的责任心，比如检查作业应该由孩子自己去检查，但有的家长却视为己任，代替孩子检查，结果第二天孩子回家哭闹说："你们是怎么检查的！有一题错了，害得我被扣了分。"家长还慌忙不迭地认错，保证以后认真检查，这多少有点令人啼笑皆非。这样的结果不外有二：一则孩子缺乏检查作业的能力和习惯；二则，究竟作业是谁的责任？花去十几年时间的学习都不是孩子的责任，还有什么事情可以去培养孩子的责任心呢？而"壮行"就是要担起责任，这个意识要从小培养，承担起对个人、家庭、社会、国家的责任。一个男孩子说，"妈妈，我长大了要像爸爸那样去上班挣钱"，那么家长如何评价孩子这句话呢？曾经有位男士对我说，"惭愧，我只顾得了挣钱养家"，我说"现在不少男士还不知道自己是该挣钱养家的，你是很有责任担当的人了。"可见幼学、壮行都是一种责任担当。

2."齐家"之责

"修齐治平"是成才"八目"的内容，"齐"就是齐家，就是担起家庭责任、处理好家庭关系、振兴家业。中国传统社会以几代同堂的大家庭为主，集体生存更利于对抗恶劣的自然环境和社会变故，有的世家大族，可以同财共居长达几百年之久，所谓"钟鸣鼎食"之家，这是中国"家文化"的一个显著特征，也是整个民族生存方式的根基。

因此"齐家"是中国文化的重要一部分，欲要治国，先齐其家。齐家，一是振兴家业，从经济上获得尽可能多的优质资源，保证家族兴旺发达；

---

① 《礼记·曲礼》。

二是要处理好一个大家庭的内外关系，对长辈、平辈、晚辈、妯娌、姑舅、娘家、夫家，对亲戚、故交，同僚、上司，甚至皇亲国戚、仆人丫鬟等，都要适度得体；三是要培养子孙上进，这是家族的根本。那么我们今天如何齐家呢？

现代中国以核心家庭为主，家庭结构简单，人数少，关系看似单一，但现代家长同样面对齐家的基本问题，而且每一件事情都不容易。第一，养家。中国文化非常强调一个成年人负有振兴家庭、保住家庭的责任，我曾经遇到在大都市打工做装修的父子俩，父亲五十多岁，儿子三十多岁，他们的家是上有老下有小的四世同堂的一个大家，他俩为了家庭拼死工作，不舍得休息一天，其中父亲对儿子说，我们家就我们俩是男人，男人的责任就是养家、保住家。他俩真正做到了儿子、丈夫、父亲甚至叔父的责任，他们强烈的责任意识让人肃然起敬。

近几年，关于年轻父母担不起抚养责任的报道不时见诸报端，让人叹息。一个男青年仅仅因为孩子哭闹影响了自己睡觉，就怒气冲冲朝妻子泼去汽油并点燃，以至酿出惨祸；不止一个年轻父亲，懒于工作不说，连孩子发高烧也仍然停不下网络游戏；而有位年轻母亲则娇气十足，嫌丈夫做菜不好吃就要离婚。现在四个老人照顾着第一代独生子女小夫妻的现象还不在少数，其中相当一部分是因为小夫妻还承担不起家庭的经济责任、抚养责任，这也是值得家庭教育思考的问题。

有个母亲的儿子留美博士回国创业，业绩卓著，收入丰厚，这位母亲却郑重告诉儿子，担起家庭责任，保住家，兴旺家很不容易，除了勤俭持家，还告诉儿子记住祖训"生死不败家"，即活着不许做败家的事，死了不许丧事奢靡，此外特地交代儿子："如果我和你父亲生病，绝不许败了家去治疗治不好的病。"这位母亲传递"生死不败家"的家训，蕴含着中国传统文化视家庭高于自己的生命责任感，这种对家庭责任的生活态度，也是让人肃然起敬的。

第二，赡养老人，好多人还担不起责任，不知孝敬，甚至拒绝赡养，一个家庭弄得乱七八糟，完全没有任何建设性的家庭关系。有的家长羡慕别人的孩子孝道，而自己的孩子拒绝赡养，从孝道角度说这无疑是孩子的大不敬，拒绝赡养也触犯了法律。可是家长回过头去想过没有，"祸福惟人"，是谁让孩子成为不孝之子呢？也许自己本身就是对家庭成员不尽责的人，所以自己是齐家的失败者，也是失败后果的承受者。

曾经有家长告诉我说女儿只对她好，嫌奶奶没文化，对奶奶说话也不大礼貌，奶奶叫吃饭，女儿还说："你看见我在写作业怎么就吃饭嘛？"我推测说你们做父母的可能对老人也有类似的态度，孩子才可能这样子的，这位家长仔细想了一下，说的确如此，尤其孩子的爸爸对老人总是粗声粗气地不耐烦。可见"欲要齐家，先修其身"，自己素质优良，才可能处理好家庭成员的关系。

第三，培养子孙上进。中国文化以家族为单位生存，家族兴旺系于子孙是否上进，所以历朝历代从皇室到平民家训中于这个严肃的齐家问题。培养子孙上进的家训归纳起来，一是要注重优化家庭环境，家长要以身示范，不可草率；二是培养孩子有抱负、有志向，勤奋求学，自立自强，谨慎务实。历史上好多历经数代而不败的家族，都是培养子孙上进的典范。

例如千年名门吴越钱氏家族，从钱镠建立吴越国以来，人才辈出，仅载入史册的名家就逾千人。近代以后，更是人才济济，科学家钱学森、钱伟长、钱三强，国学大师钱穆、钱钟书，外交家钱其琛，诺贝尔化学奖得主钱永健，都出自这个江南望族，彪炳史册，如雷贯耳。钱氏家族何以千年兴旺，与《钱氏家训》直接相关，钱氏家训以儒家"修身齐家平天下"为己任，上承祖业，下传子孙，思想含义博大精深，是钱氏家族人才辈出的传家宝，是钱氏家族无价的精神遗产。

3. 以天下为己任

人类结成社会而共同生存，也就产生了超出个人范围的责任。这种责任包括对国家、民族的责任，对家庭的责任，对他人的责任。中国文明延续五千年的文化精髓，就在于重视个人对社会、对国家和民族的生存发展所承担的责任，"天下兴亡匹夫有责""位卑未敢忘忧国"是中华民族集体生存的灵魂所在，具有极强的感召力和凝聚力。从屈原、岳飞、文天祥到现代的民族英才，从济贫赈灾到"家国天下"，无一不是以天下为己任的楷模。"匹夫有责""以天下为己任"是一种朴实的情感，它不是一句空话，而是中华民族赖以生存的民族精神。

有人说现在的年轻一代个人中心，不关心国家大事，我不认为如此。虽然现在有些年轻人的价值取向我们这一代人不大赞成，但有一点我们应该毫不怀疑，那就是在国家遭遇危难的时候，这些年轻人会像我们的先辈一样优秀，赴汤蹈火，壮怀激烈、顶天立地！因为我深信文化的力量，深信"家国天下"已经成为民族生存意识的精髓所在。

现在不少家长有些纠结，就是在社会腐败现状中怎样培养孩子扶弱济贫的同情心？社会有腐败、有很多不合理，家长就可能想不通"孩子的钱都要捐出去，那些贪官污吏却装满了腰包，"的确，现在包括慈善机构在内的腐败极大挫伤了人们济困助人之心，但是家庭教育在具体问题上要给孩子讲清楚，"仁慈恻隐，造次弗离；节义廉退，颠沛匪亏。"① 意思是说，仁慈、同情心、节操、大义、廉耻、谦让这些五常之德，即使在自己颠沛流离、挫折困顿之时，或者在仓促忙乱、来不及思考的时候，也是不能丢弃的，这是家庭教育的基本出发点。

"恻隐之心，仁之端也"②，同情心是道德的基础情感，怀有恻隐、不忍之心，才能有助人之心。有的家长也许生存太苦太累，总是对他人疾苦有些麻木，缺乏惜老怜贫的德性，也就不愿教育孩子胸襟宽阔一些。古人训"有容德乃大"，胸襟宽阔，懂得人生疾苦，心中有他人，才能有高尚的"德"，才不会被生存的艰难压垮。

有一位母亲，读小学的儿子在赈灾班会上把刚穿上身的新毛衣脱下来捐了，她夸奖了儿子并告诉他，赠送别人东西要挑选比较起来更好的赠送，才叫有诚意。她儿子现在已经博士毕业，人品非常好，大气阳光，带领学术团队很具凝聚力，这位母亲的家庭教育就坚守了这个基本点。

从古至今，社会总是会出现各种问题的，甚至有远远超出人们预料的丑恶，可是社会一直在进步。所以家长能够因为社会有阴暗就教孩子阴暗、因为身处荒唐的年代就教孩子荒唐吗？答案绝对是否定的。如果我们家长要等到社会没有阴暗才教育孩子光明，那么社会也就愈加阴暗，永无光明

① [南朝·齐梁] 周兴嗣：《千字文》。
② 《孟子·公孙丑上》。

之期。社会责任感本身就包括消除社会腐败、消除阴暗的责任，不然怎么叫做"忧国"呢？

许多海外华人，移民在外已经历几代，也从没忘记民族大义，"尔身在外，乃心王室"①，以自己方式为民族复兴尽忠尽力。家长要教育孩子明白，能为社会和国家，为人类担负重任的人是最智慧、最出色的人，一个人能以天下为己任，就会有无尽的智慧、热情、勇气和非凡的意志，家庭教育要经常为孩子提供这些典范榜样，激励孩子向往圣贤、向往卓越。

我至今记得小学时候读《罂粟为什么开红花》那一段动人的描写："丹柯掏出自己的心，高高举过头顶。那颗心像太阳一样明亮地燃烧着，而且比太阳还更明亮，沼泽和森林被这个人类伟大的爱的火炬照得通亮，照亮了黑暗的夜空，驱散了沼泽的寒冷，照着成千上万的衣衫褴褛的人们走出了泥潭。而丹柯的心，滴着鲜血，一滴又一滴……天亮了，太阳升起在东方，草原充满着阳光，新鲜的空气透散着清鲜，草儿带着钻石一样的雨珠在闪耀着，而英雄丹柯倒下了，而鲜血滴落的地方，开出了一片殷红殷红的花。那就是罂粟花。"当时我们好多同学都被老师动情的讲解、被丹柯的献身感动得哭了。

丹柯高举着自己火红的一颗心的形象，在我心中几十年难以磨灭，我相信我的好多同龄人都有这种感受，这种感受召唤着我们怎样做人。一位事业有成的同龄人说："几十年来，这篇课文藏在我的心底，随着时间流逝更加感受到这篇课文对我有多么大的影响力！"

---

① 《尚书·康诰》。

第三卷　启迪孩子智力之光

"智力"这个概念家长很熟悉，然而智力的构成却很复杂，心理学已经进行了大量的研究。美国心理学会前会长吉尔福特提出智力结构包含了150种不同的因素结构，每一要素又由至少三种要素组成[①]，而创造力这类智慧的构成就更为复杂。

儿童青少年的智力发展，伴随着整个学习阶段，从出生到18岁左右，是智力发展最迅速的阶段，启迪智力发展是家庭教育的一个重点。不少家长对孩子的学习高度关注，但不大了解智力与分数的区别，认为分数高就是智力好，抓分数就是启迪智力，没有抓住学习的核心问题，结果使孩子的学习陷入被动。所以这里我比较详细地谈谈智力与学习的联系、如何启

[①] ［美］吉尔福特：《创造性才能》，人民教育出版社，1991。

迪智力的基本知识和基本做法，帮助家长做一个尽可能内行的智力启迪者。

一、如何了解孩子的智力

由于大多数家长都没有学习过教育理论，都不大了解智力的构成，在我的一项调查中，只有10％的家长能说出智力构成要素的3点或3点以上，回答"不知道"的占21％，其余答案有一半属于非智力范畴，如"懂礼貌"、"靠后天努力""传统美德"，有的则很含混，"能自食其力""学习反应力"等。作为家庭教育者，粗知孩子的智力发展水平、孩子智力特点还是必需的，那么家长根据什么去评价孩子的智力，又怎样了解孩子的智力呢？

1.基本智力的构成

人的智力包含很复杂的要素，也分为几大类，而与读书学习直接的智力就是基本智力，也就是相对集中于认知领域的智力要素，主要包括如下表所示的几个方面：语言能力、数的能力、空间能力、记忆能力、操作能力。

智力 （一般结构）	语言能力	理解（理解口头语言、理解书面语言）	
		表达（说话：口头表达，写作：书面表达）	
	数的能力	正确度	速度
	空间能力	平面关系	立体关系
	记忆能力	符号记忆	形象记忆
	操作能力		

这是智力的基本构成，有些其他领域的专门智能并不包括在里面，如音乐智能、绘画智能、运动智能，以及近年将人的智能扩展至情感情绪领域的"情绪智能"等。现在关心孩子智力发展的家长对孩子的学习成绩高度关注，因此被批评为重智轻德，重视智育、忽视德育，实际上在我看来，重视分数还不等于重视智力，分数只反映智力的一小部分，所以只关心分数还算不上"重智"。

以数的能力为例，数的能力是用计算的"正确度"和"速度"两个方面来评价，如果仅仅正确而速度很慢，或仅仅算得快而算得不正确，都不是数学能力强。比如小学生的数学成绩，因为考试给的时间相对较宽，学习好一点的孩子只用约二分之一的时间就能完成试卷，速度慢的孩子只要计算正确也能得到好分数，这就掩盖了孩子速度不足的一面，如果速度不足得不到纠正，到了中学阶段学习量大、难度大时，孩子就会因缺乏"快速"这一能力而学习困难。所以速度要素包括在智力构成里面。

我曾询问过一位家长，他的孩子学习十分优异，考试总能丢分很少，参加竞赛做的题往往比一般参赛者多出好几题。询问的本来目的是探究他的孩子是怎么做到少丢分的，因为中小学生中所谓"粗心"的问题太普遍了。这位家长告诉我说："孩子严谨到一点不错的水平，那是不可能的，但由于速度快，就有较别人充裕的时间检查，所以纠正的机会多，丢分的可能少。我教孩子第一遍快速地完成，错误在一二处之间都算正常，检查一遍也就差不多了。如果第一遍错误多，就不算真正的快速。"

再如空间能力，空间能力是智力的基本构成之一，是大脑对物体在空间中各种特性、相互关系的一种把握能力。孩子的空间能力如何，在小学阶段的学习考试中几乎反映不出来，而高中的学习内容就需要良好的空间能力来把握，如果家长不懂得这点，只看考试分数，就可能在小学初中阶段忽视空间能力的发展，到高中暴露出了这个弱点，要补救就困难得多。因而，了解智力的一般构成，对家长启迪孩子智力很有用。

2. 语言与智力

智力与语言的关系以及如何促进发展，可以写上几十本厚厚的专著，从概念形成到写作能力，都属于这一范畴，这里我只谈谈家长教孩子学语时容易忽视的几个问题。语言能力是智力的一个组成部分，听、说、读、写是语言能力最基本的四个方面，缺一不可，促进孩子语言发展，这几个方面都要顾及。这里重点强调一下阅读能力。

具体讲，"听"是理解口头语言，就是听力，能否听得懂；"说"是口头表达，就是口语，能否说得清楚，说得好；"读"是理解书面语言，就是阅读，能否读得懂；"写"是书面表达，就是写作能否写得清楚，写得好。

四个方面都很重要，口语重要，听力也重要，写作重要，阅读更重要。有的家长注重孩子的口头表达或书面表达，一有机会就让孩子说几句或写一小段，却不够重视快速阅读能力；有的学生面对一幅图画，可以滔滔不绝地说出十几个句子，文意连贯，语言流畅，而对书面阅读文字的理解却显困难，对稍长一点的句子或短文，需反复读了又读，才能把握句意，要么只抓住了后半部分，丢了前面，要么抓住前面，丢了后面，这种情形还不少。家长要注意，阅读能力很基础，越是到初中、高中、大学，越是处处躲不开。

目前世界范围的教育都十分强调快速阅读的能力，大部分标准考核都以阅读大量材料为特点。从高中以上学生看，没有一个阅读速度慢的学生能达到学习优秀，由此可以推测好多孩子学习困难的原因之一，是阅读能力较差，实际情形也是这样。

快速阅读能力是一种非常重要的掌握信息的能力，是学习优秀的基本能力，在学习各个环节都体现其优势，因为快速阅读就是快速理解书面语言提供的信息，尤其在考试有限定的时间里，快速的优势更为突出。有个家长从孩子小学二年级就开始训练孩子快速阅读的能力，并粗略计算每秒阅读量，掌握孩子阅读能力发展如何。在孩子的课本学习上，他反而不花多少工夫，因为阅读速度上去了，孩子的学习就主动得多。

阅读要达到一定的量才能形成基本的阅读能力，现在的小学已经重视这个问题，也对小学高年级学生的阅读总量提出要求，对此家长要知道它为什么重要，要尽可能支持。如果孩子所在的小学对阅读速度没有具体要求，家长更要弥补起来。初小衔接的重要准备，就是阅读能力。因为中学对阅读速度的要求大幅提高，比如在小学考试100分钟只做2～4页试卷，到初一就可以在同样时间面对6～10页试卷，学习能力的差距一下子就出来了，到初二下期以后分化可能更为明显，临时再来提高速度就可能"临渴掘井"，为时已晚。

在一个重点中学的家长会上，有初一的家长大声指责教师太差，说孩子在小学经常满分，怎么到你们这里第一次期中考试才70多分，说孩子不可能两个多月就变得这样笨吧？情绪激动，言辞尖锐。刚好我在旁听家长会，于是劝止，之后详细询问了解到，因阅读题量大，后面的题没做扣了分，孩子说不是不会做，而是没时间了——这便是问题之所在，是速度没有达到要求。

快速阅读能力是学习各个学科的基础能力，也是语言能力、智力发展的一大标志。快速阅读能力在小学中年级就应该开始通过阅读来培养。那么怎样培养孩子快速阅读能力、怎样让阅读成为孩子的一种习惯呢，家长要注意具体的几点。

第一，鼓励孩子多阅读，一定要达到基本阅读量。现行小学语文教学大纲，提出了学生的阅读量不得低于300万字，这个300万字就是基本阅读量，是阅读能力的基本训练。快速阅读能力是在阅读中形成的，如果低于300万字的阅读量练习，就很难形成中学要求的阅读速度。

那么中学要求的阅读速度是多少呢？相关研究提出"胜任中学学习的最低阅读水平"是阅读熟悉的材料300～400字/每分钟，如果低于这个水平，则胜任中学学习很困难，如果能达到600字以上/每分钟就好，少数孩子可以达到每分钟千字的优等速度。

第二，要纠正孩子"默朗读"的习惯。默读是快速阅读的形式，但能默读不等于快速。有的孩子虽然不出声地读，但仍然像朗诵一样在心里进行，所以叫"默朗读"。有个女孩在二年级时，她家长就不许看别的书，只读课本，读得越熟越好。我一直留意这个孩子的发展，小学成绩一直很好，到初中二年级上期，学习已经吃力，她看书、复习的特点就是逐字逐句地看，近乎于"默朗诵"。这种阅读速度与朗读速度一样慢，比默读速度慢2～4倍，如不纠正，则无法快速阅读。所以小学阶段要注意纠正孩子慢慢地"数米而炊"的阅读习惯。

第三，要挑选孩子比较熟悉的、有兴趣的文字材料，才能有效果。时间方面，训练不一定抽整块时间进行，比如报纸上几百字一段的情节惊险的、有趣的报道，让孩子用最快的速度看完，然后说出内容梗概，前后也只五六分钟时间，训练效果却很好。

第四，测算孩子阅读速度一定要注意分寸，不能频繁进行，一学期一两次即可，不能造成孩子紧张，破坏了阅读兴趣。

3.记忆力与智力

记忆力是智力的构成要素之一，但不等于智力。记忆力强不一定智力水平就高，而智力水平高的人，记忆力都比较强的，也就是说，记忆力是智力的基础。孩子掌握知识必须以记忆为基础，但记忆只是基础。例如从事文学创作的人需要记忆大量文学材料，然而创作的关键还在于思维能力；从事自然科学研究的人，需要记住若干定理、原则，但研究能力的核心还是思维能力。所以如果把记忆作为主要的学习方法，思维能力的发展就受到影响，尤其在小学高年级以后的学习更是如此，为什么呢？

心理学研究指出，要求记忆与要求思考是相悖的，就是说人在记忆材料的时候，几乎不可能进行思考。家长懂得了这个道理，就会注意优化孩子的学习方法。尤其在小学阶段，孩子的学习方法可能就是单一地依靠记忆，依靠大量的记忆会妨碍思考能力，家长要考虑纠正。

记忆力发展是有关键期的，小学低年级儿童，识字少、学习内容少，理解力还没有发展起来，因此学习方法主要依靠机械记忆，不管理解没有，记下来就是，基本可以取得好成绩。到中高年级一旦需要通过理解、思考才能掌握学习内容时，单纯的记忆就不够了，需要在理解的基础上来记忆，这就是理解记忆能力。

小学四年级前后，也就是儿童9～10岁时，是理解记忆能力发展的关键期，这个阶段孩子的独立思考、抽象思维能力迅猛发展，理解力大大增强，具有了理解记忆的可能，学习内容也要求通过"理解记忆"来掌握、记住知识，而不能靠死记硬背的方法。理解记忆是一直到初中、高中直至大学都很重要的能力和主要的学习方法，所以四年级前后这个关键期家长须充分重视。

有的孩子到了小学六年级还是靠"背"的方法学习，就必须纠正，即使能"背"下来双百分，到了中学也肯定垮下来的。因为中学的学习内容大量增加，需要抽象、归纳、类推、演绎等思维能力，记忆力再好也掌握不了。我们说家长要有教育见识，就在这些地方体现。孩子的小学阶段，要多让孩子思考，发展理解能力，不要急功近利，不能鼓励孩子为了高分数而单纯记忆。单纯记忆可以获得小学、初中前段的好成绩，到了学习高段，孩子思维能力跟不上就很难驾驭学习内容，那就真的害了孩子。

4.动手能力与智力

动手能力又叫做操作能力。关于动手能力的培养，教育界的研究已很不少了，总的来说都强调一点：人的智慧是从手指尖发展起来的。鉴于这种依据，家长应该尽可能给孩子提供动手操作的条件。有家长认为动手能力只是生活自理罢了，所以表示"不用孩子动手，我侍候他就行了，一直到大学毕业。我只要他好好读书"，这是对动手能力的错解。

从大量家庭教育实际看，现在孩子的学习容易局限在一套一套的符号里：文字符号、拼音符号、阿拉伯数字符号，符号学习很必须，但只是一部分。智力开发最应该做的除了学习符合，就是让孩子动手，训练手指更灵活，就是训练大脑更灵活。

有一位家长在孩子两岁时，就买来一把平头剪子，空出家里一面墙壁，让孩子剪纸贴在墙上。订阅的几种画报，也一本一本让孩子剪贴，家长一方面教孩子怎么剪，又鼓励孩子把剪下的东西重新编成故事贴在墙上。孩子兴致勃勃地剪了贴、贴了剪，一面墙壁成了启迪智力最理想的途径。这孩子后来的发展也很不错，头脑灵敏、空间方位知觉力强，这与早期的动手训练直接相关，遇到想不出的难题，就习惯动手摆弄出图形、模型来帮助自己思考，这非常可贵。

其实我们成人的思考活动，包括科学家对尖端课题的思考，也是离不开用具体操作来帮助的。曾有一个留美的中国学生感到在自己的实验操作就不如书面考试得心应手，而许多科研难题在实验中才能解决，他说"以前在国内我真该学几年电器修理"，这是由衷之言，现在我们的动手训练太少了。

我看到不少家长在孩子进小学以后，立即把积木等玩具全收了起来封存，认为玩具对学习没有用，这就片面理解了学习。可以拆卸可以重新组装的器具最有利于训练孩子的动手能力、发展孩子的空间能力。动手与智力发展的关系如此密切，做家长的还是重视起来的好。

我曾旁听一堂研究生的研讨课，课前任课老师忙着调试投影仪等设备，十多个学生包括一半以上的男生，居然视而不见地手捧着水杯闲聊说笑，没有一个人起身去帮老师调试，我见状责问，他们居然都心安理得地回答"我不会呀"，这让我大为惊讶。这些孩子已经读到研究生，老师在动手调试，自己却心安理得、无动于衷、"眼里无活儿"至此！完全缺乏料理身边事务的动手习惯，也缺乏基本的动手愿望，连去试一试的想法都没有！对此我不知道该怎样才让他们懂得：在农村，这就叫做又懒又笨。

5.思维能力与智力

思维是智力的核心因素，启迪智力进行到高端，就是思维能力的培养。在具体的家庭教育中，如果家长热衷于孩子取得好分数，只重视记住知识越多越好，却不能再往高处走几步，在掌握知识的基础上，引发孩子对世界、对周围的思考，就失误了。有的家长喜欢有结论的东西，认为有结论才叫知识，所以对没有结论的问题就不启发孩子去思考。这就恰恰弄颠倒了学知识和发展思维能力的关系。

有位家长给孩子买了丰富的藏书，可就是没有《十万个为什么》。他的想法是，孩子阅读能力强，记忆力好，喜欢看书，知道的东西不少，但记住太多现成的结论对思维发展不利，如只看《十万个为什么》一类有结论的书，孩子可能就真成了"天上知一半，地上全知道"的知识口袋了，这种知识只是记下来的现成结论，容易使孩子习惯从"口袋"里取结论去解释世界，而不是习惯思考世界。所以他给孩子买了不少《世界文化之谜》《中国五千年之谜》《奥秘》等书和杂志，让没有结论的谜在孩子脑子里装着，常常引发思考，有无结论却在其次。他认为有的问题孩子考虑一辈子也许还无结论，但杰出的思维能力就是能够"不停地思考"。这位家长的见解和教育方法很独到，对孩子的智力培养起点高，孩子读书就不会死记硬背而是养成探究的思维习惯，这位家长值得我们赞赏。

有的家长文化层次高，可以教给孩子很多知识，但可能因此忽略培养孩子善于思考。在一次智力测试中，一个四年级的女孩对测试中学过的内容回答很迅速，而对于没有学过的类型题，她断然答道："妈妈没教过。"主试者要求她根据给出的例子试着去做出来，可是她拒绝思考，重复道"妈妈没教过。"测试完后，主试者对孩子的母亲说："你的孩子记忆力很好，记下的东西也很多，可对未知的东西缺乏兴趣，拒绝思考，这是你们家长教给现成结论太多的缘故。"

良好的思维品质还表现在思维的批判性、思维的敏捷性、思维的深刻性等。培养这些思维品质不是轻而易举就有明显成效的，甚至往往与学习分数、与教师家长的习惯性见解冲突，但我以为，只要家长具备较科学的认识，总会想办法解决矛盾，找到理想的发展思维能力的途径。

根据心理学家的研究，[1] 有创造性的人比一般人智力水平要高，但是有相当一部分智商高的孩子最终却几乎没有什么创造性成就，也就是说，智力与创造力的联系并不紧密。这个结果提醒我们：不要轻易根据分数给孩子下结论，要尽可能耐心等待和鼓励，尽可能去发现孩子表现出来的创造迹象，尽可能地给予保存。

创造力是人类解决问题的最主要能力之一，人类已经解决了许多问题，但需要解决的问题更多，而且还在不断增长。家庭教育要启迪孩子更多地思考，而不要给孩子太现成的结论。孩子完全顺着成人给的结论去把握世界，自然就失去了创造的可能。

6. 分数高低不等于智力水平

不少家长都懂得文凭不等于心智、学历不等于能力，那么孩子上学读书的分数也不等于智力，有的家长把分数当成孩子智力高低的尺度，当成学习能力强弱的尺度，认为抓分数就是启发孩子的智力，孩子考高分就是学习能力强，这是对智力的误解。

首先，分数与智力水平不是一回事，分数只是反映智力水平的一部分；分数与学习能力也不是一回事，在孩子正规学习的开始几年尤其如此，二者之间不是等号。比如"高分"之中有"高能"的，但"高分"之中也有"低能"的；从阶段看，在小学有高分，如果不发展学习能力，到中学就上不去了。

在小学阶段，依靠机械记忆力和一般的理解力就可以得到高分数。孩子的思维能力、空间能力、操作能力、快速阅读能力发展如何，分数还反映不出来，如果家长眼里只有分数，忽视这些学习的本质能力的发展，孩

---

[1] 中央教科所编译：《简明国际教育百科全书·人的发展》，教育科学出版社，1989。

子走不了多远就会学习困难，甚至一落千丈。例如有的孩子可以把语文题甚至数学题都背诵下来，造句也是依靠记忆记住现成的造句，在考试的时候写上去就行了，这样当然就不会丢分，看起来分数不错，可是实际上并没有掌握词汇、句子的含义及其之间的联系，这样的分数能说明能力吗？根本没有发展语言字词句的能力。由此可见，以分数去论断孩子，有点舍本逐末，判断就会失误。

分数高也不等于学习能力强。一个男孩子小学、初中的学习成绩都很好，他聪明、记忆力强，基本依靠着小聪明去记住，家长很欣喜孩子不费多少力就学好了功课，取得高分，孩子也就养成机械记忆为主的学习方法，到了中学还沿用小学的方法，不重视举一反三，也不讲究钻研，常常一知半解，如此这般，靠记忆力好勉强维持着，到高二已降到班级中下水平，怎么也赶不到前面去了，高考自然不理想，令教师和家长嗟叹不已，都说这原本是个上好大学的材料，没想到居然上不去。为什么上不去了？因为学习能力没有发展起来，学习成绩到一定时候，就如一股没有源头的水，不知道什么时候就干涸了。

这里提醒家长一个道理：知识的掌握比较快，而能力形成则慢得多，考试分数一般只反映孩子掌握知识如何，不一定反映孩子学习能力如何，在小学阶段尤其如此。有的家长懂得这一点，宁可暂时不追求高分，首先保证能力的发展，这是很有水平和很有见识的做法。例如在小学，大量机械记忆往往能取得好的分数，然而从长远的发展来看，转变为理解记忆的方法更加重要，所以这个过程中即使分数受影响，家长还是要顾及能力发展。能力一旦形成，学习就得到了强有力的保证，学习成绩就会稳定上升，愈到学习的高阶段就愈显出优势，这是只抓分数所不能及的效果，家长该作何取舍呢？依我看，宁愿取后者。

基于这个原因，我一直主张孩子在小学阶段、初二或初三都最好测测智力，为什么呢？因为智力测试使用的标准，对学习能力、思维能力的判断更科学、更准确、更全面。从效度来看，现行的国际国内专业认同的智力测试量表的效度能达到 80% ~ 85%；从操作过程来看，是心理学的专业人员，采用国际专业认同的智力量表进行严格操作，其结论的科学性远超过根据学习成绩进行的经验性判断。

需要家长懂得的是，测智力不是为了给孩子下结论，而是通过测试了解孩子的智力特点和基础水平，就像学校考试一样，考试不是为了给孩子下个结论，而是了解孩子掌握的知识怎样。凡到我这里咨询学习问题的孩子，我都要测试智力，了解孩子的智力水平及特点，才能提出有针对性的教育建议，比如学习预测、学习困难原因、思维倾向、怎样扬长避短以及职业选择等方面的建议或措施。从这些年我经手的若干个案看，判断与预测的准确性在95%以上。

一般来讲，学校不宜组织大规模的智力测试，家长也可以不选择测试，而我建议的是，要了解孩子的思维品质和学习能力，最好通过国家标准的智力测试（专门机构进行的正规的、严格操作的测试）。如果孩子有学习困难或被认为有学习困难，则一定要用智力测试来甄别。

最后说一下智力障碍。智力障碍是生物学、脑科学、医学、心理学专业范畴的问题，从教育讲属特殊教育的范畴，因此给"智力障碍"下结论就不是家长或教师的权利了。现在少数家长由于见孩子学习不好，又确实不大了解怎样去判断智力如何，就可能轻率地给孩子的智力水平下结论，觉得孩子不如班里其他孩子学习好，就下结论说"智力有问题""智力低下"，这是断断要不得的。缺乏智力测试的科学性，凭经验和感觉对智力的判断也会出现偏差，例如某市研究人员到学校测试鉴定弱智儿童，以便组织特殊教育，而家长和学校推出的人选一般要被否定掉80%，也就是说，被家长和学校认为是弱智的孩子，80%左右是正常智力的孩子，只是由于各种原因导致了学习困难。

智力水平的结论绝不可以轻易下定，尤其对于智力稍次的孩子。一般讲，最好经两个正式的心理研究机构或治疗机构诊断后再确定。智力障碍的孩子肯定学习困难，但学习困难的孩子却不一定是因为智力障碍。智力障碍一般指的是由于大脑受到器质性损害或发育不完全造成的智力活动障碍，因而做类似结论一定要非常慎重，这一类孩子应该接受特殊教育的诊断和训练。

二、懂得常态，允许起伏

做家长的有时要忘记孩子成长需要一段长时间：形成学习能力，养好学习习惯，从无知幼稚的孩童到品学兼优的青年，从一种细微感觉到世界观形成，都需要时间，几年、十几年甚至更长时间，其中起伏、挫折、动摇、徘徊贯穿始终。仔细留意我们成人，能一直保持顺境、只有成功没有失败的人恐怕很少见，何况一切从头学起的小孩子呢？中小学十几年的时间，学习成绩有起伏、甚至大起大落都是智力活动的常态，家长要懂得这种常态，理性面对孩子成绩的起起伏伏。

1. 允许孩子学习有起伏

有的家长似乎懂得学习起伏很正常这个道理，可是遇到孩子考试成绩下降时，就很难接受，不能容忍。有的家长规定孩子考试不能在多少分以下，还有家长寻根问底说：为什么这次没上次考得好？言下之意就是向上升可以，往下降就不行，可"起"不可"伏"。这是孩子做不到、也不可能做到的事情，也就因此而挨了无数责难和否定。

在小学生写的作文中，经常有"考了90多分，又被妈妈痛打一顿"的事情，甚至98分也被家长严厉训斥了一个多小时，追究那两分是怎么丢的。有小学生家长以满分为准绳，考99分，就扣压岁钱10元，考95分就扣50元，以此类推，以为这样"步步为营"使孩子没有退路，就会努力向前一路领先，这种教育策略就是因为家长还没懂得常态。

正因为学习时间长，起伏是肯定的，稳定只是相对而言，不合理的要求必然造成学习压力居高不下，大脑持续紧张，心理负担沉重，学习情绪消极。一些孩子的确也能一直保持95分以上（小学阶段），然而代价相当大，6年之中几乎没有轻松过，时间和精力都是绷得紧紧的。再要维持中学的6年，孩子能否保持优势就很难说，所以家长高压敦促保持学习一直上升，只是一厢情愿。

2. 为什么学习会有起伏

第一，人的大脑活动存在误差。大脑活动有误差，这几乎是我们无法左右的事情。比如对从事计算业务的职业人员，都规定有一个允许范围的误差比率，依据即此。孩子的大脑活动误差则更难免。有时我听一些家长死死追问"为什么这么简单的题都错"，孩子说不知道，的确可能是不知道的。大脑活动误差的原因很多，例如疲劳会大大增加脑活动的误差，还有的误差是迄今科学研究也还不清楚的，孩子又如何能知道自己大脑里发生了什么呢？这些时候家长要理性一点，客观一点，不必强行地非给出一个理由才作罢。

第二，从孩子的学习能力发展看，孩子学习的起伏也是正常的。学习能力包含复杂的因素，理解力、记忆力、形象思维能力、逻辑抽象能力、表达能力、动手能力等，这些能力在开始学习的几年甚至在更长的时间中不可能齐头并进地发展。如小学的"字词句"学习，依靠记忆力基本上可以应付下来，到了"段落篇章"学习阶段，就需要较强的理解力和概括能力，这时如果孩子理解力发展不够，学习成绩就可能出现较大的起伏，一旦理解力发展起来了，学习也就相对稳定地上升。

再如作文能力。有的孩子擅长写景和写人，遇到写事的作文就差些，而写事写人较强的孩子遇到写景写季节描写，作文成绩就很可能下降，能发挥长处的作文分数高些，反之则低些，这是很正常的。因此家长不要纠缠于分数本身的起落，而要了解起落的大概原因，做到心里有数。

总体上讲，有的孩子长于记忆，有的孩子长于思考，有的孩子长于重复，有的则长于发现，有的长于记忆，有的孩子灵活，有的孩子机械，所以不同的学习内容有的很适合发挥孩子的长处，也有可能恰好就撞上了孩子学习能力的短板，学习成绩也就随之起伏。比如"猜题"（押题），有的教师喜欢猜押考题，如果猜中了，对长于记忆和长于重复的孩子就很有利，如果没猜中，对长于思考和长于发现的孩子就有利，自然就引起分数的起落。如果家长只看分数，就只能盲目地一喜一忧、一忧一喜，只知其一不知其二，很被动。

第三，考试本身会导致孩子学习分数的起伏。考试本身受多种因素牵制，如考题的难易程度不一、考题类型孩子是否熟悉，考题本身不够严谨等，都是孩子考试成绩起落的原因，甚至考卷使用字体、考场要求、试卷要求，如果孩子感到生疏，也是要丢分的。一个一年级女孩考试写拼音，一阵风把试卷刮到地上，她捡起来在拼音横格上继续默写，没发现试卷是倒着的，结果后面写的都是反的，丢了十多分，家长看了忍不住笑，一点没责备女儿，只是说以后看清楚就行了。如像这类失误只发生在上学之初，家长没必要兴师问罪。

第四，孩子的情绪、心态对考试也有很大的影响。孩子如果心事重重甚至焦虑抑郁，就容易考试失水准。青春期孩子的情绪很不稳定，起伏剧烈，成为影响学习成绩的重要原因。前次考试全年级前三名，这次考试可能到二三十名，甚至更后面，家长询问原因，可能孩子自己也不知道，然而到下一次，成绩又上去了。对此家长要允许起伏，少指责，多指导孩子优化情绪，优化情绪管理，包括面临考试的情绪调节，争取能把考试心境调整到最佳状态，这样比简单化的训斥效果要好。

第五，外在影响也能使孩子学习进退起伏，比如一向被严格要求的孩子，住读以后，作业越来越潦草，或成绩下降；去了爷爷奶奶姑姑家一段时间，学习习惯变坏了等。遇到这种情况家长就不要动辄指责孩子，应仔细想想前后环境有什么改变。孩子只是孩子，要求他们完全如一地不受环境影响是不可能的，不然孟母为何要三迁呢？

家长的合理态度，就是要认同学习起伏的正常性，允许有起伏，甚至是较大的起伏；其次要具体分析起伏原因，有时则可以根本不用分析追究。家长要始终关注的，还是学习能力，只有学习能力稳步提升，孩子的学习才能稳定保持良好水平。

至于经常处于低水平线的孩子，如学习能力很差、学习困难，根本问题就不是"起伏"而是伏而不起的问题了。关于学生学习困难的问题，教育理论、心理学理论专门研究的也不少，一般来说，引起孩子学习困难的原因很多：智力障碍、学习能力障碍、情绪障碍或长期身体状况不佳、缺乏营养以及太恶劣的家庭环境条件等，都可以致使孩子学习困难，家长应该找到孩子学习困难的原因。

还需提醒家长一点，与学校合作方面家长要有主见，一要维护教师的教育威信，二要有分寸地对待孩子的学习起伏，处理起来虽然有难度，但家长的教育眼光也在这些地方显示作用。如有的教师教育眼光长远，顶住升学压力注重孩子的能力发展，能科学对待孩子的学习起伏，部分家长反而不理解，认为教师不负责。教师注重能力发展的优越性，需要相对较长的时间才能显示出来，它对孩子的高段学习甚至对孩子的一生都益处匪浅，家长一定要珍惜。人有远虑，才无近忧，家长学会从长远的角度去看待教育孩子过程中的各种问题，就不至于目光如豆、因小失大、被动无能。

三、负重难以远行

世上存在一个非常简单的道理：背负沉重难以远行。一个人负重越大，持续行走的路程就会越短，如果体力不支仍然负重不停地行走，就会精疲力竭，不管主观愿望如何，也根本无法再前进。用这个道理来说明孩子学习的负担和他们要走的路程很恰当。一个高年级小学生的日记写道："我每天早上六点过起床，紧张地赶着去上学，背上那山一般的书包，压得我想趴倒在地上。在学校不是做语文作业，就是做数学、英语作业。当我拖着一身的疲惫回到家时，还要变成作业狂，还要承受爸妈那洪水一样的唠叨话，让人无比烦心。"这样的时间强度和精神负担不是小孩子可以承受多久的。

常言道，"百步无轻担"，我们成人在过重的经济负担、舆论负担、精神负担、荣誉负担之下都可能半途而废，难道孩子的承受力比成人还强吗？孩子的负担过重，走短距离的路还可以承受，十几年长长的路程就支撑不了，这已被无数的事实所证明。因此家长若希望孩子在这么长时间内发展良好，保存优势最终达到理想的目标，就必须把握好负重的分量，避免负担过重限制了孩子的长远发展。下面谈谈孩子在以下几个方面的负重。

1. 学习内容的负重

由于各种因素的参与，家庭教育热持续不断，在城镇这种"热"尤其明显，是否读大学、尤其是名牌大学对孩子未来的职业、社会地位、生活质量都有举足轻重的作用，多数家长的这种企盼有增无减，他们的热情和焦虑都集中于对孩子学业的期望。在这种教育气氛的包围中，在家长最直接参与之下，孩子的学习内容有可能不断增加：学校上学有一套内容，放学还有一套要家长督促实施，现在校外的辅导机构又应运而生、到处都是，虽然价格不菲，一到周末和寒暑假，补习点还是学生爆满，多数孩子还进了两个以上的培训班，或作文、美术，或数学、外语，这样一来孩子的学习内容繁而杂，必然增加了不合理的负担。

从国家的角度来说，儿童智力开发对国家很重要；从家庭角度说，家长热心于孩子的教育投资对孩子、对家庭很重要，父母望子成龙之心是人世间很美、很美的情愫，是孩子长大成才最可依靠的。家长送孩子到各种培训班、补习班也是必要的，语言培训可以提高阅读和表达力，参加竞赛可以锻炼孩子的能力和意志，尤其是独生子女，辅导班还避免了回家一个人没有伙伴的单调环境……这本来是欣欣向荣的事情——试想如果一个国家的儿童青少年都懒懒散散地不读书学习，家长也不重视孩子的学业，孩子倒是轻松，但我们恐怕需要担心国家的前途命运了！然而学习一旦成为过量的负荷，也就没有好效果，所以还是只能依靠家长把握一个度，把握适度。

家长把握孩子学习内容的这个度，首先要把学校的教学内容考虑进去，在此基础上进行增删调整，相对而言某个阶段哪些方面最需要增加辅导、需要单独练习，可以集中进行一段时间，而其他内容就暂搁一下。比如一个小学生作文需要补习，那么每周一次听辅导课，再练习 1 ~ 2 篇作文就已足够，一学期增加练习差不多 20 篇作文，作文差的情况应该得到改善，过了这个阶段，再进行其他。

以我在学校了解的情况，现在正规一点的中小学写作文的练习量已经比较大，除了课堂要求，还有日记、周记、随笔，有的班主任是教语文的，还要求每个小组写循环周记，平均一周也要写几百上千字。如果家长还要加内容，学生只能应付了事，不可能写得好的，不止一个小学孩子愁眉苦脸地对我说过"作文没有写的"，其实并非没有写的，而是作文太频繁，孩子的积累跟不上。我看不少家长也是疲于应付，一个三年级的男孩子写"我的妈妈"的作文，形容妈妈"鼻子高高的，耳朵像猫耳朵"，家长签字"作文认真完成"，恐怕也没看，更谈不上斟酌推敲，因为作文太多了，孩子怎么可能每天都"言为心声"？家长也只能敷衍应付。

此外孩子的学习内容要注意动静、文理的搭配，无论什么情况，最好让孩子进一个体育或舞蹈培训班，这样动静结合，可以较为充分地调节孩子在校学习以静、以坐为主的不足，又可进行较全面的学习。有的家长除了学校学习内容，同时还安排数学、书法的培训，结果孩子只能全坐着，这样就更增加了一层负担：身体的负担；又如练琴的孩子每天已经要占去1～2小时，如果还要加补习，所占时间就太多了。

家长如果认为教得越多就学得越多，学得多就掌握得多，那就错了。内容太多，孩子被压着匆匆忙忙地学、急急忙忙地做，囫囵吞枣地练，连思考的余地都没有，学习浮在表面，匆匆掠过遗忘也快，精力耗尽疲劳不堪，这种被动的痛苦体验让孩子本能地产生逃避，引起孩子对学习、包括对任何学习的厌恶反感，丧失掉好奇、探索之心，那么十几年的学习路程怎么积极去走呢？家长的殷切所望能否实现就很成问题，这也就是背得太重就无法行走得远的道理。即使孩子语文不行，外语也不行，甚至较多的课目都差，家长也不能指望一起补习、齐头并进，要有轻重缓急。

在孩子十几年的学习过程中，大容量的学习一般是在期末考试、毕业考试、升学考试或某项竞赛的准备，孩子在较短时间内将一学期、几年的学习内容归纳整理、理解记忆、装入大脑，这个时候学习内容是大量的，而且学生也应该具有这种集中时间大容量学习的能力，但是孩子承受这种大容量学习只能集中在短时间里，平日的学习内容，则不能强调多多益善。

2. 学习时间的负重

许多孩子的学习时间形成了不正常的分配，书本学习占去了几乎全部的在校时间和闲暇，甚至还侵占了保证最低限度的睡眠时间。人们用"起早贪黑""披星戴月"来描述现在相当一部分中小学生的出勤，一点儿也不夸张。从前听说中午有作业，家长还觉得诧异，现在中午有作业是常事，我在中学听课，老师布置作业说："这一页练习中午做，争取做完，下午点评，行不行？"我心想学生会不乐意，谁知孩子们高兴地齐声说"没问题"！我望着这些可爱的孩子们，心情复杂。

孩子的时间被学习填得满满的，完全没有自己支配的余地，会带来一系列的问题。首先就是学习效率普遍下降，现在家长诉苦最多、最头疼的事就是"作业做得很慢呀""拖拉得不得了呀""每天作业甚至到晚上 11 点钟以后"，有家长说："一个假期都在做作业，到头来还是没做完就开学了。"不少家庭只要孩子在做作业，家里的空气就无法轻松，孩子写作业慢，拖沓不堪，家长着急、心疼，又无法代替，于是一会儿催促，一会儿埋怨，一会儿指点，孩子被叨念得心烦，气鼓鼓地划、写，写得歪七倒八，反过来又把时间拖得更长，学习效果不好。家长又以此为条件送孩子去补习，如此恶性循环，孩子的时间也就被占用光了。

很多家长说，由于孩子作业太慢而没有时间玩耍，其实应该倒过来说：由于没有活动玩耍的希望，孩子的作业才形成拖拉的坏习惯。不少家长只要孩子有一点儿时间就要占据用来学习，孩子在一种没有希望，没完没了的感觉状态中做功课，心态消极，时间一长就成了心不在焉的散漫，成了"拍不起的皮球"。所以家长与其埋怨孩子，不如更多地想办法培养孩子的高效率，因为学习时间和学习效果不一定成正比，甚至可能花的时间越多效果越差，但是学习主动性却与学习效果肯定成正比，学习效率与学习效果肯定成正比，这一点希望家长牢记。

时间负担过重还致使一系列心理疲劳反应，孩子兴趣下降、思路迟钝、灵活性降低、情绪压抑、易烦易怒等。反抗性强一些的孩子一般用逃避的方法来保护自己少受疲劳之苦，但往往因此遭到更多的否定，驯服的孩子就只有忍受再忍受，成为书呆子、"小大人"，创造性思维，想象力也就磨没了。

总起来说，孩子除了正规的学习，还必须拥有自己支配的自由时间，去做自己想做的事，如找伙伴玩耍、摆弄自己心爱的小玩意儿，甚至独自发呆、自言自语……只有这样孩子才有可能发展学习兴趣和主动性，才可能情绪稳定，也才可能承受长时间的学习艰苦，得到理想的学习成绩。

3. 消极心境也是一种负重

现在的孩子是我们前后这几代人物质生活最充裕的一代人，也是得到关注最多的一代。孩子们有鲜艳漂亮的衣着、时尚的学习用具、源源不断的玩具和关注，然而也恰恰因为如此，他们又被寄予太多希望，因此也就可能失去原本属于他们的、儿时的那种单纯的快乐。

现在的家长没有了多个孩子的经济负担，但同时也失去了一种余地：只能把全部的爱和希望寄托在一个或俩孩子身上。以前的家长老是喜欢说："一笼子鸡总有一个要打鸣！"（即几个孩子总有一个有出息）而现在一个孩子承受的精神压力，就是没有多少选择的压力，有的压力可能成为动力，孩子积极主动发愤向上，学习优秀，还有一种可能就是压力成为负担，孩子心境消极、勉强应付。

客观讲，家长敦促孩子从读书中走出一条光明之路，的确没有错，关键是要有一个合理的度，不合理的学习负担会超过孩子的承受力，导致孩子睡眠不足、情绪消极、高焦虑、胆怯退缩等。中小学生的焦虑程度近年来一直在上升，而其中约80%以上来自学习压力。不止一个孩子考试成绩差了些，简直如大祸临头，捏着考卷、双腿发抖走不回家去，其恐惧如此。

在我看到的小学生写父母的作文中，类似的紧张、恐惧比较普遍。一个高年级女孩写她考试不理想所面对的情景，在这一篇作文中用了"世界末日""逼人的杀气""死气沉沉地一言不发""大发雷霆""血盆大口""阴森森的眼睛""胆战心惊""必杀技"来形容她"漂亮的"而"眼睛鼻子都散发着杀气"的母亲，母亲并没有打骂她，但是"她训完了我，收回杀气，径自回了卧室，我却已经双腿无力，双手抖到抽筋，走不回房间去了"。

据某重点小学的调查问卷，高年级孩子在笔答"你考试没考好，怎么办"一问时，有几个学生都写下了"想去死"几个字，让人心惊不已。这种精神负担任何人也不可能承受多长时间。超过限度的压力不仅会扰乱学习过程，还会导致师生关系紧张、亲子关系紧张及自我认同的紧张，而所有这些紧张都是孩子在艰难地承受着。有人说"有压力才有动力"，但并非只要有压力就有动力，更不等于压力越大动力越强。回忆世界杯足球赛，不止一位世界级球星主罚点球而未命中的事实，就很说明这一点，压力太大、焦虑太重就会扰乱能力水平的正常发挥。

孩子精神压力过重，也就逐渐麻木了。麻木是人的一种自我保护的本能反应，无论批评、严厉批评、张榜刺激或"请家长"，一概不往心里去。有的家长叹气摇头说孩子"没法子了，对什么事都无所谓。"就有可能是因为孩子被压得对什么都无所谓了。就如我们成人，坎坷太多太寒心就会什么事都"看淡了""哀莫大于心死"一样。

还有一部分学习困难的孩子，精神负重更可能成问题。虽然现在许多学校都比较注意保护学习成绩靠后的学生，顾及了这些孩子的精神健康，但有些家长仍然将学习名次靠后看成耻辱。古人说过"知耻近乎勇"，知耻辱是一个人道德的起点，但知耻而勇有一定的条件，并不是给予羞辱就一定能激励愤发。耻辱同样可以使人变得怯懦、无能，使人自卑、自暴自弃、一蹶不振。

对待学习困难的孩子，家长更要着意保护。家长要有真正的爱心，还要有一点成人见过世面的眼光，要让孩子相信即使读书比别人差一些，还有99条路可以去选择，只要健康、自强不息，总有一条光明大道属于自己。在我周围很多家长都能成功消除孩子学习不够好的精神负担，鼓励孩子自我设计，找到"天生我才必有用"的光明之路，其实这也是每个孩子的光明之路。

4.优秀学生的负重

优秀学生的负担过重问题，我想单独提出来谈谈，这里的优秀学生是指在学习成绩优秀、品德行为良好的好学生。从家长角度讲，孩子学习愈优秀，家长寄予的希望就愈大，也就容易无形中加重孩子的负担。学习优秀的孩子往往很自觉，能吃苦、学习效率较高，所以给家长的感觉是学习比较轻松、接受能力强，有空闲，于是家长就巴望他们"抓紧空余时间"多学一点知识，无形中又失去分寸，使孩子的负担增加，长此以往，各种希望和要求无休止加码，优秀学生能否在长距离竞争中保持优秀，恐怕很难说。不少优秀学生都超负荷在往前走，家长却看不出潜在的危险性。

"大道以多歧亡羊，学者以多方丧生。"[1] 意思是说如果牧羊走的路岔口多，就很容易丢失羊，学习种类太多反而什么也学不好。优秀学生在学业、智能方面比较突出、成绩优异，因而也就成了学校和家长心目中的"重要人物"，很多智力活动的竞赛、社会活动的参与都由他们承担。数理化竞

---

[1] 《列子·说符》。

赛、百科知识竞赛、国情知识竞赛、各类征文比赛、机器人大赛……现在还加进来各类电视大赛！孩子为准备竞赛必须大量扩充知识面，加深学习难度，脑力的负载量是相当重的，其中一部分内容需要大量强记。

大量强记对孩子并非百益而无一害，记住大量知识可以帮助一个对知识没有兴趣的孩子进入新奇的知识领域，开拓孩子的视野，但是对学习已经"上路"的孩子，尤其是学习优秀的孩子，家长要注重思考能力的发展，不能满足于孩子强记能力出众。博学是必要的，思考能力更重要。

优秀学生学习负担太重，还表现在家长处处要求孩子显现出智力的高水平，这也是强加给孩子的负担。如有个女孩子聪慧灵敏，记忆力很强，也正因为如此，饱受母亲过分教育之苦：只要有一点时间闲着母亲就说："你看，依你的记忆力这点时间又可以背一首诗了。"诸如此类，孩子非常烦躁又没法子。趣味数学、历史故事，世界名人，猜谜对联没完没了……过量的信息刺激使孩子处于漠然状态，而不是思考状态，甚至拒绝思考。

所以，对聪明的孩子更不要太强调记得多，要注意"求知欲"，注重孩子渴望了解未知事物的状态，这是智力发展的真正基础，仅仅靠记忆力好记下若干知识结论不一定能使孩子保持思考状态。著名科学家牛顿谈到自己的成就时说："我只不过不停地思考它罢了。"这个"不停地思考"就是思维品质的关键所在。

相当一部分优秀学生觉得"很累""累得慌"，还有一个原因在于他们背负了家长老师及许多人的厚望，一举一动必须替他人负责，这对一个孩子来说无异也是沉重的负担。比如评上市"三好"生，那么你的言行不只是自己的事情，而必须对得起学校、教师和全体同学的信任，各方面都不能下降，下降了怎么交代？为人必须处处克制自己，不然也会招来非议。数学竞赛得了一等奖，转眼便是一种负担，意味着下一次不能其他，只能"一等"，才算"没有骄傲"，如此等等。

一个小学五年级女孩伤心地说考试只考了98分，很苦恼，而家长鼓励说："没关系，跌倒了再站起来！"这看似激励孩子的抗挫折勇气，可是98分算是"失败""跌倒了"吗？这种极端观念，看起来是高要求，实则导致高焦虑。持有极端观念的孩子，到了中学、大学，出一点差错就可能情绪极端、行为极端，甚至有因班干部被撤换就轻生的。仔细追寻可以发现，这类学生的学习一直优秀，依靠高焦虑来维持着"从未出过差错"，心理脆弱度很高，尽管成绩好，确也属于心理疾病的"高危"人群。

家长、学校合力鼓动孩子竞争、获取荣誉，忽视了其中许多可能的弊病。不少优秀学生为了维持自己居高不下的境地，全力应付，长期焦虑。有个中学生学习优异，在全国性竞赛中获过一等奖，可是他说"从未轻松愉快过。""考好了，我只觉得'交差'了，父母少不了教训'不能骄傲'；要少考了几分，我母亲那失望、焦虑甚至愤怒的面孔，简直令人绝望。"因而非常压抑。这样的孩子能走多远？所以家长必须要思考：如何让学业优秀的孩子走得更远？

最近有话题说到这些年高考状元的社会成就有负人们的预期，我认为这与高考的筛选标准有关，也与高考状元们长期高强度的学习状态有关。要知道在现行高考难度系数的条件下，在接近最高成绩的 140～150 分数段里，要提高 1 分，就要付出十倍于一般分数段的时间和精力，要做到滴水不漏更需要高度重复、记忆，消耗巨大，这是影响状元们社会成就的一个原因。因为社会成就需要更富创造性的思维，需要消耗更为巨大的热情，更为艰苦的努力和扛住更为巨大的压力。

战争中有置之死地而后生的典范，也有置之死地而溃散的教训。无分寸地增加孩子的精神压力和负担，最终也将以孩子的厌倦学习而告终。

四、培养孩子的专注力

1.专注力事关效率

专注力就是注意力集中，是大脑智力活动必不可少的保障，大脑活动如果没有良好的专注力做保证，往往事倍功半，或一事无成。注意力集中才能使大脑活动保持一个指向，具体讲就是大脑皮层的某部分兴奋时，其他部分就处于抑制状态，抑制得好，注意力就集中，反之则叫做"分心""走神"。

专注力是学习的核心能力之一，家长务必要重视培养。有的家长没有这个观念，只是着急孩子学习不好，想来想去也没有找到"专注力"的头上，也就没有找到原因。有的家长反映孩子很容易分心，总责备孩子，其实孩子也拿自己没办法，因为专注力不是人想专注就能专注的，而是需要培养，需要有意识地培养。

专注力的重要性在于学习效率，如果孩子专注则学习事半功倍，反之事倍功半，这一点儿也没夸张。专注力伴随大脑活动而存在，家长要在孩子开始智力活动时就进行培养（这儿的智力活动指需要持续一段时间的大脑活动），孩子一两岁开始翻画册，开始画画、剪纸、摆弄玩具，以后又开始写字、算术、看连环画等，总之在孩子独立进行大脑活动时，家长就要有意识地进行培养，因为专注力的好与坏一旦定了格，纠正起来要花相当大的力气，很多情况下难以纠正。

2. 专注力差的弊病

专注力事关效率，也就事关长远。专注力差的后果有三弊：第一，完成学习任务花费时间长，因而孩子学习时间的负担就比别人重。我了解过七八位家长反映注意力涣散的孩子，他们完成作业的时间基本上是同班速度最快的学生所花时间的一倍，比其他学生也要多花一半的时间。如果家长督促就快一点，自己独立作业就会停停做做，怎么也快不起来。日积月累，孩子要多花多少时间？失去玩耍、失去运动、失去课外阅读，孩子更不容易进入学习的良性循环。

第二，专注力差很难胜任难度大的学习。一般说，难题需要持续思考较长的时间，甚至很长的时间。好多孩子并不因为智力原因解决不了难题，而是因为不能专注、持续地思考一个问题，所以解决难题总是半途而废。牛顿之所以取得划时代的成就，是因为自己"不停地一直思考它"，这个"不停地思考"，就是持续思考的能力很强。现在有家长参观教学的开放日，那么家长看课堂上什么样的学生可爱？无疑，专注的学生最可爱。

第三，注意分散影响思维的敏捷性，思维速度和书写速度也很难提高，这就直接影响了学习效果，平日拖拖拉拉完成作业，只能在没有时间限制的情况下完成学习，如果分量加重，时间就不够。到了中学，学科科目成倍增加，没有高速度的孩子就更感觉困难，完全掌握不了主动权，学习自然落在人家后面。

高效率和快速精确的思维是优秀学生的重要标志，这里提醒家长，愈到学习高段，速度就愈显得重要，而好的专注力才能保证快的速度，保证高效率。家长早一点重视培养专注力，就为十几年的学习准备了好条件。

3. 如何培养孩子的专注力

第一，专注力要从幼儿期开始培养。有家长认为专注力应由学校培养，与家庭教育关系不大，这种观点使家长白白丢失了孩子学前几年最利于培养专注力的时机，以致孩子上小学一年级时，坏习惯已经养成，注意力很容易分散，导致一系列学习问题。

现在城镇的孩子在学前早期就在家长的帮助下开始了用脑活动，但可能比较随意，写写画画，又没有定量的作业，容易导致注意力涣散，家长也不易发现，未能及时纠正，到上学以后毛病才暴露出来。所以，专注力要从幼儿期开始培养。

这就给了家长一个学前教育的任务，学前的任务主要不是教孩子识多少字、算多少位加减，而是通过学习活动，丰富孩子的感觉、知觉，养好智力活动的习惯，为上学做好必备的条件，而专注力就是必备的条件之一。

在孩子小时候培养专注力并不困难，只要使孩子在一段时间里集中注意，多次重复就可以基本养成。比如孩子翻画册，注意集中在画册上，家长就要尽量避免使孩子分心。有的家长把孩子安放在家门口，给一本小人书看，孩子看上几页，过往的熟人朋友叫他，孩子就抬起头来，一会儿又埋头看小人书，又有叫卖的小贩路过，孩子的注意力又从小人书上移开。经重复多次，以后孩子看书作业时，稍有一点动静，就不由自主地"走神"，马上转移了注意。有的孩子虽然在屋子里，但是家长自己就成了不停去分散孩子注意的"干扰素"，如大声说笑、随意打断孩子，甚至让孩子在电视机旁，一边画画、看书，一边看电视，这不是在训练孩子怎样分心吗？

我曾在不少的家庭里看到类似的情况，告诉家长这样后患无穷，以后孩子缺乏专注，会令家长叫苦不迭。可一些家长对此未曾在意，以为孩子小，又不是正规的作业，问题哪有那么严重。恐怕相当多的家长都是这样想的，结果上学后不能专注学习，大吃苦头。

第二，培养专注力的具体做法。孩子在早期虽然年龄小，但是已在用脑，只要在用脑子，就存在专注力的问题，要么好，要么不好，因而家长要给孩子固定一张小桌、小椅子，离成人交谈场合远一些，离电视、电脑、厨房也远一点，总之干扰愈少愈好。

孩子一旦坐下来看书、玩玩具，就尽可能让他保持专注一段时间，来了客人也不一定非要打断孩子，要他表示礼貌；家长讲故事也要专心地讲，尽量吸引孩子的注意，时间长一点，不要讲几句又扯到别的事情上去了，或讲的过程中不停地中断，这样讲就不如暂时不讲。即使孩子捏泥人、做手工，也需要大脑连续的活动，甚至孩子独自在摆弄什么、比划什么，也是在想象，家长最好不去惊动他们的思路，这样就能使孩子逐渐养成沉浸内心活动的习惯，不容易分心，在需要用脑时可以坐得住、静得下来。

上学以后，家长就要尽快让孩子形成正规学习的良好习惯。比如孩子完成作业，除了固定桌椅外，与学习无关的摆设一律撤除，如画片、小玩意儿都不要放桌上，以免分散孩子的注意。孩子坐下来作业看书以前，要求孩子准备好笔、墨水、橡皮等学习用具，喝水、上厕所等琐事也最好不要在坐下写作业后又才想起，这样的目的是让孩子一坐下来就很快进入思考状态。坚持一段时间，不但学习效率高，也有利于思维的流畅灵敏。

不少学生作业前不做准备，坐下来开始写作业，才发现笔墨水没了、铅笔没削好、字典没拿出来，于是折腾一番。坐下来写了一会儿，又要喝水、上厕所、换拖鞋，如此反复大概要二十分钟、半小时以后才能真正进入思考状态。有的家长心疼孩子、关心孩子又不得法，坐在孩子旁边削铅笔、递水喂点心，这是错误和失策的。

甚至有的孩子被家长宠得作业习惯坏透了，一边作业一边"呼风唤雨"，一会儿要家长这样，一会儿支使家长那样，稍不如意，就发脾气，威胁家长"我不做作业了"，哪里还谈得上专注力？有的孩子虽不起身东走西走，但连续用脑连续书写的持续性差，所以老是停停走走，一个问题不能在脑子里呆多久，稍有一点问题阻拦，思路就中断转移了。这一点家长尤其要注意。

有的家长坐在孩子一旁督促孩子专心，可孩子刚写一会儿，家长看见孩子的手脏，就说："你看你的手哟，怎么这样脏呀？"一会儿又说："头发也长了，该理发了。"有的家长则"远距离干扰"，自己在厨房、书房忙活儿，想起一件事就随便打断孩子，比如："今天带去的钱交给老师了吗？"孩子不得不转移思路来回答家长的问题，一会儿家长又大声问："这次考试分数公布没有？多少分？"孩子又得分散注意来回答。每天都有许多可以发问的事情，孩子也就得到这种反复的分心"训练"，结果也就形成注意容易分散的坏毛病，持续思考、持续书写的能力很差，此乃家长之过。

家长辅导作业不得法也容易人为地分散孩子的注意。例如讲一道题，家长应力求把要讲的讲清楚之后，就让孩子去独立做完整个题，不要讲一点孩子就"咚咚"跑开去做，一会儿卡住了，又问，刚讲懂一点又跑开了。如此一道题或一次作业要折腾多次，极不利于孩子形成持续思考和持续书写的能力。

第三种方法，利用寒暑假作业比较集中、比平日量大的条件，对孩子进行平日缺乏的训练和调节，让孩子试出自己在单位时间内可以完成的作业量究竟多少。家长根据孩子的具体情况，以半小时、一小时、两小时、半天、一天为单位，让孩子全力以赴地做（依照平日每小时休息十分钟的作息规律），试试自己的能力。其结果往往使孩子惊喜不已：原来自己还这么能干！一天之内做了这么多的作业，再回头去想想平日那么一点作业也就觉得不成为心理负担了。这种大量集中的训练只能持续一两天，最好一天或半天，孩子对自己的能力心中有数。

第三，孩子缺乏专注力怎么办。有家长问，如果孩子已经不能专注学习，如何纠正呢？专注力差纠正起来是比较困难的，而且容易反复。但是说要下决心去纠正，也没什么纠正不了的毛病。一般来说，如果上小学以前发现问题，则纠正的条件好些。因为孩子时间充裕，可以挑孩子喜欢的书画来进行训练，效果比较好，坏毛病在学前纠正过来，孩子学习可以不受多少影响。

对已经进入小学的孩子或更高段的孩子，就要多花一些时间和精力来纠正，要有足够的耐心才行。纠正孩子不能专注学习可以循序渐进，开始家长给孩子定一个起点，起点相对要低。比如孩子可以持续5分钟不分心，那么起点定在 4 分钟左右。孩子持续专心达到这个标准以上，家长就给予表扬，及时的表扬，哪怕多一小会儿也行，这样鼓起孩子的信心、激发起孩子的兴趣，争取一点一点地增加。一般说，小学的孩子能够持续用脑 15 ~ 30 分钟，达到这个标准，也就算能够专注学习了。家长再花些时间巩固，一般几十天的时间就可以基本矫正过来。

家长矫正孩子不能专注学习，要切忌唠叨，因为家长的唠叨只能使孩子注意更为分散。现在网络与社会教育机构在教育心理学方面提出了不少培养专注力的方法，家长可以搜索相关信息，参考着采用。

还有一点必须提醒家长：经过一段时间训练，孩子专注力提高，作业完成比之前快，家长切切不能说："还剩这么多时间，再做一点题。"又要给孩子加练习，其结果就是暗示孩子：作业做慢一点反而不加练习，那么何必专注地赶那么快？这又把孩子推回到拖沓状态。孩子有信心在短时间内完成作业，精力就集中，如果做完了又得加练习，那么孩子就可能绝望了。这个道理家长应该不难懂得。

五、孩子为什么会粗心

在我接触的中小学生的学习咨询案例中，说到孩子粗心的很不少，而且家长有点束手无策，好像反复叮嘱孩子"细心！""认真一点！"效果都不好，要么把加号看成减号，要么把数字看错，也有时要把题目看漏，一道题只做了前半截，家长很感头痛。而且作业、考试差不多都是这一类粗心反复出现。甚至有孩子到了高中，"粗心的毛病"与小学还是一样的，要么看错题，或者看漏题，数学题的竖式对了，横式错，加法当成减法做，或者就是难题不错、简单的题一定做错。就是在大学，也还有学生考试只看到前半截、只做半道题的。

好多家长为了改掉孩子粗心的坏毛病，真的是想尽办法，奖惩并用，然而效果并不明显。的确中小学生的粗心问题很普遍，几乎无人能做到不粗心，只是程度不同而已。那么为什么会有粗心的现象呢？孩子粗心的原因是什么呢？认真分析起来有几类原因：身体因素、习惯、智力特点、情绪、自控力、外在因素等。

1. 身体因素方面

导致粗心的首要原因，家长要考虑生理、身体因素，大脑是生物器官，需要足够的能量才能好好工作，如果孩子睡眠不足、营养不足、大脑获氧不够、能量不够，就不可能高质量地工作，不能专注地判断问题、解决问题，粗心必然发生。

（1）睡眠不足、营养不足

大脑的重量只占据人体重量的 5% 左右，但是它消耗的氧却占 20% ~ 25%，脑力劳动消耗更大一些。睡眠的作用是修复、恢复肌体、尤其是补足大脑的消耗，如果睡眠不足，大脑很难高效工作、精准判断，就会漏掉信息、会混淆差别，甚至犯看似很简单的错误。

营养方面，孩子上学以后，大脑能量的消耗大幅增加，如果营养没有跟上，大脑活动同样能量不足，比如早上没有好好吃早餐，上午到第三节课就饿了，怎么专心听课、计算怎么会不出错呢？即使孩子主观上很努力，也会心有余而力不足。

针对睡眠不足，孩子必须养成规律的生活作息，保证睡眠充足，按时起床、按时睡觉，没有条件可讲。针对营养不足，家长要提供给孩子充足的营养，并保证膳食平衡，特别是有益于大脑的营养。比如富含维生素 B 的蔬菜，可以预防大脑疲劳，大豆含有卵磷脂和丰富的蛋白质，可增强记忆力；牛奶、鱼类富含蛋白质和钙质，可提供大脑所需的各种氨基酸，增强大脑活力；鸡蛋的蛋黄含有蛋黄素等脑细胞所必需的营养物质，核桃、杏含有丰富的维生素 A、C，可有效改善血液循环，保证脑供血充足，以及含有多种维生素和矿物质的食品。

（2）视觉加工不足、听力障碍

视力和听力的问题也是粗心的原因，孩子的视觉加工能力落后于年龄阶段水平，视觉扫描书面符号信息的时候，容易看错符号、跳行、错行；还有就是眼－手配合值不足，训练不够，看到的与写出来的不一致，抄写就出错。视觉记忆不足也是出错的原因，刚刚看过的数或字词，转瞬就记不准确，要写错，计算正确的结果，写出来却是错的。

听力有轻微障碍的孩子，由于听力不稳定，听课、听题也不稳定，在完成作业的时候容易出错，总是似是而非的，自己也搞不清楚。轻微的听力障碍不易被察觉，但家长要把这些因素考虑进去，首先确定是否病理因素引起视力、听力等问题，查明身体方面的因素，及时治疗矫正。

2. 智力活动因素方面

粗心问题，归根到底还是大脑智力活动的问题。智力活动包括感觉、知觉、思维，也就是说粗心反映的是思维的逻辑性、缜密性、条理性的不足，还有知觉的细化不足、书写的秩序性不够等，其原因也是这几个方面的训练不够。

（1）知觉细化不足

什么叫知觉细化不足呢？知觉是直接作用于感觉器官的事物在脑中的整体反映，是人对感觉信息的组织和解释的过程。例如看到一个苹果、听到一首歌曲、闻到花香、读到一个数字、一个字词等，这些都是知觉现象，而知觉细化不足就是对知觉对象的差异分辨不足。表现在形状颜色方面，两个相似苹果的微小差异分辨不出来；在字词方面，对同音不同字的字"答"与"达"，形近字如"千"与"干"、"玉"与"王"容易混淆弄错；在数字方面，整体知觉细化不够，如12看成21，或者41看成14，知觉的整体差异分辨不足，经常看错。

除了知觉细化不足、分辨不出差异，还有的粗心是对知觉对象反映不完整，也就是只看到一半或大部分，比如"、""；"分辨不足与孩子的认知兴趣有关，对感兴趣的东西比较仔细，而不感兴趣的就不认真看等。

知觉细化不足是一年级孩子入学的准备不足之一，导致区分差异的细化能力不够。那么原本在学前应该进行的知觉细化训练，在上学之后还能不能补上呢？答案是肯定的，只是家长要多一点耐心，容忍孩子混淆弄错的过程长一点，等待孩子的时间要长一点。

知觉细化的训练，目的是增进知觉辨别能力，如进行"寻找差异"的视觉加工训练，如向孩子提供"找相同点"和"找不同点"的图画，让孩子去发现各种细节上的差异，学会仔细观察、仔细比较；另外培养从不同角度去留意观察，逐渐纠正顾前不顾后的疏漏。一年级孩子刚刚开始有守恒与可逆思维，家长和学校的具体指导，可以促进孩子思维的兼顾能力。

（2）听、说、读、写的基本训练不够

一年级开始的基本训练"听说读写"，家长要重视是否扎实。比如字词掌握需要能听懂、能读出、能说出意思、能写，是需要经过一定次数的重复练习才能达到的。练习的"习"字，就是"鸟一遍一遍练习飞"的意思。有的家长认为能认得就行了，多写几遍就反感地认为是加重孩子负担，殊不知恰恰是练习不够，没有真正掌握，要么听错、要么读错、要么笔画错、要么词义错，家长还以为"题目是孩子会的呀，就是粗心"。

基本训练不扎实，基础知识掌握就不扎实。比如 3+2 等于几，成人随口就能答出来，一定不会错，但一年级孩子就可能错，因为他们还没熟练到自动反应，而基本训练扎实，基本知识就能达到自动反应的程度，也就不存在粗心的问题，就如我们成人对九九表的熟悉已达到自动反应的程度，不会有"三七二十二"的粗心。

有的家长轻视"粗心"，忽视基本训练，认为粗心只是"大意了"，并非孩子不懂、不会做，所以没有当回事。还有的家长甚至带有炫耀地说："我那孩子越是难度大的题越不会错，越是简单的题越容易错。""我孩子好笑得不得了，全班都不会做的题他一个人做对了，最简单的题，全班都做对了，他算错了。"这也许是事实，但家长此种态度有问题，至少在无意间赞许、强化了孩子的粗心，甚至强化了孩子基础不扎实的毛病，也显得家长的教育心态有些"浮"，所以不应该提倡。

对于这个问题，还需要进一步说一下。撇开家长的心态，单讲"做难题不会错，简单的题容易错"这种类型的孩子，客观上讲很可能是成为高材生苗子，比如一年级的孩子已经可以解答趣味数学中"鸡兔同笼"一类的难题，这类孩子的思维特点很可贵，越是困难的内容，他们越是有兴趣，大脑越清晰，越是全神贯注，而简单容易的内容，他们的大脑兴奋不起来，也就不经意地处理信息，乃至出错。

这类思维特点的孩子客观上是少量的，我要强调的是家长的理性和沉稳，不能随意强化他们忽视简单内容的答题特点，因为这其中的分寸并不容易把握，弄得不好会把重要的基础的东西视为简单容易的内容，基础知识不扎实，掌握不牢固。在中学有部分学习不错的孩子成绩总是不稳定，总是大起大落，就与基础不扎实有关。

（3）知觉记忆不稳固

知觉记忆就是记住知觉到的对象，知觉记忆不稳固就是记不住看到的、听到的或其他知觉到的对象。比如有的孩子抄写字词或算式的时候，在黑板上或书上看到的是5+6，由于记忆不稳固，转过来写在本子上的时候就成了8+6，拼音"b"写成了"d"，有时候草稿纸上算对的数，抄在试卷上就错了，原因之一是孩子大脑神经发育还不够成熟，短时记忆还不够稳定，就像临时记一个电话号码，记下然后拨打，然后并不需要记住，这种记忆就是短时记忆，我们成人有时候记一个电话号码也会记错，何况一年级的孩子呢？

对视觉短时记忆的训练，可以在抄写数字或字词的时候，通过有声地读出来帮助巩固知觉记忆，这样"68"就不容易写成"86"，就像平日买东西付钱的时候，营业员要大声报一下"收100元"，用语音来巩固对数字的短时记忆，不会记错钱数，避免与顾客可能发生的争执，说不清是否收的我100元。

3.学习习惯方面

（1）条理性差，动作不利索

有时候孩子粗心并不是智力活动有问题，而是学习习惯不好的原因。听课、作业跟不上老师节奏，动作不利索，没有条理性，不会在头天准备好文具，放到固定位置，还不能做到上课耳朵到课堂、眼睛到课堂、心到课堂，条理性差的孩子该写的时候找不到笔，找到笔了又不知做哪道题，忙乱一团能不出错吗！还有就是书写杂乱，要么笔顺不对，要么丢笔画，数学考试要用尺子了，还有孩子说"老师我没带尺子"，诸如此类。

有的孩子动作不利索，总不能按照老师要求及时拿出文具，及时翻开书的哪一页，及时开始听写，及时完成交上作业本，甚至上课的时候文具掉地上散了一地，赶紧去捡，又是好一阵手忙脚乱的。这样一步慢，步步慢，看起来少做了题是粗心，实际上是学习习惯跟不上。

纠正孩子无条理、不利索的办法，就是让孩子"自己的事情自己做"，家长一定要坚持，孩子只有"自己去做"才能学会有条理、学会利索地料理自己上学的一揽子事情。（详见"独立面对，才能长大"章）

（2）检查习惯差

检查习惯差也是错题的原因之一，有孩子不知道做完了题要检查，或忘了检查，或不会检查，所以家长要从一年级开始，注意孩子是否学会了完成作业或考试题之后就开始检查，如果还不会，就教孩子怎样检查。

孩子不会检查可以学，有的家长见孩子不会，就代替孩子检查，这当然比孩子快，很省事，但省事却不抵事，一则家长不可能到教室去帮孩子检查试卷，十多二十年的学习家长如何替代得了？二则检查也是训练孩子的条理性和独立性，家长代替孩子检查作业，混乱的是孩子的责任意识，破坏的是孩子的检测习惯和检测能力，这是家长所愿的吗？

养成仔细检查的好习惯，要教给孩子检查方法。教给方法有时候比讲清道理更重要，反复叮嘱细心，不如教孩子怎样具体做。有个家长说儿子很粗心，作业错误不断，考试也不例外，至少有20%的题目错在粗心。这位家长仔细分析了孩子的作业过程，发现孩子从来不会主动去检查，也不知道怎样检查。于是，这位家长要求孩子必须自己检查，并教给他具体方法，如："做一道题检查一道题"，确信没错再做下一道；或者做完后第一遍顺着检查，第二遍从后面倒着往前面检查，之后孩子粗心的现象明显减少。

（3）没有及时纠错的习惯

心理科学研究和教育实践都表明，及时纠正错误效果最好。有位家长见孩子"末"与"未"弄错了，在孩子检查的时候，提醒这俩字是不是混淆了。孩子仔细一想是写错了，于是家长说我们来想办法记清楚这俩字，"末"是上面一横长、下面一横短，越来越短，末尾的意思。记住这个"末"字就行了；而上面一横短、下面一横长的肯定是"未"字了。让孩子在发现错误时，及时找到正确的，再对比一下细化区别，会克服掉大部分类似的粗心。

4.情绪、专注力方面

（1）情绪、专注力对智力活动的影响

情绪对人的智力活动影响非常明显，智力活动需要安静的精神状态，消极情绪、情绪不稳定或者任何强烈的情绪都能干扰大脑的思考状态，干扰思维的逻辑性、缜密性和条理性。内心紧张的孩子、慌慌张张的孩子、甚至恐惧的孩子，大脑不可能集中思考问题，总在担心爸妈是不是又要"发难"了，心神不定，一有点动静就紧张起来，有的家长在孩子作业时，像冷面审判官似的守在一旁，一看有错就大声训斥，弄得孩子惊惶不已，随时处于防备状态，做错题是必然的。

专注力不够的孩子，因为分心、容易受干扰，大脑处于断断续续的思考状态，也容易看错题、看错字、计算出错（关于关注力的培养，详见第20章怎样培养孩子的专注力）。此外，孩子缺乏耐心，不能忍受比玩耍单调、而且有困难的学习任务，写不了几分钟就厌烦了，很勉强地无奈地拖拉着。

（2）有针对性的优化方式

对待孩子的粗心问题，家长首先需要的就是理性和冷静，首先反思自己是不是情绪化地纠正孩子的粗心，孩子的紧张、慌张、不能安静的内心，是否与自己的教育方式有关？自己是否做到不干扰孩子用脑？纠正孩子粗心，首先要让孩子内心安静下来、有安全感，才可能专心作业、思考作业。

家长要记住，不用情绪化方式处理智力活动，不以"粗心"为理由惩罚孩子，作业出错了，就事论事，鼓励孩子从作业本身的逻辑中去找原因，不能强化孩子紧张、恐惧的消极情绪。反之，也不因为孩子没错题就欣喜若狂地奖励孩子细心。尤其刚上学的孩子，经不起家长的大喜大怒，家长要学会管理自己的情绪，培养孩子积极的、理性的学习状态。

此外，训练孩子的专注力、耐心和耐力，可以安排孩子做一些枯燥的、简单重复的，需要耐心的事情，告诉孩子完成上学任务会有很多困难，就是需要有耐心、有耐力才能学好。有位家长从孩子四五岁时就交给他喂金鱼的任务，每天按时给金鱼喂食，一到时间不管在哪里玩耍都要去做这件事情，家长的目的就是培养孩子的"任务意识"，让孩子有耐心去完成任务。孩子上学后很有"任务意识"，有耐心，很少烦躁，作业没完成就总想着作业，作业考试很少出错。

5. 外在因素方面

孩子粗心与学习任务超负荷、超过限度有关，一年级孩子的神经系统还处于发育阶段，还不可能像成人那样长时间持续用脑，如果作业多，又在用脑时间长、大脑疲劳的状态下，粗心就是肯定的。所以家长要有效率意识，学习任务不能超负荷，不能拖时间。如果孩子专注地持续用脑 20 分钟左右，就需要休息至少 10 分钟。家长还要考虑到，学习的内容越复杂，越容易出现粗心，需要估计到孩子的困难，不能简单化地只论对错。

此外，有的环境干扰可以超过孩子的抗干扰能力，有小孩子写作文说自己虽然有单独的小房间，可是紧靠着饭厅，每天放学家里都有人打麻将，不隔音，自己写作业很受影响，后来家长发现这个问题，告诉邻居，孩子上学了，以后转移阵地，才解决了环境干扰的问题。无论何种类似的干扰，家长都要考虑到，保证孩子专注用脑。

第四卷　教孩子学会生存

提示：教育的四大支柱（P60）/ 生存从来不易（P62）不学礼，无以立（P65）如何给孩子立规矩（P67）/ 学会与人共处（P70）/ 宽人严己、有容乃大（P72）/ 能吃苦的非凡价值（P78）/ 轻松学习可能吗？（P83）/

　　人出生的时侯，是带着生物遗传特质而来的，但是却不带着天生的社会生存能力。人在社会中独立生存的能力，绝大部分是依靠后天学习，这种能力就是人的"社会性"。从出生时候的生物个体成为在社会上能够立足生存的人，这个过程就是"社会化"。在上个世纪早期偶然发现的"狼孩"，证明具有正常生物遗传的婴儿，脱离了人类社会，并不能发展社会性，证明了社会性是通过后天学习培养才能形成的。联合国教科文组织《学会生存》[①] 一书中提出教育的四大支柱：学会做人、学会做事、学会学习和学会与他人共处，这四个"学会"的教育思想，就是培养孩子学会生存。

　　这个道理并不难懂得，就如自然界适者生存一样，鹰要生存，首先要学会飞翔；狮、豹要生存下去，必须学会猎食；树木百草要在复杂的土壤条

[①]　联合国教科文组织教育丛书：《学会生存——教育的今天和明天》，教育科学出版社，2000 年 8 月。

件下能吸收水分养料，才能生长……人类也是如此，人类结成社会相依而存，一个人就要学习如何在社会中立足生存。儿童学习如何生存，就是发展社会性。

那么"社会化"包含哪些基本素质和能力呢？总起来说有四个方面：第一，能够谋生；第二，社会行为符合社会规范，即法律规范和道德规范；第三，能够承担起社会角色；第四，有自己成熟的价值观。我们所有的教育都是要培养起儿童青少年的社会化，培养能够立足社会的能力和素质，家庭教育的主要任务也是如此。所以近年来"社会化"这一概念在教育中被越来越广泛地使用。以前我们说家庭教育的主要任务是德育，是做人的教育，是养好习惯等，都不够准确，而"社会化"能涵盖家庭教育的主要任务、目标和内容。

社会化的四大内容，需要家庭教育为此投入巨大的时间、精力和经济，所以为人父母真正不易，操劳一生一世，大部分精力和时间都是为孩子能更好地立足社会，甚至"为孩子活"成为人到中年最切实的强大动力，这是人世间最无私、最无邪的人心，"希望孩子好"的那一念想，是父母存于心底、终其一生的念想，"望子成龙"拳拳之心，何过之有？关键的是如何能培养好孩子的社会品质，达成"望子成龙"的期盼。

家庭教育不当，是孩子社会化失败的重要原因，比如谋生，由于家长没有重视，孩子没有谋生意识、缺乏承担责任的意识，缺乏谋生能力，成了啃老一族；比如社会规则方面，家长不立规矩，孩子不懂法律规则、道德规范，就是失败人生的必然；还有与人交往方面，如何学会与人共处……都是在立足社会的必须素质，缺一不可。家庭教育如果不加以教导，甚至溺爱，孩子进入社会后，职业、家庭、人际、情感都可能困厄重重，甚至一败涂地，锒铛入狱。

曾经某名牌大学一个学生，家长在国内有钱有权，出国留学后女友发现他离开了家长的庇护，凡事都很无能，而且极端自私，于是提出分手。这个学生狂妄地说："就是分手也应该我提出来！"最后见不能挽回女友，就从实验室偷了含剧毒的重金属投毒致女友死亡，自己也锒铛入狱，被判终身监禁。那之后又陆续有类似报道，如最近复旦学生因看不惯同学就投毒致其死亡的案例，让世人心惊万端！这是社会化的完全失败。他的父母这二十多年是怎样教他如何立足社会的呢？

家长盼望孩子有出息，就要培养孩子良好的社会化，教孩子奋发努力、积极向上、正确对待自己、对待他人、对待社会，这绝非可有可无。切记不要等"船到江心补漏迟"的时候，自己去吞下自酿的人生苦果。

一、教孩子明白生存从来不易

人类从远古至今首先要解决的问题都是生存问题，生存教育是人类教育的源头，也是永恒的教育主题。远古时代人类居住的洞穴、燃烧的火把、狩猎的石器、直至今天的摩天大楼、宇航火箭、各类电器、杂交水稻……都是人类生存奋斗的产物。《圣经》记载了一个伊甸园的故事：人类祖先因偷食禁果，带着原罪被上帝驱逐出了美丽的伊甸园，上帝诅咒他们"必须艰辛劳作才能得以温饱"。美丽的神话寓意着人类生存的不易，停止艰辛耕作就意味着死亡，所以人类的生存意识积淀于灵魂深处，人类所有政治、经济、宗教、文化等各种重大活动，无不以生存为最初出发点，生存的危机和威胁，一刻也未曾离开过人类。尤其饥饿、战争、疾病，是直到现在威胁着人类的三大苦难……人类生存的确是遍地关山、无坦途可言。所以要让孩子明白生存不易，国家生存不易、家庭生存不易、个人生存不易。

（1）从个人讲，谋生存不易。家长要教育孩子：生存是以艰苦劳动为代价的，单单个人的生存就足以使好多孩子艰苦奋斗一生，这副担子不是娇生惯养的人可以承担的，更何况还有家、国的重任！如果家长自己辗尽尘土，供给孩子充裕的生活，却让孩子对生存艰辛一无所知，毫无发展自我、自强不息的生存意识，以后独立闯荡人生，孩子就会缺乏生存竞争力，又如何在社会竞争中求取主动？现在为数不少的年轻人畏惧生存艰辛，又懒又笨，整天想的就是算计父母、搜刮父母，甚至以啃老为生。

还有的孩子幼稚任性，完全不知道生存的不易，恋爱结婚居然要找"在一起好玩的"。一个女孩没有考上大学，也不去职业学校读书，没有一技之长，家长、亲戚给她寻找有稳定收入的对象，她都觉得"不好玩"，结果与一个没工作、没专长但"会玩的"结婚，住在拿工薪的父母家里啃老，父母反对，她就说结婚是我的权利。之后"不好玩"了又离婚，一直折腾到30岁，好像还不懂基本的生存道理。从家庭教育角度看，都是这些父母没有培养起孩子的生存竞争意识、竞争能力的结果，教训极其深刻！这恐怕是我们家长必须引以为戒的问题。

让孩子懂得生存不易，一定要对孩子进行吃苦耐劳的训练，如刻苦求学，培养孩子"闻鸡起舞"、奋发精神，切忌追求"快乐""轻松"。历史上清朝为了避免皇子娇生惯养而败家亡国，对诸皇子的要求和训练极其严格。清皇子入学早、时间长、规矩严、内容多。虽然贵为皇胄，但读书的时间是"卯入申出"，也就是早晨5点到下午3点，共10个小时。读书姿势必须正襟危坐，夏天不许摇扇纳凉，中午吃饭，老师先吃，皇子们在另一旁吃，吃完没有午休，继续功课到下午3点，然后开始骑射一类的练习，一天的功课才结束。

皇子上学读书以后，假日少到只有：正月初一、端午、中秋、万寿（皇上寿辰）、自寿（自己生日）共才五天，除夕也是不放假的，比我们现在的孩子学习时间多多了。"生于忧患，死于安乐"，正是忧患存亡的强烈意识、"闻鸡起舞"的奋发向上，才有了清代的康乾盛世。国家如此，家庭如此，个人如此，这对我们现代家庭教育具有很现实的借鉴意义。富裕状态下的家庭教育，更要重视吃苦耐劳的基本训练，这是生存教育的基本功。正因为生存艰辛，才必须教育孩子明白生存不易。

（2）从家庭讲，谋生存不易。身为家长，几十年风雨兼程，都知道生存不易、挣钱不易、养家不易、抚养孩子更不易。为人父母终日劳碌，谁不是从艰辛中走过来的？"凯风自南，吹彼棘心。棘心夭夭，母氏劬劳。"①形容母亲养育子女的含辛茹苦，为了家庭、为了孩子，上有老、下有小，有说不尽的辗转艰辛，不少家长甚至超负荷地上班打工、起早贪黑，哪有轻松可言？

即使家庭富裕，谋生存也是不易的。中国的家庭教育很早就意识到，

---

① 《诗经·凯风》。

人生有多种的不确定性，因此积累出了相对稳定的心理准备和实务对策，所有的目的只有一个，那就是应对艰难世事，应对来自恶劣的自然、社会环境的威胁。富裕状态也是潜在的危险，必须高度警醒，保证生存的主动。

常言道"财富无常"，财富是最容易失去的东西，"三穷三富不到老"，这是多少朝代积淀出来的至理名言。人世间上至帝王、下至庶民，无不都在争取生存的优势，但事实上人生多变、祸福相依，穷困与富贵常常相互转换、互为因果。"富贵而骄，其咎自遣"，潜在的危机如影相随。比如我们现在的富人，大部分都是在这二三十年中由穷而富的，既然可以由穷而富，同样也可能由富而穷，甚至一夜之间财富灰飞烟灭的教训数不胜数，穷通祸福的更替几乎没有例外。道理非常简单，人生的穷通祸福与万物运行同理，周而复始、往而复还，福祸相依，没有一成不变的富贵，也没有一成不变的穷困，所谓"禄无常家，福无定门"就是这个道理。所以，如果"穷而有志"、奋发有为，则可能鱼跃龙门、财富丰裕；反之如果"富贵而骄"则"其咎自遣"。

那么富裕人家怎样才能避免败家害己的祸殃呢？古人对此早有深刻认识，指出"贵游子弟，生乎深宫之中，长乎妇人之手，忧惧之劳，未尝经心"。① 意思是说富贵子弟，生在深宫大院，仆人丫鬟围绕，从未经历过艰苦劳作，也不曾有过忧患之心，母亲百般娇惯宠爱，甚至放纵孩子骄惰成习、不求长进，除了享受，什么生存的本事都没有，这便是败己败家的根本。晚唐时期柳玭家族的《柳氏家训》就分析了富贵世家子弟的5种毛病：贪图享受、不学无术、妒贤嫉能、游手好闲、急功近利，其结果就是"坏名灾己、辱先丧家"② ，以此严诫家族子弟。柳玭家族以重家教著称，所以柳氏家族子弟人才辈出、家业兴旺。

老子说："金玉满堂，莫之能守。富贵而骄，自遣其咎。"意思是金玉满堂，谁能守得住？富贵而骄，就是自寻灾祸。故富而有德、积善之家，厚德载物，才能谨养其和，保有家道从容。历代多少皇亲国戚、富豪世家由于不懂这个道理而一败涂地。《易经·坤卦》"积善之家必有余庆，积不

---

① ［晋］葛洪：《抱朴子·崇教》。
② 马镛：《中国家庭教育史》，湖南教育出版社，1997。

善之家必有余殃"也是这个道理。在这个问题上，家长的教育眼光要长远，要教给孩子生存的本事，有一番作为的"大器"之质，才能在社会的生存竞争中立得住脚、养得起家、干得成大事。

3. 从国家讲，谋生存不易，我们中国从古至今一代又一代的生存都是很艰难的，直至今天，从整个国家来讲，十几亿人日复一日、年复一年的辛劳，还是为了解决最基本的生存——解决温饱，争取小康！在不少贫困地区，人们还没有得到温饱；我们的领土仍然在日本的觊觎之中，国家利益还时时遭到陷阱和掠夺，民族生存忧患何曾停歇过？

历史上抗击外侮的民族英雄、安邦定国的圣明国主为什么功垂千古？因为他们对民族生存有巨大贡献。从"龙师火帝，鸟官人皇，始制文字，乃服衣裳"到"推位让国""遐迩一体，率宾归王"的尧舜；从岳母"精忠报国"的刺字、"忠孝不可两全"的大义，到虎门销烟，抗日战争"血肉筑长城"壮怀激烈，中华民族的英雄史，就是中华民族为生存而战的卓越历史画卷。"位卑未敢忘国忧""天下兴亡，匹夫有责"，则是生存忧患深入到了每一个炎黄子孙的意识深处。所以家庭教育教给孩子以天下为己任，匹夫之责，当"每饭不忘"。

二、"约礼博文"，给孩子立规矩

1. "不学礼，无以立"

"礼"是社会生活中的社会规则及道德规范，因此是儿童社会化也需的构成。孔子教导儿子孔鲤说"不学礼，无以立"，意思是说不学礼就无法在社会中立足，不懂规矩就不成样子，可见孩子学习社会规矩的重要性。

中国文化一直很重视"隆礼"，《礼记》言道："鹦鹉能言，不离飞鸟；猩猩能言，不离禽兽。今人而无礼，虽能言，不亦禽兽之心乎？"①。意思是说鹦鹉也能说话，但终归是鸟，猩猩也能言，却始终脱不了禽兽之类。人若是不讲礼节，虽能说话与禽兽有什么差别呢？所以"人有礼则安，无

---

① 《礼记·曲礼上》。

礼则危，故曰礼者不可不学也"①

孩子出生时是一个纯粹生物的、携带着各种需要和欲望的小孩儿，长大要在社会中生存，就必须学会遵从社会规则，人都有欲望，怎么可能想怎样就怎样呢？所以人类给自己立了许多的规矩，大家都要遵守。弗洛伊德说"文明即禁忌"，人类的文明如制度、法律、道德、习俗……都是人类给自己立的规矩。规矩就是用来约束人的，人无礼则不立，事无礼则不成，国无礼则不宁，大到国家，小到家庭个人，都按照规矩去做，才能保证社会正常运行；所以家长要培养孩子规则意识、学习规矩，遵守规则，否则"不以规矩，不成方圆"。

中国传统家庭的儿童启蒙就是从"习礼"开始的。《礼记》《蒙童须知》《弟子规》对儿童要学习的规矩都做了详细规定：言行举止、整洁卫生、接人待物、"步从容，立端正"。

现在有的孩子，包括读研究生的、读大学的，由于缺乏"习礼"的训导，处人的进退应对很生疏，对基本的礼数茫然无所知。走路、停车、聊天不知环视路况：是否挡住路口，是否有碍行人；公共场合高谈阔论、旁若无人，电梯里喝粥、嚼馍、啃水果，毫无收敛。一栋高层住房两百户人在搬家入住的时候，一辆小轿车居然停在唯一一个供拖拉车进出的路口，弄得无数搬运家具的人无计可施，车主却是一个大学生，开着车到这里找同学玩，被大家一顿狠狠地训斥"不长眼睛""怎么家里没人教？"这不能不让人感叹：为什么关系到他人、而且是这么多人的事情，这些孩子就"不长眼睛"？其实这些孩子如果稍稍提醒，他们马上会意识到并表示歉然，足见他们并非故意为之，而是家里没有人教过他们进退之规矩。

一个研究生导师说，学生已是研究生了，还不懂得何种场合、对何种人该怎样说话，接人待物笨拙，更谈不上得体端庄，导师不得不每件事情具体教：给老师打电话应该先询问"老师，现在你有时间吗？"不能接通电话就说自己的事情，也不能事先不约时间就到老师办公室去请教，因为占用他人的时间要事先预约，诸如此类都是有规矩的。这原本是在小时候

① 《礼记·曲礼上》。

就应该懂得，而他们的家庭教育缺了教规矩。

2. 如何给孩子立规矩

第一，培养孩子的规矩意识

从天性来讲，小孩子想要的东西多了去了，如果家长不立规矩，有求必应，要什么有什么，要怎样就怎样，发展下去就是孩子不知道还有规矩。所以如何给孩子立规矩，首先要培养孩子的规矩意识，让孩子知道凡事是有规矩的，要认同规矩，说话、做事都有规矩，而且基本规矩在家里就应该基本学会。

游戏、体育活动也是培养规则意识的好方式，游戏或体育项目都是有规矩才能进行的，足球、篮球、象棋、田径……孩子在其中就不可能任性，要依规矩，规矩意识就逐渐形成。一个女孩学习成绩很拔尖，在班级、年级一直名列前茅，可是在游泳队她并不拔尖，每次泳道出发她都排在后面，家长担心她受不了，孩子诧异道，当然是游得快的先出发，不然怎么游？家长听了欣慰不已，体育项目训练培养了孩子的规则意识，孩子在规则中能有效"去自我中心"。

孩子在学校每天要执行若干的大小规矩，有个家长让孩子用图画的方式画出如果全班或全校的学生没有规矩，会成什么样子，学校不成学校，学生也无法上课学习。此外讲故事也可以帮助孩子理解规则、形象地体现规矩的重要性。

第二，须有约束，慎在其始

规则的作用就是用来约束人的，能约束自己才能有规矩。当愿望与规则冲突时，就要约束自己服从规矩，不情愿也要服从。例如红绿灯的规矩是"红灯停，绿灯行"，个人情愿不情愿都要服从规矩，因为只有这样才能合理维护交通秩序，使车辆和行人各得其宜。否则就会乱着一团，所以，有约束才有规矩。

古人说教育孩子要"慎在其始"，从小时候开始，孩子就要学规矩，按照规矩约束自己，怎样可以，怎样则不可以。不管家长认为"孩子还小"、还是认为"三岁看一生"，从小让孩子学着约束自己是必须的，不应找任何理由例外，有约束才有规矩。俗话说"成人不自在，自在不成人"，讲的就是这个道理。

中国文化非常讲究秩序，凡事依着规矩做就好，教育的责任就是教会儿童约束自己，符合社会要求，才能成人。没有例外。如果我们听某家长批评孩子"怎么说话的？"就知道这个家庭是讲究说话规矩的。

第三，习礼就是学规矩

礼是什么呢，礼者，心正、身正。"礼者，边界之定"，礼是用来规定、约束人不能逾越的边界，用来端正人的言语行为、端正人的思想态度。宋代司马光说"治家莫如礼"①，意思是说，治理家庭，协调家庭关系的方法，莫过于礼。礼的本质是划定边界，凡事有规矩，恪守边界，则人人各得其宜。亲子之序、师生之序、长幼之序，无不如此。

孩子习礼、学习行为礼仪就是学习社会规矩，遵行礼节就是遵循某种规矩，比如遵从"长幼有序"这一规矩，是对长辈所在的生命秩序持敬，以前称呼老师为"先生"，称自己"后生"，也是这一层含义。如果孩子对长辈大呼小叫，语气随意，就失了尊与敬，乱了秩序。即使很难协调的关系，如婆媳之间，可以不做到亲如一家人，但作为晚辈言语行为也一定不能逾越边界，不能失礼，礼数上不能有亏，才能叫有规矩。

对于家长严格与慈爱之间的分寸，司马光提出"慈训曲全"的主张，意思是长辈的慈爱和严格的规训缺一不可。父母慈而无训则失教导之职，而严训而无爱则伤亲子之情。美国教育哲学家杜威是主张"儿童中心"的，但是他反复强调，儿童的"自由"并不是"放纵"，对于儿童来说，没有绝对的自由，自由必须加以限制②。

第四，家庭切忌"长失尊严""少忘恭敬"

古人说，"长失尊严"则"少忘恭敬"，意思是说，做长辈的没有威信，则晚辈必然没有规矩。家长不能没尊严，这是给孩子立规矩的前提，没有威信就没有教育。现在家庭教育要警惕"家长奴才化"，家长没有尊严，成了孩子的奴才，对孩子惟命是从，孩子没有了约束，没有规矩，倒成了家庭的祖宗。古人说"故家之患，常在礼法不足……长失尊严，少忘恭敬，

---

① 马镛：《中国家庭教育史》，湖南教育出版社，1997。
② 杜威言。杜威主张教育的儿童中心，但认为并不等于放纵儿童。

家不乱者未之有也"。① 一个家庭为家长丢了尊严，孩子没有规矩，这个家庭没有不混乱没落的。

有的家长误解了教育要民主，不敢给孩子立规矩，以为立规矩就是不民主，以为约束就是不尊重孩子。孩子不懂礼，小小年纪就举止失度、言语轻妄、不知轻重，甚至对父母大喊大叫，抱怨指责，家长还唯唯诺诺、忙不迭地解释，哄着宠着，孩子不像孩子，家长不像家长，一看就是家长从来没给孩子立规矩，孩子才这样放肆无规矩，被人说"这孩子家里没人教"！而"家里没人教"几乎是一句骂人的话，可见家里有没有人教，成了孩子立足社会的一种身份。

家长要知道，这不是民主不民主的问题，任何社会都是需要规矩的，"爱亲、敬长"的规矩，难道还有现代、古代之分？"人性中不可添加一物"。再进一步说，一个越是民主的家庭，越应该有规则。

有家长说，孩子本来就比较内向，还给孩子立规矩会压抑孩子的个性，弄得孩子退缩，不敢竞争。也有家长说，我的孩子特别外向，好冲动，培养规则意识之后，控制行为方面有很大进步。有家长因为这种担心，不敢立规矩，不敢要求孩子必须做到，只是采用感染、熏陶、潜移默化的方式去影响孩子，让孩子感悟到规矩。而孩子没规矩的时候，家长就认为自己熏陶孩子不够。这些认识都是混淆了立规矩与个性的理解。

家长要明白，规矩的特点就是不讲条件执行，尤其一些最基本的规矩没有讨论的余地，这些规矩无条件可讲，必须服从、必须做到，个性内向的孩子要做到，外向的孩子也要做到，听话的孩子要做到，不情愿的孩子也要做到，如对长辈礼貌说话，谁都应该做到，没做到就是没规矩。感染熏陶是重要的教育方法，但不能是唯一的方法。在最基本的规矩方面，没有任何条件可讲，必须做到。

第五，"外受傅训"，借助学校教育

教导孩子有规矩，也是学校的教育责任。有家长参加学校家长开放日后，发现孩子在学校非常懂规矩，见到老师和长者用非常标准的姿式站好，

---

① ［宋］程颐：《伊川易传》。

问老师好，叔叔阿姨好，见到孩子的礼貌举止，真切感受学校教育力量的强大。所以在我看到的家长对学校的建议中，除了希望加强孩子的安全保护，就是希望严格教育，教孩子懂规矩。有家长建议学校要让孩子读《弟子规》，要背下来照着做，坐有坐相，站有站相，衣帽整洁，不能歪歪斜斜的，到社会上就没个人样。

在西方，培养出最著名政治、军事、学术、商界精英的学校，规矩林立、管理森严。相比之下，我们的规矩真的太少了，而不是太多。在很多学校，艰苦的体育锻炼都是规矩，是强制性的，无一例外，吃不了这个苦就不要来这里上学，甚至还有严厉到不近人情的动辄开除或勒令退学。西南联大为什么人才辈出？除了有大师、有经过严格选拔胜出的优秀学生，还有异常严格的学籍管理规矩。我父母毕业于西南联大，我记得母亲说过，教师全部英语授课，学生累计两门课不及格就退学，学习难度之大，使不少班级 5 年后毕业的人数只有入学人数的五分之一甚至八九分之一。优质人才、学术精英就是在如此严格的学校规矩中炼成的。

三、教孩子"学会共处"

在现实中有不少的人，与人相处总是困难重重，别的什么事都还能干，一遇到人际关系就寸步难行，甚至一辈子都在人际障碍中焦头烂额，为人际冲突耗费掉许多精力。如果我们追溯到他们的童年，一般来说，都有可能存在缺乏人际指导、缺乏与同伴交往的充分条件。

心理学、教育学总是很强调孩子必须要有同伴，孩子要多与同伴一起玩耍，这是因为人类社会生活需要与人共处，孩子与同龄人在一起才能学会共处。现在不少家长好像顾不上这个，把孩子隔离起来"开发智力"，这种隔离了孩子与同伴的做法非常有害，可以说是"拾了芝麻丢了西瓜"。为什么呢？因为同伴对孩子的成长太重要了。

1. 同伴关系具有的支持功能

心理学指出，同伴关系具有非常重要的功能，而且是亲子关系、师生关系都不具备的功能，就是同伴的友谊对儿童社会化的多种心理支持功能：

① 从权威中独立出来，获得稳定感，消除孤独感；

② 在压力的环境下得到情感支持；

③ 学会理解，学会宽容；

④ 学习评价他人；

⑤ 相互提供亲密、协调的经验，掌握社交技能；

⑥ 提高儿童的自尊；

⑦ 促进诚实、平等的发展；

联合国教科文组织将"共处"能力划定为 21 世纪生存的核心素质和能力之一，[①] 儿童要学会学习、学会做事、学会生存、学会共处，可见与人共处能力的重要性。家庭教育如果对此估计不足，孩子缺乏充分的同伴交往，失去同伴的心理支持，就会随时感到偏离同伴的威胁，不能形成良好的人际交往能力，孩子为此将付出很大的成长代价。因为儿童只有在同伴那里才能真正领悟和学习到平等和公正的含义，才能真正"去自我中心"，最终完成社会化过程。

一个高年级学生写自己的快乐和忧愁，反映出对同伴群体的心理依赖。她写道："我们在学校不停地学习做作业，回到家时要承受爸妈的审讯，快乐的事情就只有每天早早来到学校，可以和同学们在一起！上课和同学一起听老师讲课，下课就到操场去和同学一起自由自在地活动，快乐极了。"

好的共处能力是在同伴交往中才能学会，不良交往品质也只有在同伴交往中才能纠正，有的家长在孩子人际交往碰钉子的时候，没有具体教孩子具体如何对待，只判断对错，甚至说"不往来就是了"，这样的简单化会导致孩子与人交往的简单化，很幼稚，很难与人共处，其结果不光影响将来职场的与人共处，也直接影响孩子将来婚姻家庭关系的共处。

在这个问题上家长要有见识和眼光，要有取舍，要注意得失轻重。如有的家长特别不喜欢孩子的同伴到家里来玩，其实他们也不是讨厌孩子的同伴，而是不能忍受孩子们弄脏弄乱了屋子，过于热衷于房间装饰的家长尤其如此，家里一尘不染、一丝不乱，可孩子却失去了同伴、失去了与同

---

① 中国联合国教科文组织全国委员会：《联合国教科文组织教育质量标准综述》，2010.12。

伴共处的条件，这其中的得失家长必须要考虑。一个女孩在作文中写了她的"洁癖妈妈"，说同学到她家里玩得正高兴，突然她妈妈"像狮子一样发出吼声"，要她把地上的一根头发捡起来，然后又"像一个严肃的指挥员"说去把喝水的杯子洗干净，吓得同学们都赶紧走掉了，这个女孩失望得说不出话，相信"之后再也没有同学来玩了"，每个周末都得自己一个人在家里待着，"真希望我的好妈妈不要那么爱干净！"

那么这位母亲的"得"与"失"如何呢？家长不是清洁工，只管清洁不及其余，家长是教育者，要懂得同伴对孩子有多重要。有家长疑惑：孩子的生活条件很不错了，有书有玩具，自己还有一间房子，为什么还是不高兴，这样脾气不好？我以为恐怕其中一个原因是没有同伴，孩子自然很烦躁、易怒，家长要意识到这一点。

2. 宽人严己，"有容乃大"

教育孩子怎样做人，不能不教给孩子如何对待别人、对待自己。这句话说起来简短，要让孩子真正能领会和把握待人待己的情理和原则，不是三年两载的时间可以完成的。古训道："肯替别人想，是天下第一等学问。"孔子说"己所不欲、勿施于人"，意思是说，自己不喜欢别人怎样对待你，就不要那样去对待别人。《圣经》里也有一句话："你希望别人怎样对待你，你就怎样对待别人。"

"待人以宽，律己以严"应该反复在孩子成长过程中予以强调。孩子理解这"宽"与"严"之间关系容易绝对化，觉得父母教育自己怎么做，别人也应该怎么做。比如讲礼貌，一个人应该感谢别人的帮助和好意。孩子帮助了别人，别人却不说"谢谢"，孩子就会气红了脸，大声说："他为什么不说'谢谢'？"可见要孩子懂得宽人严己的情和理不是一时半会儿可以实现的。孩子的成长过程会遇到许多令他们想不通的事情，家长就得一次又一次反复告诉"勿以人负我而毁为善之心"，让孩子逐渐懂得"宽人严己"这个与人共处的原则。

常言道"有容乃大"，人要有宽容才能有厚德。人各有不同性情，如果缺乏宽容，不体谅他人，则德性存于何处？孔子曾有一次准备外出而遇雨，门人说"子夏有伞"，子夏是孔子的学生，但孔子没去借伞，门人不解，孔子解释说，子夏为人看重财物，我听说与人相处应该"推长而讳短"，推崇其长处，回避其短处，才是处人的长久之道。我并非不知子夏有伞，而是担心张扬了他的短处。后人赞誉孔子此举是"大圣人之作为"，子夏是孔子的学生，孔子却不去借伞，是"替他人着想"、宽厚德重的"第一等学问"。

我的母亲毕业于西南联大，是大学教师，母亲的厚德是万里挑一的。"文革"时造反派揪斗我父母，叫我们家的保姆"揭发罪行"，保姆坚决不肯，说"做人要有良心，我曾生病一个多月没做事还照给我工钱，还给我营养品"，说我父母"不是一般的好人"，结果我父母还因此得了个"收买劳动人民"的罪名。

母亲反复叮嘱我们，"人德于我，不可忘；德于人，不可不忘。"意思是别人对自己的善意善举一定要记住不能忘记，而自己对别人的好则一定要忘掉。真正的宽厚仁慈是要想通这个道理，有这一份真诚的意念，帮助人是因为自己的德性，如果还惦记着报答，就失了诚意。母亲还要我们记住"善门难开"，不要认为你是做好事、是好心，别人就一定领会、一定知恩图报，你帮了大忙，对方事过境迁给忘记了，甚至恩将仇报，如果你气恼起来，就没懂得"善门难开"。母亲说懂得了"善门难开"，才能真正厚德、有容乃大。母亲已离开我们多年，而母亲的厚德却铭刻在我们后人的心底。

3.教给孩子"共处"的具体原则方法

人际指导除了要讲清基本道理、把握大原则，还要教给孩子人际技能，也就是与人相处、人际沟通的具体方法，教孩子怎样"合理健康地与人共处"。

第一，学会自咎，得理饶人。自咎就是自我反省，孩子与同伴发生了矛盾，首先应"多反省自己""多以善意推测朋友"，对于误会、矛盾，不急于下结论，学会宽容、理解、以己推人，这是基本态度和方法。如文过饰非、嫁祸于人、妄自尊大一类毛病，家长从头到尾都要注意纠正。

家长要教育孩子，如果错在自己，就要"知错认错"，如果不是自己的错，要"得理饶人"，这样才能培养起孩子坦荡的胸襟和大气。一个六年级小学生的作文写道他被一个同学误会很深，待真相明白之后他仍然气忿难消，这时候他母亲说"你要得理饶人！"他还是未吭声，母亲生气地说"我告诉你，我宁愿你考不上重点大学，也不许你有鸡肠鼠肚的德性！"这位母亲就称得上是"端庄大义"，很有教育见识。她教给孩子大气宽厚的处人之道，她也让孩子明白，妈妈很重视这个问题，重视他怎么与人相处。

有个高年级的男孩子被小组长记了迟到，他坚持说铃声响的时候他的一只脚已经跨进教室，气愤愤地一直争执到下午。他妈妈知道后就说，什么事先想自己有没有错，没有错得理饶人，错了就认错，什么一只脚两只脚？不要学着唧唧歪歪的德性。原来男孩子调皮，老师说再有一次过失就要撤销班干部职务，他已经被撤过一次了，心里着急就计较起来。妈妈说，自己迟到就认了，还去跟女生吵，丢不丢人？男孩子想通了，后来又通过努力，恢复了班干部职务。

有研究表明，母亲对儿童与同伴的交往干预插手越多，孩子越是难以发展同伴交往的社会技能，而母亲适当地干预，儿童则表现出更强的社会能力，就如前面说到的那位母亲，在儿子遇到的具体矛盾中及时予以指导，就恰到好处。

一般来说，孩子"知错"不难，大多数儿童都能够明辨自己是"得理"还是"输理"，但是要承认错误，承认自己是错的，觉得很丢脸，认为丢了尊严；也有孩子在"得理"的时候还是纠缠不休，得理不饶人，家长就一定要旗帜鲜明地要求孩子"得理饶人"。

对人际矛盾，家长要指导孩子去反思，学会总结、善于领悟。调查证明，能够对人际过程进行反思的孩子，共处能力发展都比较好。例如小学高年级儿童已经能够在矛盾冲突中反思自己，总结出人际相处的法则，如"凡事不要过早下结论""不能乱怀疑别人""不要为小事太认真""保持友谊必须要相互体谅""记住说话要算数""君子动口不动手"等，都是孩子们可贵的人际反思。

第二，不卑不亢、进退有度。家长要教育孩子，每个人都要遇到比自己强的人、比自己弱的人，还有竞争对手。那么怎样面对强者？要不嫉妒、不自卑，也不畏惧对方的不合理要求或欺负；怎样对待弱者？不恃强凌弱，不欺负弱小，不用自己的长处去比别人的短处，不卑不亢。怎样对待竞争对手？努力自强，尊重对手，公平竞争。例如运动会上对手摔倒了，有的孩子高兴得鼓掌，或者竞争对手考试成绩很糟，孩子掩饰不住兴奋，家长就应该告诉孩子，可以为自己的成功高兴，但不能因为别人的失败鼓掌，更不要用自己的成功去证明别人的失败。这样的教育才能培养出坦荡大气、胸襟不凡的栋梁人才。

孩子在班集体里，可能因为学习差、个子矮小、不漂亮、不受欢迎、同伴失和、被误解、受委屈、受讽刺、被欺负、没有伙伴、被教师忽视、教师不喜欢自己等原因导致人际挫败感，感觉自己很失败，家长要教孩子学会接纳自己，要懂得人无完人，看待自己和他人不能绝对化、简单化，只要自己努力向上，挫折可以使人更成熟。

人际关系要有分寸，要进退有度。古人说"君子之交淡若水，小人之交甘若醴"，《钱氏家训》告诫后人："小人固当远，断不可显为仇敌，君子固当亲，亦不可曲为附和。"[①] 意思是说对君子固然应该钦佩，但不能亲近到没有分寸；对小人也不要走极端，弄得势不两立的样子。这些都是处人的进退分寸，是为人处世的经典之谈。

第三，教孩子"曲能至诚"。家庭教育要教给孩子与人合理健康相处的具体方法，在一次次的人际矛盾中，学会尊重、理解、合作、分享、反抗、妥协、调节、应变等重要的人际交往方法，学会在乎别人的感受，学会沟通、不偏激，不堆积怨恨、善于化解，学会协议。在表达方式上，提倡"委婉有诚"，不能认为"直"就一定效果好。尤其表达歉意、比较困难的沟通，含蓄、委婉的方式效果最佳。

家长要知道，解决孩子与同伴的矛盾，简单隔离的方法是最笨的办法，犯的是宗旨性错误，孩子不愿失去同伴才伤心，家长隔离了同伴孩子更伤心。孩子学会与人共处非一朝一夕，而且家长无法取而代之，得让他们自己去折腾，去体会才行。一个小学高年级女孩，与同桌女孩口角，谁也不理谁了，回到家里想想还是自己不好，更加焦虑伤感，担心自己没有好朋友了。妈妈说你明天带一个她喜欢的小礼物，表示你的歉意，试试看。没

---

① [后唐·吴越] 钱镠:《钱氏家训》。

想到第二天上学时，两人都不约而同地拿着对方喜欢吃的水果，试探地望着对方……之后和好如初，其间一句话也没有，委婉的心态和方法非常可爱。类似非语言的、含蓄的和解方式，用肢体语言去传递歉意、尝试沟通，孩子的处理甚至出乎家长意料的好。

在我们成人之间，甚至国家、民族之间，委婉、含蓄、曲折都是传递信息、表达愿望的经常方式，也是重要手段。对此，家长的具体指导很起作用，良好的示范更能启迪孩子如何与人共处。

四、"士不可以不弘毅"

孔子说："士不可以不弘毅，任重而道远。"[①] 弘，宽广；毅，强忍。非弘不能胜其重，非毅无以致其远。意思是说有抱负的人必须要有远大理想，还要承受无数艰难困苦，才能实现一生抱负。所以能否承受挫折、能否具有从失败中走出来重新开始的勇气，也是一种重要的社会性品质，因为人生艰辛，谁都躲不掉失败坎坷，如果不能承受，也就一事无成，可能就连起码的平凡生活也很难得到。

1. 百折不挠

人生中很多重要的素质、宝贵的领悟、非凡的才能只有在挫折中、在失败的时候才能学到，所以小到"失望"，大到"失败"甚至"灾难"，都是人生历练的财富，关键在于是否扛得住，是否能重新聚集起力量，将失败转化为成功。贝多芬是一个成就卓越的人，他经历的苦难和挫折是常人的百倍，他说过，"卓越的人一大优点，是在不利与艰难的遭遇里百折不挠。"对此，家庭教育要有眼光。

家长要注重在孩子日常的学习过程中培养出不怕挫折、失败了再来的勇气，而不是单纯鼓励孩子去争取成功和荣誉，家长更不能只对成功和荣誉有兴趣，孩子取得了成绩就又笑又乐，一旦孩子失败了，就"翻脸不认人"。一个小学生说："我只要没考好，就要挨打，而且他们很齐心的！"

---

① 《论语·泰伯》："曾子曰：'士不可以不弘毅，任重而道远。'"

这说明家长还缺乏这个意识。

家长可能已经忘记了小孩子学习过程的困难重重，一个孩子从不识字到掌握一套学习方法、学好若干知识，其中有多少困难、要经过多少失败才能学会！孩子失败的时候是培养孩子勇气和抗挫能力的最佳时机，而好多家长白白失掉了教育机会，把孩子的失败变成了孩子的灾难。

能分担孩子成功时的喜悦还不算好家长，孩子失败的时候能够理解和鼓励孩子家长才是好家长。孩子最需要爱的时候，不是在成功之后，而是在失败之后，而且孩子的学习过程才是培养抗挫折能力的主要途径。

一个家长讲述了她孩子的一件小事：孩子从小就向往当中队委佩上"二条杠"，经过了许多努力，在选中队委那天，她对孩子说："选上了妈妈首先祝贺你，但如果没选上，要忍住难过，不哭，好吗？"结果孩子没选上，回到家径直回到自己屋里，过了一小会儿出来说："妈妈，我没哭。"这位家长深知孩子为此付出了许多努力，深知此时孩子的失望和难受，她抱着孩子夸奖说："最乖的孩子就是不怕失败的孩子，你说你想要什么玩具，妈妈给你买。"她的孩子考试、竞赛多次获得优异成绩，从没有与物质奖励"挂钩"，在孩子失败的时候，这位家长给了孩子温暖的鼓励，帮助孩子在失败的时候扛住、忍住了失败的难受，培养孩子面对失败的坚强内心。

还有一位父亲也是相当不错的，他的儿子在重点中学成绩优异名列前茅，立志考清华大学建筑系，但在高考时发挥不理想，差了几分，儿子难过得几天都缓不过气来，这位父亲也为孩子感到遗憾，但他鼓励孩子说，不要那么没出息的样子！重要的是自己的实力，再考清华的研究生就是了。孩子大学本科四年卧薪尝胆一样地发愤，最终以优异成绩考入清华读研究生。他说，挫折让我成长更快，更懂得人生，要感谢爸爸点醒了我。

平日我们成人都知道"患难之中见真情"，一个人在落难的时候才看得出谁是真心，怎么自己的孩子失败时，遇到困难时，我们当家长的反而"落井下石"？这不是与"酒肉朋友"的层次差不多了吗？现实中好多人并不是因为智力、能力不够而无所作为，而是抗拒挫折和失败的勇气不够，放弃目标以致半途而废。即使平凡生活中的人，要实现自己生活理想，也需要不畏坎坷的勇气，才能达到理想的彼岸。

对于孩子的成长而言，失败、错误的价值与成功的价值是同等的。要培养孩子优质的思维品质，如反思、怀疑、尝试，如判断、选择能力，需要的条件之一，是更多地允许失败。如果家庭教育不提供这个条件，甚至反复纠缠孩子的失败、差错，就会大大降低孩子进取的努力，孩子只能趋向服从、保守、重复，才能降低失败，避免家长的惩罚和纠缠。这并不是说来动听的大道理，古今中外有所作为的人，无不如此。

2. 能吃苦的非凡价值

教育孩子怎样做人、怎样成人，必须涉及"吃苦"的问题，因为"吃苦"与"成才"的紧密相关。古人有训："吃得苦中苦、方为人上人。""人上人"即在人之上的意思，有所作为、建功立业、名利双全、地位显赫，都可以称之为人上人，一般来讲，就是有所作为的人。著名史学家司马迁有一段名言："古者富贵而名磨灭，不可胜记。唯倜傥非常之人称焉。盖文王拘而演周易，仲尼厄而作春秋；屈原放逐，乃赋离骚；左丘失明，厥有国语；孙子膑脚，兵法修列；不韦迁蜀，世传吕览；韩非囚秦，说难孤愤；诗三百篇，大底圣贤发愤之所为作也。"[1]

这段话的意思是说，古时候那种富贵而名不见经传的人，多得数不清，只有那些卓尔不凡、风流倜傥的人才著称于世。例如西伯姬昌被拘禁而演绎《周易》；孔子受困厄而作《春秋》；屈原被放逐乃赋《离骚》；左丘明失明才有《国语》；孙膑被挖去膝盖骨，发愤而有《兵法》；吕不韦被贬谪蜀地，后世才得览《吕氏春秋》；韩非被囚禁在秦国，有大作《说难》《孤愤》；《诗经》大抵都是一些圣贤发愤而写作的。历史上大有作为的圣贤无不都经历了一般人难以承受的艰难困苦，从困厄中发愤才大有作为、名留青史。

为什么能吃苦具有非凡的价值，能吃苦才能有所作为？首先，成大事往往是为大多数人所不能为，要历尽千辛万苦，许多人并非智慧能力不够，而是吃苦耐力不够，不能吃下这份苦，就只有放弃干大事的愿望，也就无所作为。古今中外做成大事的政治家、军事家、科学家、企业家等众多杰

---

[1] [汉] 司马迁:《史记》。

出人物，无一不是如此；其次，吃苦可以磨炼一个人的社会见识、能力和意志。一个人在苦难中奋争，对社会、对人生的理解比常人深刻，承受力比常人强，在别人看来不可涉足的畏途，他已视为平常，因而他的才能智慧可以得到倍于常人的发挥；苦难还可以激发一个人改变自己命运的强烈动机，成为努力奋斗有所作为的动力，所谓"穷则思变""穷且益坚"，因此人们常把吃苦喻为试金石、喻为炼狱。人要有所作为，承受苦难、吃苦耐劳是基本条件。

近代名臣曾国藩的家庭教育至今受人称道，他身居高位，却极为重视吃苦、节制的价值，他写给家族子弟的家书从未间断，结集成书为《曾国藩家书》。他给当时才九岁的小儿子曾纪鸿写信说："尔年尚幼，切不可贪爱奢华，不可惯习懒惰。无论大家小家、士农工商，勤苦俭约，未有不兴，骄奢倦怠，未有不败。"意思是说勤俭吃苦、节俭自制是个人和家族兴盛的关键，反之则是败家根本。他还在给大儿子曾纪泽的家书中说："凡世家子弟，衣食起居无一不与寒士相同，庶几可以成大器。"[①]

3. 严重的剥夺

现在家庭教育有不足取的地方，就是家长尽可能让孩子不吃苦，让孩子的欲望尽可能地得到满足，从教育角度说这是一种严重的剥夺，剥夺了孩子正常的成长条件，因为"人生事十之八九不如意"，无条件满足的安乐舒适能毁掉孩子，这种剥夺致使孩子无能、脆弱，精神世界萎缩，失去社会生存的基本功，更谈不上去创业。现在有的孩子就连停电、停气或电梯停、修一类事情都可能惊慌失措，烦躁不安。一次我在一个家长家里，孩子放学回家刚好临时停电，孩子居然不住地抱怨"怎么得了啊！"母亲像是负罪一样地到处找手电筒、点蜡烛，不停地安慰孩子"马上就好了哈！"这时电来了，好像问题解决了，可是这位母亲是否意识到，这么一点不顺利孩子就失措不安，无耐性，将来能担当什么事情？

类似的事情反映出不少孩子成长的环境并非良好，不是因为不顺，而是太顺。太顺利的孩子一般都很脆弱。有的孩子家长答应买什么，就抱着

---

① [清] 曾国藩：《曾国藩家书》。

家长连声："好妈妈。"家里稍稍紧一点，孩子就显得异常烦躁，老是叨念："我今天口渴又没钱。""我今天想买东西又没钱。"觉得受了天大的委屈；像这样脆弱，这样浮躁的孩子，缺乏"动心忍性"的磨炼，很难面对多艰的人生世事。

孩子缺乏吃苦耐劳的培养，虽然聪明学习却一般，原因之一也是不能吃苦，凭聪明能学多少学多少，反正不愿吃苦。这也是家长不重视踏实吃苦教育之过。现在有的大学生找工作，出去递了十几份简历，面试了几次没有被录用，就大受打击，怨声载道甚至痛哭，抱怨社会如何不公平、用人单位如何挑剔、埋怨父母无能帮不上忙、猜测同学不良居心险恶；即使找到一份工作，又嫌太苦太累，报酬不高……唯独不知道自己根本没有努力，更没有吃苦耐劳！一位企业的老总告诉我说："现在的大学生找工作，工资要高，活儿还要轻松，不要加班、夜班，不像是找工作而像是给老板安排工作——如此眼高手低、不能吃苦，不靠谱啊。"

对照怕苦的大学生，那些拎着食盒送快餐外卖的小伙子，快递公司的快递员，却无论寒暑，顶风冒雨，不畏艰苦，小步快跑着来来往往，他们是好孩子！我总是在内心向他们的家长致敬，是他们教育出的好孩子，用自己的艰苦劳动立足社会、创造未来。

所以不论多聪明的孩子，家长都不能忽视踏实吃苦为本的教育，聪慧的孩子更有可能有所作为，但也可能"聪明反被聪明误"，不踏实不愿吃苦的聪明人就往往是"聪明误"，被聪明所误。

4. 怎样培养孩子能吃苦

现在的孩子怎么去吃苦呢？有什么苦可吃呢？有的家长说："一不打仗，二无饥荒，三是经济条件不错，四是独生，总不能让他们饿肚子、破衣烂衫，或一分钱不给吧？"似乎要吃苦也没地方去寻，果真是如此么？

诚然，家境艰难对孩子进行吃苦教育是顺理成章的事情，而家境宽裕就容易忽视。俗语道："爱之欲其富，亲之欲其贵。"[1] 孩子是父母的至爱至亲，把钱用在孩子身上是最合情合理、名正言顺的了。但是充裕的财物不

---

① 《孟子·万章上》。

一定就带来积极效果，家长还要注意到起副作用的可能，这一点我国历史上的名门望族、还有现代发达国家的富裕家庭的做法，为我们提供了范例。他们物质富裕程度远远高于一般家庭，但他们对孩子吃苦耐劳、自强不息的教育也远远高于大多数家长。

有家长说那是因为他们生存竞争激烈，需要这样的教育，那么难道现在我们的家庭反倒没有了生存问题不成？"生于忧患死于安乐"，哪一个家庭停止了生存奋斗能够百年不衰？看看我们好多家长就连孩子的一个职业问题也眼睁睁看着孩子没能力解决，更何谈其他？这是其一。

其二，不少学校教师反映，"现在好多孩子比以前获得信息多，但怕吃苦，所以比以前的孩子难教。"比如有的孩子如果认真就能写出相当不错的作文，可是由于怕吃苦，又缺乏耐性，所以一遇到作文就匆匆赶完，草率收场，时间长了，不单学习成绩不良、知识不扎实，思维也变得杂乱浮浅。事实上作文构思很苦，数学难题费脑子，体育锻炼要吃苦，做好一件事情要有耐性，许多孩子需要"勤补拙"，家长有了"吃苦耐劳"的观点，还会看不见需要孩子吃苦的事情吗？

不少家长由于缺乏这个观念，平日就容易失掉教育的机会。比如，一个孩子苦苦钻研了一个星期天，解出了一道全班同学还未能解出的数学难题，家长非常高兴，大大夸奖孩子"聪明"，却不夸奖孩子"能吃苦"，能忍耐持续的困惑和解题的艰苦。孩子的天资是客观存在的，但"能吃苦""有韧性"却主要依靠培养，而不是天生。不然为什么成功者都强调"九十九分汗水"呢？世上聪明的人极多，能吃苦的人也多，但能吃苦的聪明人却并不多。对孩子的聪明，家长心里有数就行了，不要老挂在嘴上，而对孩子的吃苦精神却要大加鼓励才行。

"跬步千里，来日方长。"家庭教育要培养孩子能吃苦、耐心积累的品质，才能赢得长远发展。有位家长在孩子大学毕业参加工作的时候，教给孩子三句话要他记住："第一吃苦，第二吃亏，第三眼光长远。"对孩子强调这是社会前行的通行证，年轻人要具备的正能量，是人生获得成功的必需条件。这位家长的见识说的就是社会生存之道，值得我们去琢磨其中的道理。

其三，体育锻炼也是锻炼孩子吃苦的重要途径。我曾奇怪为什么住在游泳馆旁的孩子不参加游泳锻炼，条件这么难得！家长说："他怕吃苦，我又何苦让他去吃那个苦？"看起来合乎常理，人的本能都有趋乐避苦的一面，但人类生存很艰辛，要求人必须能吃苦，而体育是很有效的锻炼途径。尤其是城里的家长，应该充分利用城市良好的体育设施，让孩子锻炼吃苦。况且，在家长看来是很苦的锻炼，孩子却不一定觉其苦。有的家长看孩子训练心疼得流泪，问孩子能行吗？孩子很吃惊地说："怎么不行呢？训练能不苦吗？大家都这样，坚持一下就行了。"孩子的精力充沛，艰苦的训练可以释放他们积压的能量，而且在集体中锻炼吃苦的能力还可以近朱"则赤"，所以一般情况是怕孩子吃苦的家长多，不喜欢体育的孩子少。

以身作则也是很有效的吃苦教育，家长怎样看待吃苦就是对孩子的吃苦教育。有个初中学生的父亲是一名司机，工作很辛苦，母亲在超市做营业员，上班很远，早出晚归。有几次他跟着父亲出车送货，也经常在超市目睹母亲把货物上架、下架，才知道谋生多么不容易！看着父母终日辛劳，比较起都市的一些奢侈浮华，这孩子说他感到有一种痛，可是父亲却对他说："辛苦怕什么？'辛苦钱，万万年'，辛苦才有幸福。"母亲说，养家哪里有不辛苦的？他们的家庭口号是——"努力！幸福！幸福的一家！"他从父母的吃苦耐劳中读到正气，读到责任，读到做人的道理，这个家庭对孩子的吃苦教育很朴实，很出色！

此外，现实中我们常常可以看到，在家长无法庇护孩子不吃苦的时候，恰恰让孩子经受了艰苦洗礼而倍加出息。20世纪60年代城市中学生大规模上山下乡的场面，至今忆来仍惊心动魄：在轮船码头，汽笛一声，大轮船载着满满一船中学生起锚离岸，岸边家长哭声震天。心爱的孩子被轮船载向茫茫无际的天地，荒村僻野有着说不尽的可怕，令父母不堪设想，只是迫于大形势不去不行，才忍痛送子。而正是无可奈何地撒手，才锻炼了独特坚强的一代社会力量。他们的社会理想由艰难困苦铸造而成，视野深触到社会最底层的现实，因而他们勇敢、坚毅、深刻而敏锐。这一代人显示出来的力量，就不是当初家长流泪担忧孩子吃苦所能预料到的了。

五、轻松学习，可能吗

1."刻苦是优点，为什么要撒谎呢？"

曾有一位家长介绍经验说他的孩子如何轻松地考上了北大，而这个孩子却遭到同学不屑的嘲笑，因为"他的学习很不轻松！每天熄灯以后在路灯下继续学习俩小时！比我们都刻苦——刻苦是优点，为什么要撒谎呢？"这些同学的话切中要害。

最近几年对各地高考状元的报道中，状元都要强调自己是"很会玩的"，例如某市报道状元，就说他"并非学霸，喜欢网游"，这是在引导怎样的价值取向呢？刻苦反而成了非主流价值，会玩才是主流价值吗？看来我们的教育思想出了不小的问题。流行歌曲都明白告诉孩子们"不经历风雨怎能见彩虹，没有人能随随便便成功！"我们的主流教育思想却如此"避讳"刻苦学习？

学习不敢言刻苦，要将青少导向何处去？事实上高考状元绝不可能是轻松成就的。网友也都纷纷表示反感说："这些所谓的状元都很会装啊，每个人都说自己不怎么学习辛苦的。""这样一个标题什么用意？是告诉孩子们玩网游可以考好大学？"

最近这十多年，不知道是否跟风娱乐化，有教育主张一直有意无意地提倡"轻松学习""快乐学习"，很不负责地将"应试教育"等同于"刻苦学习"，而"素质教育"等同于"轻松快乐"。一些家长也写文章说自己的孩子如何轻松学习考上了北大清华、哈佛耶鲁。这样的导向实在很成问题，用孩子们的话说：刻苦是优点，为什么要撒谎说很轻松呢？

艰巨的学业任务可以通过轻松的方式来完成吗？一本叫《娱乐至死》的著作指出："如果一个民族……的文化生活被重新定义为娱乐的周而复始，如果严肃的主流价值的对话变成了幼稚的语言，如果一切国家事务形同杂耍，那么这个民族就会发现自己危在旦夕，文化灭亡的命运就在劫难逃。"[1]

① [美] 尼尔·波兹曼著，章艳译:《娱乐至死》，广西师大出版社，2004。

　　而我们却将刻苦学习这一严肃的主流价值导向娱乐化，提出"让孩子轻松学习！"那么要真正学好，轻松学习可能吗？正如一个中学数学特级教师所言"怎样才能学好数学？除了冥思苦想，没有任何其他方法。"学数学如此，青少年的整个求学过程，哪里有坦途？

　　本来，"轻松学习"是针对现在中小学生负担过重提出来的，于是就有轻松、快乐之说，但是这种提法很成问题。词典对"轻松"的界定是"不感到有负担、不紧张""轻软松散""轻易，方便""放松，管束不严"，那么求学可能"不感到负担""轻易方便"吗？可能"放松、不严"吗？当一个含混的概念作为目标来提倡的时候，就会衍生以偏概全，只及一点而不及其余，简单化地用"轻松"去纠正"不轻松"，以轻松为目的，倒忘记了求学的最终指向，忘记了孩子长大是要立足社会、要挑起人生责任的。

　　几千年的兴衰历史反复证明了"生于忧患死于安乐"，所以中华民族的先辈异常警惕死于安乐，从来都是提倡"闻鸡起舞""年少勿求易"。因为人的生存极为艰辛，绝非娱乐；求学很艰苦，绝无轻松。因为如此，中华民族才能免于毁灭、延绵至今，靠的就是"夕惕若厉"①（意思是朝夕戒惧，如临危境，不敢稍稍懈怠，与"如履薄冰"是同义词），靠的是"士不可以不弘毅""吃得苦中苦"的奋发努力。所以"业精于勤荒于嬉"、"学海无涯苦作舟"，应该成为家庭教育对孩子永远的叮嘱。只有艰苦的付出，才能保有生存，个人如此，民族国家亦如此。

　　"轻松学习"的概念含混，因为轻松快乐也可以是病态的，负能量的，概念含混的口号能扰乱青少年的学习观，使他们误以为读书学习原本是轻松的，甚至人生的事情都原本是轻松的，一旦需要艰苦付出他们就反感"负担过重"，而这种反感可以瓦解大部分学习驱动力，使学习更加苦不堪言，哪里可能学好？等到进入社会，才发现职场远比他们在学校读书要艰难百倍，哪怕找一个理想一点的工作也艰难重重，毫无轻松可言！

　　求学是一件时间长、困难多的事情，需要孩子们从中学会面对困难，学会刻苦努力，学会有勇气、能吃苦、坚韧顽强，才能得到磨砺，获得面

---

① 《易·乾》："君子终日乾乾，夕惕若厉，无咎。"意思是说懂得处世的人不仅整天自强不息，发奋有为，而且一直不会疏忽懈怠，警惕着危险发生一样，就能免除灾祸，顺利发展。

对人生的底气，舍此难以获得健全的人生。即便最普通的生活，也是需要克服很多困难才能得到的，所以，要宣传的是刻苦求学的榜样，而非"会玩儿"的榜样。

因为我们的教育思想出了问题，媒体不宣传刻苦，家长介绍经验也不能赞扬孩子刻苦，学生自己也要掩盖刻苦，曾经有个学习优异的高中生为了证明自己并不刻苦，就买了两套教材，一套放在家里，周末空着手回家，这样来掩盖自己周末的苦读……我们的教育怎么了？学习以吃苦为耻，以轻松为荣，这难道还不是问题吗？

2. 以轻松为荣，很危险

从生命能量角度讲，人体储存的能量巨大，这些能量需要释放。然而怎样释放，如果没有引导青少年焕发积极向上的驱动力，就可能趋向病态的能量释放，为什么富家多败子？为什么"饱暖思淫欲"？为什么"多修一个操场，少修一座监狱"？就如麻将安顿了许多职业之外的剩余能量一样，就是这个道理。

按照弗洛伊德的观点，人的本性是追求快乐的，所以人类始终都要与自己的惰性做顽强的对抗，如果放纵自己追求快乐，就会"死于安乐"。所以中国传统教育思想有一句经验之谈"自在不成人，成人不自在。"与惰性对抗，战胜自己，才能焕发出生命中最光彩的部分。一个世界冠军总结自己的成功之道在于"我管得住自己"，说的就是成功对抗了自己人性中的"自在"。

青少年时期朝气蓬勃，然而也是心理学讲的充满潜在危机"高危时期"，片面提倡轻松就可能诱发病态，让青少年的危险期更加危险。一位事业卓著的企业老总说得很深刻："年轻时图轻松，整个人就垮掉了。"所以艰苦求学这一过程本身就具有很高的成长价值，艰苦求学可以焕发蓬勃向上的生命力、生命的正能量，让孩子学会用艰苦的付出、用脚踏实地去实现自己之所向往。这样的底气才能保证孩子进入社会以后有精气神、有能力、有担当。

所以，家长要让教育跑赢危机！青少年安全度过危险期的最佳方案，一是刻苦求学，二是有相当强度的体育活动，二者都能释放大量生命能量，

"恰同学少年，风华正茂；书生意气，挥斥方遒"①，就是青少年生命力蓬勃向上的写照。青少年艰苦的求学，包括高考为理想而战，对年轻人的意义不仅是谋得好职位，艰苦的高考能释放青少年旺盛的生命能量，提升生命质量。试想如果取消高考，这些生命能量的总量向何处去，真还是一个国家级的高难度问题。此外，多参与开放性的学习，如行万里路、做义工、调查社会、探究自然……都是"跑赢危机"的良方。

简单化地提倡轻松学习还存在一种危险，孩子追求轻松、放任自己的惰性，精神状态涣散，学习倒是轻松了，然幼年无学，而立之年一无本领、二无文凭、三无吃苦耐劳的坚韧，非但不能担起责任，连立足社会都成了问题，一副不堪上墙的粪土，就如孔子说"长而无述焉，老而不死是为贼"。② 意思是说一个人该成人了，却无本事，昏昏碌碌到老，还要白白消耗他人的劳动，与贼差不多，家长想想，这样的人生能轻松吗？

3. 应该勤奋学习、有效学习

我在中学听物理课，练习量很大，但是老师带领着学生向物理科学的深度和广度进军，简单的题孩子们都默默听着，一旦有难度、有争议的题，孩子们的大脑立刻兴奋起来，金色少年特有的明亮双眼熠熠生辉！一题多解的、质疑的、冥思苦想的……一个男孩子积极举手到黑板上去演算，没算对，回到座位就一直苦苦思索，下课铃声他毫无反应地继续在想题，旁边同学说他"钻得最深了"，轻松吗？一点都不轻松，然而这种主动进取的钻研状态，恰恰是最理想的学习状态，一种学习的高层次的境界。

在我阅览过的大量中小学生的周记、日记、作文里，恰恰极少有追求轻松的字眼，这些可爱孩子们总是一遍遍在激励自己：加油！刻苦！再刻苦！向某同学那样，像某成功者那样，跨过困难！我在课间十分钟问孩子们怎么看待"轻松学习"，其中一个男生望着满满一教室同学说"谁愿意在最后谁就轻松"，其他孩子一起笑起来："在最后更不轻松了！"这些稚气尚有的孩子们的蓬勃朝气深深地感染着我，我倒放下了好多担心——担心孩子们真的相信了可以"轻松"地学好。

---

① 毛泽东：《沁园春·长沙》。
② 《论语·宪问》。

我很欣慰孩子们对"轻松"的准确理解。其实学生负担过重的要害并不在于轻松与否，而是有效与否，因为无效学习才叫过重的负担，所以需要纠正的是无效练习、盲目的重复练习，所以不应该提倡"轻松学习"，而是应该"勤奋学习，有效学习"。

有效学习这个概念很清晰，有效学习的条件也很清晰。有效学习知识的标志是知识的概念化、条件化、结构化、自动化、策略化[1]。比如"自动化"，就是掌握最基本知识的熟练程度，达到在运用时不假思索、脱口而出，就是自动化了。字词的辨认如果没有达到自动化，就很难读懂课文，数学的基本知识如果没有熟练到自动化，就不可能在解题时候灵活自如、得心应手。俗话说"熟能生巧"就是这个道理，知识掌握要达到自动化的熟练程度，靠的是练习，反复地练习，直至熟练到自动化程度，哪里可能轻松实现的呢？

有效练习的关键是练习有效，去掉了无效的部分，许多优秀学生都很刻苦，也反复练习，但他们的练习是有效甚至高效的，他们学习的优秀，并非靠轻松得来，而是靠刻苦、高效。有的孩子学习时间比别人少，而成绩很好，能否就认为这个孩子学习轻松呢？不能。这里有个效率问题，即在单位时间里的消耗多少，以一个小时为单位，高效学习的孩子大脑消耗的氧、能量一定高于低效学习的消耗，哪里来的轻松？不止一个北大、清华的学生谈及怎样判断自己的学习效率，就是两节自习下来看自己大脑是否疲惫，如果没有疲劳的感觉，这两节自习的效率就不高。

北大清华是中国学子心中的殷切向往，能在北大清华读书为很多人钦羡。但是北大清华之所以为北大清华，是艰苦和卓越铸成的，是发愤忘食、艰苦卓绝，是厚德载物、玉汝于成，很多人不知道北大清华的学生是怎样艰苦求学的，他们经历过艰苦的高三，然而到了北大清华则深感"高三算什么"！这恐怕才是能考上一流大学、以优异成绩毕业于一流大学的真谛。

有人说"残酷才是青春"，或者说残酷才有精彩的青春，就如特种兵、少林武功是苦练出来的一样，除非艰苦磨砺没有其他路可走。羡慕奥运金

---

① 张庆林等主编：《高效率教学》，人民教育出版社，2002。

牌更需要知道金牌得主倍于常人的艰苦训练，羡慕科学巨匠的荣誉更要知道荣誉背后倾其一生的艰苦卓绝，家长要时时叮嘱孩子，没有人能随随便便成功。通往成功只有一条路，那就是历尽艰辛。

学会艰苦付出是一种人生境界，家长要对孩子提出艰苦付出的要求，不能只要求孩子考上什么学校。一个孩子进入高中后，对家长说要考清华大学，他母亲很认真地对他说："选目标不算本事，要为自己选的目标艰苦付出才是本事，你如果选定了这个目标，就为它竭尽全力！能否考上倒在其次。"孩子经过三年的艰苦努力，考上了清华。这位母亲说，即使没考上，孩子具备这种为理想艰苦付出的品质，是最可贵的。

一个大学生要考某名校的研究生，然而导师却见这个学生完全没有备考名校的状态，很轻松地翘着腿与其他同学聊为什么要考研，因为自己"不愿平庸地度过一生"。导师叫过他到一边说，你不是考研吗？这个样子考什么研？我告诉你什么叫不平庸——不平庸就是为自己选的目标吃尽苦头、竭尽全力！

艰苦磨砺是孩子精神发育必不可少的精神营养，所以我们宣传优异学业的着眼点，应该是那种蓬勃向上的生命力，那种"闻鸡起舞"的刻苦学习、高效学习！而不是轻松学习。

第五卷　"父母之爱子则为之计长远"

提示：人无远虑必有近忧（P89）/ 驽马十驾，功在不舍（P93）/ 淡泊宁静，保持教育常态（P95）/ 等待奇迹（P99）/ 谁人能识五彩气？（P102）/ 读万卷书行万里路（P103）/ 教育的尽头是文化（P107）/ 家有书香（P105）

一、适应现代社会的基本素质

古人云："人无远虑必有近忧。"说的是人的眼光要长远，"父母之爱子，则为之计长远。"意思是说家长真正爱孩子就应该从长远的角度为孩子打算。家长具有长远性观念的具体体现，就是重视培养孩子的基本素质和能力，孩子的一生靠什么生存？孩子长大以后要有作为，生活幸福，依靠什么去实现？孩子的明天用什么去保证？父母的高官显爵、万贯家产不能保证孩子的明天，孩子眼下的高分数、好成绩也不一定能保证将来的成功和幸福。如果说有什么可以作为孩子穿行人生的"护身符"，那就是让孩子的基本素质和能力得到充分的发展。

家长的"远虑"如家庭教育的航标一样，指引着孩子长大成人的整个过程，家长的教育主动，家长成功的教育，很大程度上源于家长的长远性眼光，重视长远发展，为孩子做长远打算。那么家长如何为孩子"计长远"呢？

联合国的一份报告提出了适应现代社会发展需要的品格、基本素质和能力：善良、同情、礼貌、诚实、勇敢、雄心、适应变化、自我决定、信息技能、全球思维、创造性、对竞争压力的意识、对文化变迁的意识、乐观、正直、参与群体、与不同意见者共处等，这是保证孩子长远发展的基本素质，缺乏这些基本素质，很难获得成功人生、幸福人生。

二、性格决定幸福

现在很多家长都知道一句话"性格决定命运"，然而在与家长交流时，我发现在孩子学习成绩方面，大多数家长了如指掌，有的了解程度精细到让人吃惊，而对孩子的性格特点、情绪特点，以及比较重要的个性品质，许多家长都"不大清楚""没有注意"，在咨询中能够关心，或提到孩子性格问题的比例很小。即使在优秀家长座谈会上，家长们交流、乐道的还是子女的学习。的确，在升学竞争激烈的现今社会，学习好的确是孩子的长远发展所在，不遗余力抓孩子的学习也在情理之中，但仅仅学习好还不能保证孩子的长远一生，性格对孩子一生的影响范围，不亚于学习能力、专注力、意志力，所以说性格也决定着人的幸福感。那么什么是性格呢？

心理学所说的性格与我们日常所说的性格有些区别，平日我们说的性格，一般指一个人的脾气，或急躁或柔顺。心理学所说的性格，含义比脾气更广一些，包括三个部分：情绪特点、自我意识和独立性，具体包括一个人的情绪稳定性如何，情绪强烈度如何，是否自卑，是否自信，与他人相处是否协调，能否适应环境，活泼还是沉闷，敏感还是木讷，攻击性强还是胆怯畏缩，喜欢支配还是喜欢顺从，喜欢沉静还是喜欢热闹，含蓄内向还是热情奔放等。

家长了解性格的含义，就不会把孩子的好性格当成缺点去纠正掉，比如孩子独立性强、有主见，家长却认为孩子不听话，很厌烦，总训导孩子唯言是听，而孩子照这种模式长大了，家长又往往要埋怨孩子没主见，没出息，追究起来还是家长自己教育的结果。可见性格培养是很重要的。对孩子的性格家长要重视三个问题。

1. 教孩子自尊自信，克服自卑感

性格的核心是良好的自我意识。良好的自我意识包括自理、自尊、自信、自制、自强，反之自卑、自弃就是非良好的自我意识。人的言行、心态、情绪、能力都是与其自我意识相一致的。孩子若对自己没信心，就不能好好地对待自己和他人，老觉得别人都好运，自己处处倒霉，自怨自怜、抱怨不断；也从不相信自己能做好，很自卑，不敢竞争、不敢努力。

优化孩子的自我意识，要从培养自尊、自理、自信、自制开始，从日常生活的细节开始。比如有家长无意间的习惯性语气就可能贬低孩子，说"就这点出息""真笨"，或者经常找出证明孩子"你不行"的证据，来证实自己说得对，日常生活中不断地否定或暗示，可能真的会导致孩子习惯性的自卑，认为"我不行"；另一种家长则娇惯纵容，不要求孩子自我约束、自我节制，凡事一概迁就，无原则满足，导致孩子任性冲动、脆弱无能，缺乏自制；有的家长则忽视孩子的独立性培养，凡事总是不放心、不放手、代替太多、保护太多，或者就是专制专断，不允许孩子有主见，不允许孩子提出异议，孩子缺乏自立能力，如何自立于社会？更不可能成为优秀人才。

培养孩子自信、克服自卑不能只靠讲道理，而是要具体指导才能奏效。比如孩子遭遇失败、被同学嘲笑否定的时候、说"妈妈是我不行"的时候，就是培养自信心最恰当的时机。另一方面，孩子在某方面的确比较差，帮助孩子克服自卑又谈何容易！但家长要从长远着眼，无论花费多少时间精力，都要朝这个方向努力，让孩子对自己有信心。例如读书不行，还有九十九行的路可以走，哪里就被困住了呢？"自卑是一切不幸的根源"，而自信是"性格决定命运""性格决定幸福"的关键所在。

2. 要优化孩子的情绪品质

优化情绪品质重点要注意两类情况，第一类孩子是"消极情绪稳定、内向、积压"，这类孩子情绪消极，而且持续很长时间，总是高兴不起来，加上内向，不愉快的情绪总是压在心里，如忧虑、悲伤、恐惧都不大表露，积压起来，又缺乏情绪管理的能力，持续到一定时间就可能总爆发；第二类孩子是情绪强度很极端，外向，情绪爆发起来难以控制。这两类情绪品质都具有潜在的破坏性因素，要么威胁到自我心理健康，要么威胁到他人，需要家长非常重视才行。

优化孩子的情绪品质要从儿童早期就开始培养。家庭心理环境方面，家长要注意创造亲子之间的宽松气氛，教会孩子能正常表达情绪，不要形成积压的习惯；另外要在具体事件中教会孩子乐观开朗、自我调节，疏导转移不良情绪，遇到不愉快的事情，尤其需要良好的情绪管理应对，善待自己，宽厚他人，越是成就大事的人，越是需要有非凡的情绪管理能力，越是复杂困难的局面，越是需要情绪的镇定，开阔的心胸。有人说发脾气是正常情绪反应，能控制发脾气就是能力，说的就是情绪管理能力，而这种可贵的能力需要从小在家庭教育中熏陶和培养。

从心理学角度讲，充分的同伴交往极有利于优化孩子的情绪，如尊重、自尊、合作、分享、竞争、宽容、同情、理解，以及幽默、大度、开朗等积极情感情绪，都是在同伴共处中才能形成，所以鼓励孩子多与同伴一起学习、一起玩耍，是优化孩子情绪的好方法。

3. 孩子的独立性发展

独立性的问题照理说是不难理解的，孩子终究要独立于社会，没有独立性如何能行？可在家庭教育实际中，从生活自理到见解独立，都容易被家长剥夺，或被家长当成缺点纠正，孩子的独立性很多时候表现为不顺从，思考问题与众不同，甚至还出点小乱子，这往往使家长或教师恼怒，教育起来很费力，不大被容忍，也容易处理过头，剥夺了孩子独立性发展，家长应特别注意。

性格问题是每个家长时时都会遇到的，只要学习一些基本知识，就不会觉得深不可测、难以把握。有的家长没有多少文化，而孩子的性格发展却非常好，原因在于这些家长重视要求孩子做人有骨气、乐观大方，不允许娇气，教育孩子不欺善、不怕恶，虽然没有直接说出"性格培养"的名词，实际上就是性格培养，这样的家长在我们周围不难找到的，常常令我见贤思齐。

三、"驽马十驾,功在不舍"

荀子《劝学》篇中有一名句:"骐骥一跃,不能十步;驽马十驾,功在不舍。"[1]("一步"约合旧制五尺,"十驾"为十日路程)意思是说千里马奋力一跃,还不能跃出十步之远,而劣马只要不停地向前走,却可以有十驾之路程。荀子在这里指出了智力和意志的关系:智力高强的人如果只是随心所欲偶尔努力,并不能有多大业绩,而智力平平的人不停地努力却可以远远胜过前者,这就是意志品质。为什么历代圣贤都十分强调意志力?因为人世间很难有轻而易举的成功,人要得到成功,除了靠智慧勤奋,很大程度还得靠不停地坚持下去。

人类在实现某种目标的过程中,表现出差异很明显的意志品质。坚持不懈、锲而不舍、矢志不渝、百折不挠是意志品质良好的赞美辞,反之,半途而废、龙头蛇尾、犹豫彷徨、功亏一篑则是不良意志品质的特征。

许多对人类做出卓越贡献的伟大人物,强调的是自己"九十九分汗水""不停地思考",这一点也是世界公认的成功法则。西点军校的校训是"有坚强的意志,才有伟大的生活"。基督教教义把"意志力"与遗传、环境等并列为人的发展四大因素,把意志品质作为相当重要的素质来培养。因为意志力是人类征服环境、求得生存、求得发展的必须品质。

家庭教育对孩子要更多地强调"功在不舍",而不能满足于孩子"骐骥一跃"。在独生子女教育中有一个严重不足,就是家长舍不得磨炼孩子,较少对"九十九分汗水"提要求,凡事都代替孩子去做,宠着护着,唯恐孩子不顺心、不轻松,结果培养起来的是脆弱、怯懦、依赖、任性、冲动、乖戾、草率这一类劣等品质,这是很要命的失误,这样的孩子你能指望他什么?更悲剧的,还是自己一手培养出来的。那么家长怎样去锻炼孩子的意志力呢?

第一,要求持之以恒。一件事也好,一生的追求也好,都应让孩子懂

---

[1] [战国]荀子:《劝学》。

得持之以恒才能有所成。所谓"一日一钱，千日一千，绳锯木断，水滴石穿"，持之以恒才能磨炼人的韧性和耐性，对孩子的意志力是极好的锤炼。尤其是聪明的孩子，决不能因为他们"突击一下"又可以跑到别的孩子前面，就放松对他们持之以恒品性的磨砺，再聪明的孩子"骐骥一跃"也"不能十步，"家长切记这一点。现在不少智力好的孩子缺乏这种自我要求，耐性和心理承受力都很差，凡事急于求成，只希望冲刺一下就功成名就，不耐烦"锲而不舍""滴水穿石"，这种孩子就难有成就。

第二，要求自强不息。说得深一点，我们的整个教育都是为了培养出人的主动进取的精神和能力，如果没有自强的愿望，只是被动地被家长要求这样做或那样做，是走不了多远的。而具备了自强而且不息的奋发状态，持之以恒、锲而不舍，即使是"驽马"，也能"十驾"。

第三，要求磨砺自控力。良好的意志除了克服外在挫折，还包括能够自控，而且往往后者更难做好。人的欲望可以是推动人的能量，也可以是毁灭人的魔鬼。家长如果无原则地满足孩子，就剥夺了孩子控制欲望的磨砺，结果就是任性、乖戾、怯懦……几乎等于一无是处。关键是家长要有这个意识，自控力是磨砺出来的，家长和其他人无法代替，家长要从孩子儿时就开始培养，要为孩子创造条件去磨，一次又一次，才能磨砺出强大的自控力。

记得我十六岁下乡，开始跟农民出去干农活儿时要带一壶水，一个老农对我说："当农民就得忍饥耐渴，带壶水干什么？"一句话将我的人生点得清澈透底：做人做事就得节制，德性和智慧更需要从自我节制的磨砺中得来。

此外，不同性格类型的孩子意志力形成各有差异，一般倾于内向的孩子相对容易形成持之以恒的韧性，家长切忌埋怨他们不能"立竿见影"，要珍惜他们的耐性；而倾于外向的孩子，容易产生冲劲，也容易放弃目标，缺乏坚韧，家长要珍惜他们的冲劲，更要注重韧性耐性的要求。

四、家庭教育气氛宜淡宜缓

谈到家庭教育的长远性观念，不能不涉及基本气氛问题。家庭教育是在日复一日的生活常态中进行的，且持续的时间长。古时《击壤》所歌："日出而作，日入而息，凿井而饮，耕田而食。"[①] 生活世界的基本常态是淡泊的、简洁的、日常的、有序的，家庭的教育也就在其中，而热闹非凡、虚张声势都不符合家庭教育的日常状态和本原状态。故而无论家长教育目标多高，对孩子的要求如何严格，教育内容如何丰富，家庭的教育都应该简洁、淡泊、相宜，否则就难以持续。

水是淡的，唯其淡方能长久饮用，米面也是淡味的，唯其淡，亦才成为人的主食而一生不厌，大醇大味的东西谁也不可能一日三餐而享用一世。家庭教育时间长，如果教育调门很高，能持续多久呢？教育气氛太浓，如频繁说教，谁能受得了呢？因此家庭教育一定适宜，气氛淡一些，节奏缓一些。

1. 要淡泊和谐，保有教育常态

做家长的由于愿望殷切，或紧张不安，容易把家里的教育气氛弄得很浓烈，音调弹得很高，自己则投入了整个身心，早期教育、智力开发、艺术熏陶……密切注视着孩子的每一变化细节，孩子的点滴进步都带给自己极大的喜悦、无穷的幻想，然后又把各种指标拿来对照对照，又把孩子与别的孩子比较，若有某个不足，教育就赶快加码。尤其是如果孩子比较聪明，家里就更是轰轰烈烈，无所不学，评价也很绝对："这孩子太聪明了！""孩子现在学的连我们成人也不会！"这种气氛就过了，对孩子绝无益处。

一般来讲，有见识的家长往往很低调地处理孩子早期的出众之处，让孩子感觉自己与其他孩子没什么不同，更不会用"太聪明"一类的词去夸孩子，以尽力保持孩子成长的自然气氛。为什么孩子需要这样的心理环境

---

① ［唐］皇甫谧:《帝王世纪》。

和气氛呢？因为孩子年幼，对于"太聪明"一类的概念并不能正确判断，不恰当的夸奖和惊喜会扰乱孩子心智发育的正常过程。

有位母亲知道孩子智力测试的结果"超常"，可她没告诉任何人，连孩子的爷爷奶奶外婆外公也没告诉。孩子因经常被夸奖聪明，回家问道："他们都说我聪明，妈妈你说我聪明吗？"这位母亲和颜悦色地说："你比较聪明。"随后强调说："学习好不能只靠聪明，要靠努力刻苦。"这样做让孩子避免被异常的气氛包裹，性情自然淳朴、谦虚羡贤、刻苦勤奋，后来以好成绩考上一流大学，毕业后获全额奖学金求学美国，依然恬淡好学，不断进取。家庭环境即教育，适宜孩子成长的家庭环境起了关键的作用。

孩子成长起来需要一个自然发展的时间表，这个时间顺序是人工努力无法改变的，如果有所谓加快、很可能只是增加数量的灌输，如大量识字、提前计数等，孩子其他发展未必能跟上，这种单一加快认知步骤的做法，缺陷很多，并不适合大多数孩子，家长不要贸然跟进。

例如有个学前识字上千个的男孩，从来不肯户外活动，只宅在屋子里识字看书，还认为出去玩耍是"浪费时间""学习要落后"，听起来就不像孩童的心思，有点成人化了。孩子被教育的快节奏弄到这种地步，虽然学习成绩可能很优秀，但也失去了童年"淘气"才能获得的玩耍经历、快乐体验，损失也蛮大的。其实如果他在学前几年能尽情地淘气、奔跑、骑车、踢球、抽陀螺、捉知了……然后再上学读书，应该会发展得更好，因为家庭教育的常态更符合儿童成长的自然节奏。

早期教育的内容绝不能限于单一的符号学习，丰富孩子对世界的感觉（视觉、听觉、味觉、触觉、体觉等），才是科学的智力启迪。例如给孩子色彩丰富、形状多类的实物或图文，多听经典音乐，多朗读、多动手、多跑跳，都是促进感觉丰富、感觉敏锐的智力开发。保持孩子对世界充满好奇，更是启迪智力的极佳方式。

我强调家庭教育的气氛要淡一些，还因为家长的主要任务不仅是督促孩子念书，而且还要用较长的时间去了解和发现孩子的"天生之材"究竟适合做什么，帮助孩子找到最适合于他的一条路，这就需要让孩子在自然、常态的环境中成长。家长念叨似的不停说教、渲染得很浓烈的教育气氛，都会扰乱孩子成长的自然行进。"浓尽必枯，淡者屡深"[①]，就是这个道理。

2. 家庭的教育是"细无声"的

杜甫的诗中有这样几句："好雨知时节，当春乃发生，随风潜入夜，润物细无声。"生动地描写了大自然哺育万物的静谧与和谐，突出润物的特点在于"无声"，生活世界中的家庭教育也当是"细无声"的，淡泊自然的，因为家庭对孩子深刻影响，更多的是非言语的，父母的言谈举止、思想观念、价值取向、行为习惯等不在言教之中的无形影响，是最直接、最深刻的家庭教育。

不少家庭教育经验传授或宣传给人一个错觉，似乎那些优秀孩子的家长懂得很多，说教很多，很有"生公说法，顽石点头"的声势，反之则不能称之为"重视子女教育"，这是一种误解。一种经验要让大家知道是怎么回事，只能依靠语言来叙述，也就只能说个不停，如果过于简洁别人可能听不懂，但家庭的教育和影响不是这样，更多是依靠示范、效仿，依靠养成，依靠家庭良好的心理环境、良好的亲子关系。真正的好家长都不经常说教，即使讲道理也很简洁，决无"喋喋不休"之弊，对此家长要好好检点自己。

有孩子写作文说："每天放学一回家，妈妈就像蚊子一样地在我旁边飞来飞去，'嗡嗡嗡'地，不想听又没办法。"一个三年级男孩子的作文写道："我爸爸有一个缺点就是爱讲道理。有次我不想多做题，爸爸就讲了一个晚上的道理，我就更不想做题了；又有一次我头痛不想去看病，爸爸又讲了一个晚上的道理，我听了头更痛了！唉！"孩子诸如此类的无奈，需要我们家长反思，家庭教育要学会说短话，长篇大论不适合家庭日常交流，而且破坏家庭教育"宜淡"的气氛。更重要的是，缺乏和谐安静，孩子的任何灵感和良好体验会在家长絮絮不休的叨念中消失得无影无踪，至今还没有一个事例能证明伟大的发明创造，关键的"一闪念"是在家长的絮叨

---

① ［唐］司空图：《二十四诗品》，意思是人为雕琢的绮丽外在的浓艳，内中其实乃虚，而外在的淡泊自然，其内里则深邃绮丽。

声中形成的。

宜淡、宜和还意味着家庭要重视积累文化底蕴，家庭教育的良好环境在其中，教育的方式也在其中了。在浓浓的文化底蕴中，绝不是生硬制造出的教育场景，家庭教育"因机设教"，在家庭生活中自然进行。自然质朴、典雅博学的家庭，就是好的家庭教育本身，"俯拾即是，不取诸邻，俱道适往，着手成春"[①] 说的就是这种宝贵的教育情境。

3. 家庭毋须取代学校教育

有的家庭教育气氛弄得太浓重，原因在于家长忘记了自己要做的是家庭的教育，而不是去替代学校教育。学校、家庭和社会对孩子各自主要承担什么责任，怎样划分才更合理，理论界还有争论，但有一点可以肯定，相互取代是不必要的，也是不可能的，需要的是家庭和学校的功能互补。现代社会绝大多数家庭还得依赖学校的功能，尤其知识、技能、专业能力方面，家长没有必要、也不可能取而代之。

现在有家长担心学校的弊端会毁了孩子，于是让孩子脱离学校在家里自学，家长这种意愿看似有些道理，但在现代社会背景下，此种举措并不可取，至少不可能成为绝大多数家长的选择。因为从儿童成长来说，家庭并不具备学校的教育功能，单单同伴这个群体的重要功能家长就无法提供，所以家庭毋须取代学校教育。

关于家庭与学校的教育功能，现在出现一个新问题，就是有的学校客观上把学生家庭当作学校教学的继续，要求家长每天必须辅导、检查、签字，也有的每天将学生作业布置到家长的手机上，家长须按照学校要求去辅导监督孩子的作业。我问过不少家长，每天为了完成学校的要求平均要花去 1 ~ 2 小时，甚至更多，这就不是小数目了，家长为此叫苦不迭，又无可奈何。所以家校共育要有各自的边界，家庭教育不能替代学校。对此有以下几个问题需要斟酌思量。

第一，学习本该是孩子的任务，作业布置给孩子就行，而发到家长手里就是溢过边界了，家校合作是各自的教育功能互补，而不是二者的职责

---

① ［唐］司空图：《二十四诗品》，"俯拾即是"即随处都能得到的意思；"着手成春"形容境界高，着手就是春天一样充满生机的意境。

混淆。现在有一种说法是给家长减负，针对的就是这种责任旁溢、边界不清的家校合作。

第二，儿童青少年需要在信任中成长，要求家长每天签字，其潜在的含义就是学校的假定是"有罪推断"，即假定每个学生都是不能好好完成作业的，除非家长签字证明。这样的教育前提是大错特错的，每个孩子每天都必须要他人签字才能证明自己的"诚信"，这就是我们给孩子们的精神空间？这个精神发育空间何等狭小！从长远看，那些最重要的品质，诸如自我激励、奋发努力、求知若渴、不断追求超越自我……都很难发展起来，更何谈成长为精神巨匠，成为大师。这是家长和学校都要考虑的事关长远的问题。

对孩子功课的了解和检查，家长要卷入有度，应该力求简洁，最好不要每天都盘问，每天都检查，更不能代替孩子做仔细复查。即使学习不够自觉的孩子，也要锻炼他们对自己的学习负责，长年累月追着赶着总不是办法，闹得一大家子都在读书作业，失去家庭的教育常态。这样的效果多半是大家都倦了，也就厌烦了，无果而终。

五、家长最需要耐心等待

家庭教育的时间很长，从孩子出生到独立于社会，这期间家长除了给孩子提供成长条件，剩下的就只有等待。就如植树种庄稼，即使用最先进的栽培技术，剩下的还是等待它的生长。这个道理似乎并不难懂，可是家长老是容易在这个常识范围内犯错误。"拔苗助长"的故事讲了上千年，讽刺那些不愿等待的人们做出事与愿违的傻事，而现今忍不住要拔苗助长的家长好像有增无减，只是"拔"孩子的害处不如拔苗那样显而易见。所以能够等待是做家长的必须能力。

1. 对孩子素质能力形成的等待

一般来讲，家长对孩子身体的发展有着足够的耐心，因为孩子不会长高 10 厘米，过一段又缩短 5 厘米地反复，所以家长总是说："孩子养一天长大一天，没有往回长的道理。"尽管养育辛劳，家长总是高高兴兴地等待孩子一天天长高、长大，陶醉在孩子成长的幸福感受之中，一点也不缺乏耐心。

然而对孩子素质能力的发展形成，家长的耐心等待就差得多了，因为孩子的素质能力不如身高体重那样容易测量，形成的时间长，而且常常反复，家长等待起来就有些沉不住气。比如孩子形成学习能力，独立地驾驭学习材料，并形成最适于自己的学习方法和学习习惯，非要 10 年左右的时间不可，而孩子思维能力要发展好，要能举一反三就比记忆知识困难得多，需要的时间长得多，而且其中出现学习三进一退甚至一进三退的反复，使得家长亦喜亦忧、亦忧亦喜，甚至绝望。

又如快速阅读能力，能够提纲挈领地掌握一本书的内容，就不是短时间能形成的，家长要指点孩子学会先看书的目录，然后重点浏览，注意开头结尾等。说起来时间不长，但要孩子自己掌握，就需要家长等待一段时间，要等待孩子眼和脑配合协调，活动速度加快，概括能力发展到一定程度，快速阅读的能力才大致形成。

孩子对某种学习的兴趣形成也需要家长等待。一个家长曾讲到她的孩子一岁时会识得十来个字，惊动了邻里，她抱着孩子到处识字给人看，没几天孩子烦了，再也不肯识字，一见识字卡片就闹着要走开。家长知道这是毁了孩子的兴趣，强迫恢复于事无补，于是不让孩子再看见字块，等待她淡忘识字的不愉快。过了两年，家长想可能忘了吧，于是悄悄拿出识字卡片放在小凳子上，谁知孩子的反应就是走到识字卡片跟前，用小手拍打着识字卡片奶声奶气地说："不乖！"然后走开了。家长只好又收起来，一等又是两年，直到孩子上了幼儿园大班，回家嚷道："妈妈，给我写识字卡片！他们都识字。"于是才开始识字。前后整整 4 年的时间！这位家长说："我知道只有等待，有时也不知道等的结果是什么。"之后她孩子的识字学习非常好，每次听写很少有错，可见学习兴趣的重要。如果强迫孩子识字，也可能识得一些，但导致了厌烦识字，从长远看，就因小失大。

"积水成渊，期月有成。"等待孩子仿佛是做父母的宿命，很无奈的。孩子的发展过程充满了令家长新奇和紧张的现象，孩子有一点不符合自己预期的什么"动静"，就认为出现了不得了的大毛病。其实孩子的好多所谓"错误"是我们成人给下的结论，它们本来就是发展过程中正常的曲折现象，无所谓"对"，也无所谓"错"，往往家长着急还没完呢，孩子的"错"已经自生自灭。所以家长得多等一段时间看看，不要风声鹤唳，草木皆兵。

例如小学的家长可能要等待好长时间，淘气的儿子才长"醒"，才能够听懂老师布置的什么；如果孩子胆怯，什么事情都躲着不敢往前，家长一次次鼓励无效，只能等待着孩子再大一点时候可能会变勇敢。有个智商很高的孩子，13岁上高中，可读高二的时候名次落到了后一百名，到高三他才真正用功，突飞猛进进了前20名，考上一流大学，可是到大学又贪玩起来，打游戏到几门功课不合格，被要求退学，之后又折腾了几年，才真正懂事了，努力学习直至被世界一流大学录取。他家长的心绪就如坐过山车一样起伏跌宕，这孩子的母亲说，除了道德品质的严格管束，我只能等待、期待着他什么时候长大。青春期本来就是充满朝气同时充满危机的时期，就是孩子大学毕业到了职场，家长也未必就能看得自己希望的出息，还得等待，等待他们的人生磨砺，直至真正长大成熟。

家长对孩子的素质能力形成缺乏等待，不外有几种原因：一是教育见识缺少一些，不懂得素质能力形成的大致规律；二是因为等待并不轻松，等待中充满了疑惑、焦急、不安甚至痛苦，好多家长受不了，总想得到结论以释精神负担；三是有的家长存在强烈的虚荣心，他们把孩子外在的成功和声誉看得重于一切，也就不能坐视素质能力发展中的几反几复，盲目鼓动孩子不惜一切去争取各种各样的荣誉，以飨眼前，甚至规定"什么也不能在人家后头"。我注意到有的家长在孩子进小学第一天，就紧张地关注孩子与其他同学比较居于什么位置，仿佛到了决定命运的时刻，这种急不可耐的心态一般随着时间会慢慢褪去。如果一直这样紧张，除非孩子永远是前几名，否则家长可能会崩溃掉的。

2.对孩子终生成就的等待

一个人一生中事业最高峰创造的业绩，应该算是一个人的终身成就，也就是一个人最终能有的出息。父母都望子成龙，望女成凤，这是人类极美好的情愫，也是人生极其强大的生活动力，但是孩子的出息并不显示在降生后第一声啼哭中，甚至很长时间过去了，家长还无法推测孩子究竟能成多大气候。

古时候有"望气"之说，一个人头上有五彩之气，那一准是天子下界，只需静候他来日龙袍加身。据说吕后就会望气，望准了刘邦的五彩之气直冲云霄，才嫁给他等着当皇后。刘备小时候与伙伴玩耍，看见一棵树，树冠如盖，便跑到树下站定说："这是我的华盖。"邻人大为惊异，断定"此儿日后必定帝王"。那么现在呢？谁能料事如神，断定自己的孩子必成气候？至少我还没遇到过这样有信心的家长。常言道："谋事在人，成事在天。"一个人能有所作为，并不取决于单个因素，除了个人的秉赋和努力，还靠"时势造英雄"，除了时势，还有机遇。单就个人因素而言，好多英雄本色在儿时也看不出来，所以孩子究竟怎样，还是得等，等也得等，不等也得等，家长尽心尽力，把结果留给命运——当然偶尔也不妨做做美梦，但毕竟"加减乘除，上有苍穹"。

有的家长急于给孩子下结论，认为孩子聪明，就推断孩子将来很可能有成，认为孩子笨拙，就弃之不论，我以为还是等待的好，即使孩子大学毕业还没有表现出大有作为的苗头，家长还是只能耐心等待。智慧晚出可以晚成，而早慧也可能早衰，家长都是见过几十年世面的人，"三十年河东，四十年河西"，说不准的事情多的是哦。等待很难，比整天忙碌要难得多，所以能够耐心等待，是一种教育高见，也是一种教育能耐，这与世界上好多事情一样，我们必须等待，也只能等待。

六、"教育的尽头是文化"

提升家庭教育的品质，就是家庭的文化建设，家长要重视提升自己，除了专业职业素养，还要提升闲暇生活的文化含量，家庭的闲暇水平就是一个家庭、一个人闲暇生活的内容、方式所蕴含的文化水准，也称为休闲水准。"教育的尽头是文化"[1]，孩子一生都从中获益。

---

[1] 王继华：《教育新文化》，岳麓书社，2008。

1. 以文化人："读万卷书，行万里路"

人的完善有赖于教育，也有赖于良好的家庭文化熏陶。"读万卷书，行万里路"是中国历史上优秀人才的历经之路，也是培养学识、才华、胸襟、气度的文化熏陶。中国社科院近期的调查显示，在国民生活动力的排名中，"追求生活情趣"已排在第九位。旅游方面，不少家庭都具备了远足的条件，中国经过三十多年的蓬勃发展，现在已经跻身世界文化旅游大国。这是文化含量很高的休闲，值得褒奖和大力提倡。

中国传统文化五千年，讲究"天人合一""观乎天文以察时变，观乎人文以化成天下""人文地理，经略山川"，一笔巨大的自然地理、历史人文宝藏，是孩子享之不尽的精神财富，也提供给孩子多种实践的条件：地理、水文、历史、文学、书法、建筑、方言、摄影、美术、考古、民俗……都在其中，所以，"万卷书"是文化，"万里路"是文化。

现在我们重拾先贤"行万里路"的培养方式，而着力点就是文化，"以文化之"。即使家长文化学历不高，也可以让孩子自己去查阅旅游地的相关资料，以免走了很多地方只是看看外景，跑马观花，就很可惜。如今搜索资料比以前方便快捷，但仍然需要古时候的读书万卷的求学方法，认真研读，才能获益。一个家庭高文化含量的生活，高文化含量的心愿，就是最直接的家庭文化教养。

有一个问题希望家长警惕，由于身处网络世界，不少家庭的闲暇生活已被电视、网络、手机等电子品占据，家庭成员之间少了交流，一家人吃完饭就是看电视，手机上网，就像地铁里的乘客一样，各自都盯着自己的手机，彼此不相干。有的年轻家长打游戏，孩子没有人可交流，也就跟着打网游，等孩子打到眼睛都直了，家长才关上电脑，然后第二天的休闲又依样如此重复。家长要想办法改变这种文化缺失的环境。

2. 文化传家

一个民族的文化传承，大部分是在家庭的生命传递中完成的，一代又一代。一个家长写道："在我的记忆里，父母亲永远都是学而不厌的，家里的书卷气永远都是浓浓的，即使父母亲到晚年，无论说到什么问题，只要不清楚就立刻动手查阅，即使正在吃饭，母亲也会当即放下筷子走到书柜旁去取辞典查阅。一桩时下国事、一个历史故事、一段文学描写，都是我们家的经常话题——如此日复一日，'如时雨化之'，自然而然之中，文化底蕴积淀起来。现在我也做家长了，我也像父母一样，家里的书卷气浓浓的，努力像父母那样学而不厌。"这不就是从古到今的"诗书传家"吗？

有的家庭物质条件好，家长也希望孩子将来能干大事、成大器，却没有注意培养孩子"干大事"的文化底蕴。如果一个母亲日常言谈皆是谁发财了、谁家女孩嫁了有钱人、自己在什么地方捡了便宜，掩饰不住窃喜、津津乐道，就是一种"斗筲"价值取向，家长把金钱至上、琐碎平庸的兴趣示范给了孩子。这种"斗筲之质"足以抵销掉家长让孩子成大器的希望。一个人工于小算小计、琐碎平庸，是很难成大器的。

常言道"富润屋，德润身"，我曾询问过一位年轻的博士、教授，他生长在贫瘠的大山深处，家里怎样培养他读书的？他说妈妈是文盲，家里也没有钱买书，可是他妈妈从镇上带了一张画，可能是宣传画，画上是一个博士，带着博士学位帽，意气风发，背景是大学的毕业典礼，洋溢着浓浓的青春朝气。妈妈指着画对他说："你以后就要这样。"之后母亲的心愿、还有这幅画就成为他家的"书香"，这样浓浓的书香，成为他的向往，一直努力，终于成为了"画中人"。

家学是中国古代专业文化在家庭中的传递和继承，专业学问代代相传，如史学、数学、诗书，成为蔚为壮观的中国家庭文化，有的家学渊源可以延绵几百年。在现代，我们熟知的鲁迅、胡适、汤用彤、钱穆、钱钟书、俞平伯等学问大师，也都是家学深厚、"幼承庭训，长而渊博，经史子集靡不贯通"而成就的。虽然在现代家学已不是学问传授的主要方式，但教育的尽头是文化，有专业学问的家长要秉承家学渊源的文化眼光，让自己的专业成为家庭环境的文化底蕴。

一位母亲从事声乐，除了在家里练声、谈论音乐，演出时也经常带着女儿，女儿五六岁就开始学钢琴，勤奋得很，一点不用家长要求什么，兴趣、琴技飞速提升，这与家庭艺术文化环境的熏染有着直接的联系。而文史专业的家长，孩子更有可能让阅读成为习惯，更有可能读好经典，更有条件练好语文的童子功。

从事理科专业的家长则可有另一番家庭文化景象：如果停电了，孩子点上一根蜡烛的光线不够，家长教孩子用几面镜子"反光成像"，居然亮堂了许多，孩子又惊又喜，读小学就感知了一点物理；也有孩子说"爸爸除了上班，就是喜欢摄影，节假日出去摄影都带上我，我也挎一个卡片相机，爸爸给我讲摄影原理，爸爸的摄像机好，照片拍得好得不得了，让我佩服得不得了！"

又如数学，数学具有人类智慧的灵气、光芒和无与伦比的美，有位数学专业的家长，在孩子看电影《达·芬奇密码》时，就启发孩子从文学故事中去寻找出数学的美，读懂故事中"斐波拉契数列"以及它无限接近的"黄金分割点"[①]，然后写一篇作文；后来带孩子到迪斯尼公园，拿到门票，又启发孩子从几何直观角度去寻找最优路程线，并根据图例估算路程的公里数……"几何直观"能力是数学十大核心能力之一，在生活中去学习效果出人意料的好。

3、家有书香

教育归根到底还是文化，"以文化人"，家庭的文化底蕴就是最重要的"教而化之"，家有书香，就是最丰富的精神发育的养料。有学者指出，一个民族的精神境界取决于这个民族的阅读水平，一个人的精神发育史就是他的阅读史，一个没有阅读的学校永远不可能有真正的教育。家有书香，人生十四岁以前读的书，对人一生具有重要的影响，家长要把这份最美好的东西给孩子的童年[②]。

人类几千年伟大的思想和智慧都在最伟大的著作里面，只有读它的时候，才能真正拥有它。阅读不能改变人生的长度，但是可以改变人生的宽度和厚度；阅读不能改变我们的长相，但是可以改变我们的气质和品位。所以，无论是家庭还是学校，应该把最美好的东西给最无邪的童年。最美

---

① 斐波拉契数列是意大利数学家列昂纳多·斐波拉契首先研究的一种数列，它的每一项都等于前两项之和。此数列的前几项为 1，1，2，3，5，8，13，21，34，55，89，144，233，377，610，987，…，n，随着数列项数的增加，前一项与后一项之比越来越逼近黄金分割的数值 0.6180339887，所以又称黄金分割数列，在现代物理、准晶体结构、化学等领域都有直接的应用。

② 朱永新：《我的阅读观》，人民大学出版社，2012。

丽的东西就是图书，最美好的事情就是阅读，最优的家庭精神环境就是家有书香[①]。

家有书香，登高自卑。我的父母博学慈爱，我们小时候就喜欢翻父母的藏书来读，父母的专业书，半懂不懂也翻来看，只要看书就专注得很，我好几次就趴在书边憨憨地入睡了。不独我，全家都是如此，一本好书带回家就是全家的好心情，有次爸爸带回一本好书，母亲说让我们先看，谁知天快亮时姐姐发现母亲挑灯夜读竟已经读了大半！一家人真正入了读书的"三昧"[②]境界。

我父母的历史古文极好，我们常常听他们说史籍、诗书、天文、地理，他们的古诗文烂熟于心、吐韵如锦、珠落玉盘，我常常笨拙地效仿。小学时自己读了《唐诗三百首》，背诵《琵琶行》给父母听，将"初为霓裳后六幺（音 yao）"读成什么的"么"，父母开心笑弯了腰，说我认真读错字的样子好可爱；读中学时第一次听父母说到"日近长安远""不闻人从日边来"的故事，让我惊奇万分，哦！原来古人的思辨如此高明、生动！至今父母那慈爱的笑容还在眼前，让我至今还如初读唐诗的小女蒙童，永远在父母的循循之中，向往书香、向往智慧。

母亲聪慧，书香出身，自幼饱读诗书、锦心绣口，毕业于西南联大，秉承着儒家的博学约礼与宽厚仁慈。"文革"十年父母亲因为"反动知识分子"，饱受磨难，在荒唐狂悖的岁月之中，母亲是那样的孱弱，然而母亲以她水晶般的德性应对着"没有把人当人"的艰难世事，用她强大的内心与苦难抗衡。家里的藏书全部被抄家而空，母亲就用烂熟于心的《论语》《孟子》、古诗词、中外史，给我们讲历史，讲邪恶充斥、满目荒蛮并不只是现在才有，要我们不放弃求学，哪怕只有一个机会，有准备才能抓住。所以在完全看不到读书希望的那个年代，我到哪里手里都捏有一本书，几分钟时间也读，直到现在。

母亲在生命的最后几天，缠绵病榻、枯瘦如柴，我从外面进到医院病房，告诉母亲说："妈妈，桃花开了。"母亲的眼睛亮了，含颔微笑着喃喃

---

① 朱永新：《我的阅读观》，人民大学出版社，2012。
② "三昧"是佛教用语，翻译作"正受"，意思是止息杂念，使心神平静。

地脱口咏道："暮春三月，江南草长，杂花生树，群莺乱飞。见故国之旗鼓，感平生于畴日，抚弦登陴，岂不怆恨！……"[1] 在一侧的医护惊诧不已，又肃然起敬。几天之后母亲羽化登仙……"从此桃之夭夭时，便是岁岁伤母日。"[2] 教育的尽头是文化，生命的尽头是精神[3]，父母去了，而留给我们的书香，镌刻在我们的生命里，延绵不绝如缕至今。

---

① ［南朝·梁］丘迟撰：《与陈伯之书》。

② 这是作者凭吊母亲的诗句。

③ 王继华：《教育新文化》，岳麓书社，2008。

第六卷　遵循儿童成长的自然节奏

提示：童蒙须知（P110）/ 让人紧张的"用进废退"（P112）/ 三十而"不立"的孩子（P116）/ 什么是"去自我中心"（P117）/

　　儿童的发展有其自身的规律和节奏，生理发展是如此，心理发展、知识才干也是如此，而且在成长的每个阶段都有它的阶段性特点，每个阶段也就有相应的教育任务。某个阶段若是缺乏相应的教育，就会破坏孩子成长的节奏，家庭教育要遵循的就是这个自然节奏。比如家长把小孩子当成一个成人来要求，则把阶段提前了，操之过急；而孩子已长大了，家长又老把他们当成小孩子，该教的不教，该承担的家长又去代劳，则让阶段滞后了，孩子老是长不大，担不起责任。所以家长要了解儿童成长的自然进程，遵循儿童成长的自然节奏，才能有好的教育。

一、克服儿童教育成人化

1. 儿童成长的自然时间表

儿童教育成人化就是家长用成人的标准去要求儿童，违背了儿童成长的自然进程，这样一来孩子做不到，家长生气，家庭气氛也破坏掉了。例如有家长说孩子5岁了，就是不肯识字，怎么办？有家长说孩子才读四年级，已经不给家长说真话了……有家长发现孩子在幼儿园很"自私"，什么事情都"不谦让"，经常争夺玩具、发生争吵、打架……这些表现家长应该批评责备吗？答案是"不"，因为这些是孩子的年龄特点，并不是缺点，需要的只是家长耐心的引导。

儿童发展有一个自然的进程，身体、情感、认知、道德发展都有相对稳定的阶段特点。比如从1.5～3岁这个阶段，是典型的"我来做"阶段，孩子总是"一意孤行"，什么事情都要"我自己来！"家长为此折腾掉很多精力和时间，这种表现就符合孩子的年龄特点，自主意识增强，总想证明自己做得好，家长如果了解这一点，就有耐心保护孩子的积极性，而不会去纠正它。

再如幼儿的"自私""不谦让"，也不是我们成人理解的自私和不谦让。心理学家皮亚杰指出，儿童2～5岁阶段，道德认识的水平是直观的，是"自我中心"的，很少可能考虑到别人，不能设身处地、换位思考，这是儿童大脑发育、思维水平的年龄特点，不属于品德问题。在这个阶段之后，教育的责任就要重视"去自我中心"，教孩子学会从他人的角度考虑问题，如果孩子到了中学大学还不会替他人考虑，不能换位思考，就是发展滞后，还停留在儿童自我中心阶段。

2. 教育的顺序从"洒扫应对"开始

教育是有顺序的，从胎教、从0岁开始，直至孩子成家立业，先教什么、什么阶段教什么，都要遵循自然的顺序。我国几千年传统文化对此有成熟的理论与实践。宋代大教育家朱熹指出：儿童到了8岁，上至王公、下到普通百姓的孩子，都要进入小学，交给他们衣冠步履、洒扫应对、进退之节，礼乐射御书数之文；到15岁时，天子的长子和其他王子，以及公卿大夫的适龄孩子，以及平民孩子中的优秀者，经选拔进入大学，教给他们穷理、正心、修己、正人的学问,培养他们齐家治国平天下的才能①。

"蒙以养正,圣功也。"②意思是说从小培养儿童"端正",自养正道,其价值堪比圣神。"自养正道"就要从洒扫应对、进退有节开始,因为"洒扫应对进退"与"治国平天下"都是"圣人之道","事理上下一致"。朱熹专门编写了《童蒙须知》作为教材,重点是"正人品、端行为、养习惯",遵循"一物一则,一事一宜",循序渐进地进行训练。

教育的顺序为什么要从衣冠步履、洒扫应对、接人待物开始呢?因为儿童时期是行为习惯养成是关键期,内心端正是从外在行为端正开始的,"自养正道"是早期教育最重要的事情,至于能识多少字,算多少题倒在其次。如果只教识字、算数、绘画,忽视行为端正,就把教育顺序弄颠倒了。

教育顺序从衣着、说话、走路开始严格训练。穿衣、戴帽不可宽慢,不能松松垮垮地不端严;语言步趋方面,说话要详细说清楚、不快不慢,不可轻浮、嘻嘻哈哈地说话,不可妄发议论;然后清洁方面,要自己收拾屋子,书桌要保持洁净,笔砚纸张要摆放整齐,在固定的地方学习,不能随便哪里都在写字。读书写字要姿势端正、专心致志,写字不可潦草。

生活习惯也非常严格,学童要早起晚眠,不准计较饮食多少,不准挑剔食物③。凡喧闹争斗之处,不可靠近去凑热闹,不做无聊的事,行礼要恭敬,凡是外出或归来,要告知父母长辈。吃东西不可以出声。开门揭帘,不可震惊声响。在公众场合要收敛坐姿,不许多占座位,饮酒不可至醉,夜晚无烛则不能夜行……这些行为规范学童能遵守不违,才能读书上进、进德修业,成就将来的人生大业。

而现在我们的教育有点秩序颠倒,对幼小孩童进行宏大的价值观教育,而大学生还不懂基本的行为礼貌,不会"洒扫",也不会"应对",不懂"进

---

① [宋] 朱熹:《大学章句·序》:"原文人生八岁,则自王公以下,至于庶人之子弟,皆入小学,而教之以洒扫、应对、进退之节,礼乐、射御、书数之文;及其十有五年,则自天子之元子、众子,以至公、卿、大夫、元士之适子,与凡民之俊秀,皆入大学,而教之以穷理、正心、修己、治人之道。"

② 《易·蒙》孔颖达疏:能以蒙昧隐默,自养正道,乃成至圣之功。

③ [宋] 朱熹:《童蒙须知》。

退之节"，公众场合放任无收敛……这说明我们的教育顺序步骤出了问题，还需要向祖先们学习。

3. 克服儿童教育成人化

我深感现在"儿童教育成人化"的趋势非但没有弱化，好像家长们更加沉不住气，更为着急地驱动着孩子往前赶，因此失去了家庭教育的常态。曾有一个婴儿爬行比赛的电视节目，稚嫩婴儿的可掬憨态让人开心得不行，一个孩子不愿往前爬，停下来坐着大哭起来，这本来就是婴儿才有的赤子萌态，可比赛后他母亲却抱着他难过地哽咽说："妈妈相信你一定会成功的！"我真不知道这是从何说起！

再如儿童"自私"或"无私"的问题，"无私"这个道德概念，并不符合幼儿心理特点，也不利于儿童的社会性发展。联合国教科文组织提出学会关心、学会分享的教育理念，家长教孩子"把自己的东西分一半给同伴"，就是学会分享，这个"一半"并非事事处处都二分之一，而是让孩子懂得有自己存在，还有别人存在，自己有需要，别人也有需要。

孩子就只是孩子，一位小学一年级老师告诉我，孩子们表现好她都要奖励，当她问孩子们是奖励学习用具还是奖励糖果？绝大部分孩子都说要糖果，这能说孩子没有学习志向吗？其实这才符合儿童特点。所以有家长为自己的孩子"有志气"而乐，有家长为孩子"没志气"而忧，都有点盲目。以前的小孩子喜欢一起学着做饭，弄好多沙子、野草做原料，瓦片做餐具，忙忙地模仿炒菜、煮米，难道家长要担忧孩子志在琐碎吗？

一次我乘飞机，邻座一位女士给儿子打电话说："你在家里作业做完了没？妈妈的飞机一会儿起飞了。"好像儿子敷衍了一句，这位女士很不高兴地说"你不担心妈妈吗？飞机很危险，你不爱妈妈吗……"类似的要求就"成人化"了一点，而且类似的矫情也失了些"母仪"。

因为家庭教育的成人化，现在的"小大人"有增无减，六七岁、八九岁的孩子，说起话来一套一套的，正面反面都说到，滴水不漏，还会贬低自己，替他人说好话，显得特别世故，甚至能替成人劝和，常常引得"啧啧"称赞，可我的心总有些发紧：这是孩子吗？六七岁的孩子像16岁的小当家，那么到26岁，人是否已经活得老了？

孩子的成长绝非成熟得愈快愈好，尤其这种"快"是人为"矫"出来的，失去了自然的节奏，因而总是生硬的。我倒情愿看见满脸花泥的孩子，因淘气而乐不可支的笑脸，因捣乱被捉住时哭丧的脸，不会替人圆场的孩子，而不希望看见"小大人"的持重老练，也不希望戴着小眼镜的小博士充斥孩子的世界，再可爱的孩子依然应该是孩子，好孩子再好，也要是孩子才好。

4.让人紧张的"用进废退"

现代脑科学研究认为，大脑的神经细胞在婴幼儿期具有可塑性、可代偿性及"用进废退"的特性，这也成为早期教育的重要理论依据。"用进废退"这个观点最早是由生物学家拉马克①提出，是他的进化学说的两个法则之一。他认为生物进化是原因是那些经常使用的器官发达增大，不经常使用的器官逐渐退化。也就是说，婴儿出生时候天然携带着多种功能的脑细胞，如果在早期（一般指 0 ~ 3 岁）没有使用，这部分脑细胞就退化掉了，而且不再恢复，这就是"用进废退"理论。

现代脑科学也证明人出生之后的头两三年，大脑发育速度最快，大脑皮层单位体积内的突触数目迅速增多，两岁时候突触密度达到顶峰，并一直持续到 10 岁，然后开始裁减，只保留那些由经验改造过的突触（也就是儿童学习过程中使用过的大脑神经），没有使用过的就逐渐被裁减掉。动物观察发现，小鸭子出生后 12 小时如果没有识别到妈妈，之后这个"印刻"功能就消失掉，再也找不到自己的妈妈是谁了。

同理，这些"用进废退"的"关键期"也存在于人类早期某个时段，某种才智能力在人类儿童的早期阶段如果没有得到培养，没有被调动起来的大脑神经系统的突触就会逐渐消失，之后无论怎样也不再出现。例如儿童在四五岁之前没有听到过的音调，之后无论怎样学习也发不出这个音来，就会"五音不全"；又如一个人童年喜欢的味道，可以持续终身地喜欢，在南方长大的人，到了北方可以一直不喜欢北方的饮食，在中国长大的无论在国外呆多久，也不习惯西餐，是因为童年饮食培养的味觉被保留下来，

① 拉马克（Jean Baptiste Lemarck，1744—1829），法国博物学家。生物学奠基人之一，最先提出生物进化的学说，是进化论的倡导者和先驱，主要理论贡献"用进废退"和"获得性遗传"。

没有使用过的味觉突触逐渐被裁减掉，形成口味的"故乡情结"。

"用进废退"理论证明了早期的环境和教育对儿童的重大意义，同时这一理论也不给年轻父母留余地，如果不重视就会永远消失的"突触"，让无数年轻父母有些紧张。的确，这是让为人父母很有些紧张的"用进废退"。

家长因为紧张，很担心自己漏掉了什么教育，造成孩子终身的缺憾，因此紧张急迫地给孩子早教，像是在全力打一场攻坚战。这样不遗余力的结果，很容易走到另一个极端，失去家庭教育的常态。有家长对我像忏悔般说，孩子读中学了，无论怎么补习、增加阅读都不喜欢作文，作文也写不好，这位家长就埋怨自己以前不懂得"用进废退"，在孩子早期没有进行语文启迪，肯定是这方面的脑细胞退化掉了，懊恼得很，并说不知道还退化掉了些什么……遇到这种情形，我就要想起"无知"真的有有无知的好处。

"用进废退"理论对人类的教育做出积极贡献，使早期教育的价值推测更具说服力，把儿童早期的家庭环境质量明确化了，儿童出生、生活于其中的家庭环境的质量，直接构成了早期教育的质量优劣。所以运用这一理论优化家庭环境的做法是，提供给儿童视觉、听觉、触觉（皮肤觉）、体觉丰富生动的环境刺激，包括丰富的色彩、多样的形状、好听的声音、芬芳的花香，还有让孩子玩沙、玩水，都是对皮肤触觉的调动，体会到冷、热、软、硬的手感，还有充分的奔跑、跳跃、蹬车、舞蹈、节奏律动，都是最有效的早期"用进"，能够最大限度地防止"废退"。

二、早期教育的偏差

在儿童教育成人化这个问题上，早期教育的偏差比较明显，没有遵循儿童成长的自然节奏，主要表现一是忽视儿童感知学习，二是忽视儿童早期情绪品质。

第一，儿童早期的智育要从感知开始，而不是从抽象的符号（如汉字、拼音、数字）开始，早期教育不等于提前识字、计数、拼音、学外语。甚至有家长着急心切，孩子才几岁，就把孩子关在屋子里"刻苦"，希望孩子有"三年不窥园"①的优秀品质。这是早期智育偏差所在。

为什么早期智育要从"感知"开始？因为人类的智力发展是从感知开始的，视觉看到形状、颜色，听觉听到音调、音色，触觉感到温度、硬软度，体觉察觉到自己身体所处状态，味觉尝到味道，嗅觉闻道气味等，都是要通过大脑才能感知，感知是智力发展的起点和基础。

平时我们说某个人"聪明"，聪明是指人的智力好，那么"聪"和"明"分别指什么呢？耳朵好为聪，眼睛好为明，"耳聪目明"才有"聪明"。这一汉字渊源，很形象地道明了智力与感知的关系和发展顺序。早期智育遵循这个自然顺序，启迪智力从六种感官开始，让孩子多看、多听、多动手、多跑跳游戏，就是促进智力发展。心理学指出儿童玩耍、游戏是最主要的学习方式，就是这个道理。

第二，忽视儿童早期的情绪优化。儿童早期的情绪优化，比识字、数数重要得多，这也是不少家长忽视的早期教育。大量研究证明，情绪在人的发展过程中的各方面起着核心作用。②早期情绪是在家庭环境中发展起来的，家庭的心理关系和精神环境质量如何，至关重要。儿童早期情绪的优化，对儿童的安全感、探索精神、独立性以及与人共处等品质的发展起着重要作用，所以优化家庭心理环境、丰富精神环境，家长情绪品质的良好示范，比孩子学点知识、认识符号重要得多。

心理学认为，溺爱和百般迁就是孩子神经质和乖戾的根源，而无分寸的严厉则养成孩子的怯懦或情绪随时恶性爆发。有的家长以为孩子还小，就不注意方法，情绪喜怒无常，动辄把孩子训得哭哭啼啼、心惊胆战，这是最糟糕的情绪培养。有的孩子在幼儿园看似情绪稳定平和，但走出幼儿园就开始对家长大发脾气，甚至到歇斯底里的程度，也就是孩子已经学会使用暴虐的情绪方式去向家长提要求，这是家长自己培养出来的，也许家长自己还没有意识到。

那么孩子早期情绪优化需要家长怎样做呢？一是要建立积极的、建设

---

① 指专心苦学，出自《汉书·董仲舒传》。董仲舒专注攻读，虽然屋有花圃，却三年未曾窥望，终成鸿儒大师，言其精进专学的态度。

② [美] 劳拉 E 贝克. 吴颖等译. 吴荣光、朱永新审校：《儿童发展》，江苏教育出版社，2002。

性的家庭关系，家庭成员之间要有和睦的、宽厚的心理关系，少有抱怨、纷争和敌意；二是有良好的情绪管理示范。例如情绪消沉的母亲，很难培养出乐观开朗的孩子；三是有充分的身体活动、体育锻炼，比如家庭定期的户外活动、远足旅游，让孩子在自然中焕发生机，改善消极心态。此外家长要注意消除儿童情绪恶性爆发的环境条件，要教孩子学习管理情绪，如何处理自己的愤怒、紧张。这样孩子才有良好的情绪和积极的心态。

现在 0～3 岁阶段的早期教育已经纳入了我国政府义务教育管理范畴，要求面向家长开展婴幼儿早期教育指导，在婴幼儿的健康、情绪、社会性、语言、智力等方面给予家庭教育支持，促使孩子在生命之始得到良好发展。家长不缺少殷切的热望，但还需要有教育理性、教育能力，要多学习，才能有健康合理的早期教育。

三、三十而"不立"的孩子

1. 儿童发展的滞后

孩子发展有一定顺序，但发展的速度并不一致，有的超前有的滞后。这种超前与滞后是与同龄孩子的大多数相比较、与有关的发展标准相比较而言的生理发育、心理发育存在的超前或滞后，这是孩子的个体差异。例如有读小学的孩子，却已经能掌握相当于高中阶段的抽象符号运算，就是思维发展超前；反之有家长问："孩子已经初三了，怎么抽象思维不行呢？照说这个年龄抽象思维已经发展起来了呀！"就可能属于抽象思维发展有些滞后；人格行为方面，"自我中心"是学龄前和学龄初期儿童的特点，可是有的孩子由于教育不当，如保护过分、溺爱等，到青年期仍然停留在"自我中心"阶段，幼稚任性、很不成熟，三十岁还不能承担责任，三十而"不立"，就属于人格、能力发展的滞后。

孩子发展滞后，有遗传的原因，也有教育的原因。一般讲，智力水平、生理发育与遗传、营养有很大关系，而人格方面的滞后，与教育、环境有很大关联，如家长教养方式不当，物质满足过度、迁就姑息、无所约束，不教给社会规范和行为准则，就直接导致孩子社会性发展不良，自私任性、神经质、接人待物笨拙、自理能力差远远落后于同龄人群等。

其他如孩子的学习兴趣、抽象思维、空间能力、社会责任感，都可能存在阶段滞后的现象，滞后程度在一定范围内，那么问题还不很严重，如果过分滞后，就会严重妨碍孩子下一个阶段的发展。

比如学前儿童的活动是以玩耍游戏为中心内容，玩耍游戏是孩子的主要活动。到小学一二年级，孩子的活动中心就应该逐渐转移到以学习为主要活动，玩耍游戏就不能依然放在首要位置。这个中心转移得好，孩子的学习就能较顺利地进行下去。可是我们常常见到有的孩子到了四、五年级，甚至更高年级阶段，仍然迷恋玩耍和游戏，不能以学习为中心，这就是发展滞后，这种滞后会严重影响孩子的学业和职业。

一般来说，网络迷恋的孩子，包括已经读大学的学生，都与这种心理发展不足有关。其实学习优秀的学生也有很会玩网络游戏的，可是为什么没有沉溺网络呢？因为他们心理发育相对成熟，拎得清学习的首要位置，该学习的时候能够立即终止游戏。这就如一部好车，不光速度快，刹车系统也非常好，不会因刹不住车失去控制。所以管不住自己，不能专注学习，还是因为心理发育滞后的缘故。

2. 三十而"不立"的孩子

"三十而立"是自然节奏，古人说"幼学壮行"，古时候"三十曰壮"，三十岁即入壮年，"幼学壮行"的意思是少年勤奋学习，长大了承担责任、施展抱负。家长若没有重视孩子"壮行"的意识，小时候该教的没有教，该学的没有学，到该承担责任的时候，缺乏与年龄相应的能力担当，就可能三十而立不起来。"而立之年"立不起来，家庭教育要负相当大的责任。那么家庭教育如何避免孩子"三十而不立"呢？

第一，为什么会有"三十而不立"。"80后"独生子女一代人已经陆续进入"而立之年"，步入职场、组建家庭、为人父母，开始抚育新一代生命。回过头去看这一代人成长历程，他们的营养身高、文化学历、现代眼光，都因时代快速进步、家庭精心培育得以快速提升。同时也因集诸多关怀于一身，或家长呵护过度，部分孩子"去自我中心"不够，责任意识与能力才干发展不起来，甚至进职场都困难、更担不起家庭责任，故而三十岁也就"立"不起来。

第二，要重视"去自我中心"。"去自我中心"是儿童长大必需的心理过程，这个过程从孩子四五岁就要开始，通过教育去掉孩子以自己为中心的幼稚，能客观地看待自己和他人，能够换位思考，为他人考虑。

去自我中心是家庭教育的重要任务，家长对此要有清醒的认识，不可含糊。首先不能溺爱，其次不能大包大揽，要让孩子独立面对该他们自己承担的责任，比如完成学习任务，比如怎样与同伴相处等，都要他们自己面对，家长不能剥夺。只有这样才能"去自我中心"，否则孩子就老也长不大。

第三，重建家礼，促进孩子成人。中国传统家庭教育是通过家礼等生命仪式来促进儿童的成熟长大。家礼主要由冠礼、婚礼、丧礼、祭礼构成，即"四礼"之谓，其目的是"冠以责成人，婚以承祭祀，丧以慎终，祭以追远"。[①] 意思是以冠礼标志孩子已经成人，要开始承担责任；婚礼标志着对家族延续的责任，要保证家族后继有人；丧礼是对父母长辈的尊崇；而祭祀则是对自己所在其中的生命秩序的维护和认同。这些仪礼非常重要，通过人生各个重要事件以及日常生活，通过冠、婚、丧、祭、省诸家礼而成固定程序，形成父子、兄弟、夫妇、婆媳、嫡庶、长幼、主仆、内外关系的秩序。规定着家庭行为和心理，儿童也在家礼的秩序中规范行为、习得秩序，完成教化而成人。所以我认为自然法则总是最可遵循的，我们应该恢复家礼，应该重建现代中国的家礼。

---

① ［清］张伯行：《小学集解》。

第七卷　因材施教

"因材施教"是一条古老的教育原则，也是一种古老的教育方法。它的意思是说，根据学生的具体特点给予适合于他的教育。"因材施教"能从古代推崇至今，是因为它是针对人的差异性、多样性及教育的复杂性这一事实提出来的，行之有效；第二还因为它不容易做到，所以教育界更为推崇和倡导。我们仔细注意一下就可以发现，优秀教师之所以优秀，教育业绩卓著就在于他们具备因材施教的能力。

因材施教并不容易做到，首先在于对"材"的了解和辨认就要靠教育眼光，如果缺乏相应的眼光和见识就无法辨认"材"，不然为什么世上"千里马常有，而伯乐不常有"呢？伯乐就是识材的慧眼、好眼光。家庭教育在这一点上是最具优势的，一则教育的对象少，二则相处时间长，了解孩子就可以比较充分，家长因材施教也就有了依据。有的家长认为因材施教是学校的事情，学校才讲究因材施教，其实学校教育因材施教的条件并不一定比家庭教育充分，这一点家长应有所认识。

一、学校因材施教的条件限制

1.学校因材施教有不足

学校的班级授课制是近代出现的，它对大工业生产的现代社会贡献很突出，现代社会绝大多数专业人才的培养都依赖学校教育，因而它功不可没。但就因材施教来说，学校教育却有它的不足。以班级为单位的教育教学只能根据大多数学生的学习状况施教，一般教师的精力和时间、能力水平也很难做好因材施教，优秀教师毕竟是少数。就如服装工人要裁出一件与人大小差不离的服装并不难，甚至可以统一规格统一制作，然而要根据个人不同的肤色、脸型、发型、气质、身份、出入场合等特点做出恰到好处的服装，就不是容易的事了。因为这些特点不是尺子能量出来的，这就最难把握，而"服装大师"就能够充分把握并做出体现这些特质的作品。

教育孩子比起做服装，复杂得多。一个教师要对每个孩子"量体裁衣"，要考虑的是孩子智力特点、人格特点以及教育、环境因素，还要了解学生家长，而教师的工作除了钻研教材、讲课、批改作业，教师还有自己的发展等，所以因材施教一般只能做到"大体上区别对待"。

而家长却能做到许多学校做不到的事情。比如听从教师的建议，在文史知识方面给孩子加深加宽，孩子出众的文笔就更有基础；或者请家教，加强古文和历史的学习，如果孩子本来就才思敏捷，文史基础加深以后，用不了多长时间，就能初具纵古谈今、见解独到的气象，甚至脱颖而出。家长要学会征求教师有针对性的意见，或给孩子开出阅读书目，参考信息等，家长要有这个意识，懂得家庭与学校怎样互补合力，合力因材施教。

有的家长开口就说："教师应该根据不同的孩子进行不同的指导。"这个"应该"是一回事，具体条件是一回事，家长对学校教育的期望只能在学校现实条件之上来谈，而不能仅仅依据理论来谈。承认学校教育的条件就是有限，家长才能真正发挥因材施教的优势，正如学校教育也必须承认家庭教育有若干局限，才能真正发挥优势，抵消家庭教育的某些不足，这是同一个道理。

2. 现实的局限

学校教育并不拒绝因材施教，但实施因材施教需要条件，能实施到什么程度，只能依具体条件而定。具体的教师素质、教育任务、学校管理水平以及物质设施，都是现实的，如果条件不足，因材施教就要受到限制。

我国的人口数量巨大，在相当长的时间内会让城市中小学校负荷加重，每班学生五十多人是常见的，有的学校连教室也不够。从教师素质来看，农村和偏远地区的师资都有不足，况且一个教师给五六十个孩子上课，单单日常教学、学生的作业量就够累的了，加上其他琐事，付出的精力已经超出负荷上限，因材施教又从何谈起呢？

这里提醒家长，学校教育是规范化程度最高的教育，学校高度组织化的运行，统一的大纲、统一的课程和统一的班级授课，这种高规范本身就是对因材施教的一种限定。一方面学习困难的孩子跟不上教学进度，需要降低难度和速度，另一方面，高智商儿童不得不长期忍受对于他们来说是低要求的、低挑战性的教育，长期处于"吃不饱"的状态，这都是现今学校教育因材施教必然的局限。所以不少国家通过"班级小型化"来克服因材施教的不足，并将班额规定写进教育法，学校不能随意增加，以适应儿童的差异性、家庭背景的多样性，尽可能保存个性、创造性。

那么我们为什么不实行小班化呢？家长要知道，现阶段中小学班额规定人数在50人左右，如果依照25~30人一个班为标准，我国需要的校舍、师资就要增加将近一倍才能实现。所以"应该因材施教"是一回事，"能否因材施教"又是一回事，家长不能刻舟求剑、画地为牢，人为给自己制造认知障碍和坏情绪。

家长懂得了这一点，就可以不怨天尤人，束手无策，消极坐视，就能够而且也完全可以通过家庭的努力去互补，学校做不到的，家长却做得到，孩子在一天天长大，如果要等到学校教育完美无缺地因材施教，那么孩子等得起吗？"俟河之清，人寿几何？"

现实中有不少教师在超负荷中坚持因材施教，他们付出的是成倍于一般教师的劳动和思考，这是以他们的生命加速消耗为代价的，他们的确是教育英才。从家长角度讲，却不能指望孩子随时都可以遇上这类好教师，能遇上一、二个则幸甚矣。学校的困难是实实在在的，家长只能意识到这些"不应该"的合理性，才能有积极的家庭教育效果。

二、家庭教育的独具优势

1.儿童的个别差异

孩子的成长发展存在个别差异，这是因材施教的基点。有的家长喜欢把孩子与别的孩子比较，比出差异来，尤其比出别人的孩子"强"一些，心里就乱了，忙着催孩子赶上去，胡乱忙一阵不见效果，就下结论说孩子"不行"一类的话，不懂得个别差异。儿童发展的个别差异一般表现在以下几个方面：

第一，发展速度的差异。孩子的各种方面发展早晚是不一样的。比如一个孩子小学一年级就学完了乘法，另一个孩子只会加减，这并不能说明最终强弱；有的孩子整个小学初中阶段都是"懵懂"的，到了高中智力才"活动"开来，学习突飞猛进，这种先慢后快的发展也是常事；又如语言能力，有的孩子口头语言表达能力强，理解书面语言（阅读）就差一些，这就是差异，口头表达力强的孩子说起话来滔滔不绝，好像语言能力强得多，但学习几年之后，书面理解力强的孩子却可以占据快速阅读的优势。

第二，类型的差异。人的智力类型分为抽象思维、形象思维、动作思维，大多数情况下，人的智力优势总在其中的一个方面突出，兼而有之则少见，在现代专业愈来愈细化的作用下，全才就更加罕见。而人格则分为更多类型。一个数学优秀的孩子去学画画，几个月之后老师说："这孩子概念太强，不适合学美术。"这就是事实。孩子属于抽象思维类型，形象思维可能就差一些。诸如此类。

人格类型的划分比较复杂，常见的有卡特尔 16 种人格类型[①]，家长可

---

① 卡特尔 16 种人格因素问卷是美国伊利诺伊州立大学人格及能力测验研究所卡特尔教授编制的用于人格检测的一种问卷，简称 16PF，是世界上最完善的心理测量工具之一。16 项人格因素为：乐群性、聪慧性、（情绪）稳定性、恃强性、兴奋性、有恒性、敢为性、敏感性、怀疑性、幻想性、世故性、忧虑性、实验性、独立性、自律性、紧张性。

以用人格划分标准大致了解孩子属于哪一类，这样有利于因材施教，还可以作为职业生涯的参考。比如，独立性、支配性、理性的特点，就比较适合可以独当一面、能凝聚团队的职业，反之支配性低，顺从、谦虚、合作、恪尽职守，就比较适合耐心、务实、服从性强的职业；如果孩子细致、情绪稳定，加上抽象思维突出，就很适合能持久思考的科学研究一类职业。

这里要提醒家长的是，内向、外向都是一种特点，而不是缺点。例如"卡特尔人格16要素"里有"世故性""幻想性"并不是缺点，"世故性"表现为精明、世故、人情练达、善于处世，反之则表现为坦诚、直率、天真；"幻想性"指富于想象、狂放不羁；反之则表现为现实、脚踏实地、合乎成规。这些评判结论都是中性的，无所谓优点或缺点。

第三，发展水平的差异　最令家长头痛的就是孩子"水平不行"，孩子发展水平的差异的确很大，这个问题牵涉到很多因素。强调遗传的家长容易绝对化，认为孩子天生愚笨就不想再教育，认为孩子聪明的家长又高枕无忧，认为孩子没问题。在发展水平问题上，这些都是盲目的、太绝对。孩子能发展到什么水平，先天遗传和后天努力都在起作用。

比如智力水平中等的孩子，家长就要懂得中等是正常智力，而且这部分人数量最多，智力正常加上勤奋、坚毅，完成高学位（硕士、博士）学习的人很常见，在职业生涯中勤奋、耐劳取得突出社会业绩的更是屡见。孩子干这一行水平不行，而在另一领域水平却很高，这就是个体差异，家长如果不懂得这一点，就可能误了孩子。例如有的孩子高考几次都考不上，家长还逼着孩子补课复读，这种情况本该考虑是水平的问题，可有的家长下"通牒"，如果这次考不上就断绝父子母子关系，逼得孩子走了绝路也是有的。

另外，孩子聪明也不一定发展水平高，如果孩子自负、脆弱、浮躁，这些弱点会大大降低孩子的发展水平。

2. 不能只盯着别的孩子

教育是需要比较的，但比较的目的是弄清楚自己孩子的特点。因材施教本该研究自己家里这块"材料"，可有的家长却忍不住要盯着别的孩子，这使人有些不解，然而事实经常是这样。我常听家长说：某某孩子已经能怎样了、某某孩子得了什么奖了。报纸电视宣传哪个孩子了，家长们议论一番，每次考试，每次评比，别人的孩子如何……常常为此亦喜亦忧，甚至一惊一乍，这需要家长调整自己。

教育是需要比较的，但为什么去比较？了解别人是为了了解自己的孩子，这是一层意思。第二层意思就是怎么去比较，比较些什么，总之不能总是比较出自己孩子的不行，即便事实如此，也还有讲究。有的家长就忍不住对孩子念叨："你看人家学得多快，你怎么这样慢？""你看人家原来在你后面，现在超过你了。""你看别人能乘除法了，你才……"好像不把孩子比下去不足以证明自己的严格教育。这样可以激发孩子的上进心吗？事实证明，用贬低孩子去刺激自尊心的方法，必须非常谨慎地使用，否则就适得其反。所以家长还是少用为妥。

习惯盯着别人孩子的家长，会产生一种错觉，总觉得自己的孩子特别费神，特别不好教育，别人的孩子怎么老是优点，自己的孩子总是毛病不断。于是心烦，怨自己怎么摊上这么个孩子。其实，哪一个父母是轻松的？每个孩子都有特别消耗家长精力的地方，淘气、开朗让人费心，胆怯、畏缩则更让人费心；有的孩子从小就生病，不知耗费了家长多少心血；而有的孩子生气勃勃，很少生病，但学习又老是进一步退半步，家长费心也不亚于前者；有的孩子理科差，有的文科不行；有的孩子体育差，有的孩子习惯差。家长费心的内容不同，可都在费心。有了这种观念，家长对孩子的弱点就不会急躁烦恼，失去教育等待的耐心。

3. 研究自己的孩子

家长无需老盯着别人的孩子，要研究自己的孩子才行。就如别人小孩穿着好看的衣服，自己的孩子不一定适合，别人的孩子作文超群，不等于其他功课都好，别的孩子聪明过人，不一定有自己的孩子踏实刻苦更靠谱；别的孩子早慧，而自己的孩子可能大器晚成。有人说：上帝是公平的，意思就是造物主总是赋予每个人都具有长处，关键在于能不能去发现、去发展它。

研究孩子不一定要全面细致地研究，家长一般也做不到这一点。研究自己的孩子主要应该去发现他（她）的特点，家长要研究自己的孩子，还因为现在我们面临的现代社会的多元性背景，孩子成长的未来更具复杂与不确定性。由于社会发展是开放的、多样性的和动态的，家庭教育要教会孩子在多元的价值空间里学会选择、积累经验，不能将孩子圈在家长熟悉的生存方式中加以规训；家长的期待也不能是静态的、简单划一的，要意识到社会多元提供的多种可能性，所以，孩子适合什么、突出的特长是什么、在哪些方面更有可能胜出，都是家长要去琢磨的。

家长还应该把家庭作为孩子的"自然保护区"，保护孩子的心理健康和特长，孩子在成长中经历各种挫折和失败、承受各种压力、面临各种挑战，会有许多困惑和焦虑，而孩子也不一定能得到学校、社会的肯定和支持，这个时候家长的心理支撑就很重要，尤其需要家长的沉稳和定力。这也是家庭教育的优势所在。

4. "一物一则，一事一宜"

导致家长盲目进行比较的原因还有一个，就是家庭教育宣传的问题。有的报道将某个家庭教育的成果简单化、绝对化，将调查到的一些事实与这个孩子的出众成绩简单挂钩："因为……所以……"抹掉了远非如此简单的教育现实，再加上不少出于商业目的的宣传更有可能夸大、甚至神化某个教育方法，夸夸其谈，谬误百出。这种宣传很容易让家长也将教育简单化、绝对化。

对此，家长并未有警觉。

例如一个15岁的孩子上了大学，智力、学业方面很出色。由于这个事实，有文章报道他的家庭教育，方法就是让他父母回忆过去，谈谈怎样教育孩子的。于是家长说：我孩子小时候并没有什么突出的特点，智力与其他孩子没有什么差别，他的成绩完全由于我们加强了早期教育的结果。家长列举了几条经验：启发思考、提供书籍、鼓励竞争，所以孩子突飞猛进，15岁考入全国一流大学，然后很多家长坚信这几条措施的神力，于是效仿，以便让孩子也能早早地考入好大学。

无疑，这个孩子学业是成功的，家长的教育也是有效的。只是这样简单地归纳因果就缺少依据，而且缺少关键性的依据，至少不能说明多大问题。首先这位家长依据什么确定孩子与别的孩子"没多大差别"呢？因为幼儿天资如何，家长仅凭经验而断，没有经过国际通行的儿童智力量表、人格量表的测试；另外，家长的几条措施也失掉了一些主要前提，比如孩子所在的学校也许教育条件非常好、教师特别出色，如果换一个学校、教师，那么家长这几条措施能否奏效呢？在遗传、学校、教学都不能作比较的情况下，也就不能确定这几条措施的有效性，借鉴意义也就有限。

"一物一则，一事一宜"，许多事情泛泛而谈不会有错，然而教育是复杂的，并非单一的"因为……所以"就能解释清楚。宣传家庭教育不能因为教育的复杂性就尽量使之"简单明了"，其结果是把家长的思想方法引向简单化、绝对化。

爱因斯坦在74岁生日回答提问时，谈到一只指南针和一本书对他的影响。提问者问道："据说你在5岁时由于一只指南针，12岁时由于一本欧几里德几何学而受到决定性的影响。这些东西对你一生的工作果真有过影响吗？"爱因斯坦回答：我自己是这样想的。我相信这些外界的影响对我的发展确是有重大影响的。但是人很少洞察到他自己内心所发生的事情。当一只小狗第一次看见指南针时，它可能没有类似的影响，对许多小孩子也是如此。事实上决定一个人的特殊反应究竟是什么呢？在这个问题上，人们可以设想各种或多或少能够说得通的理论，但决不会找到真正的答案。[1]

事实的确如此，真正的答案绝不是简单的挂钩就能够成立的，而不少宣传提到这只指南针，就把它作为爱因斯坦一生研究取得辉煌成就的原因；同样，宣传歌德，就把他7岁时祖母送的一个小舞台模型与他的文学业绩单一挂起钩来，这种只顾一点不及其余的宣传，十分笨拙而且不负责任。

三、"读书高"的预期及风险

1. 一个向往精神贵族的伟大民族

中国汉民族文化有一个显著特点，就是"唯有读书高"。所谓"天子重英豪，文章教尔曹；万般皆下品，唯有读书高。""读书高"在我们民族文

---

[1]　许良英译：《爱因斯坦文集·第三卷》，商务印书馆，1979。

化中根深蒂固，"劳心者治人，劳力者治于人"，是社会文化阶层主流与非主流的分水岭，所以自古就有"劝君煎菜少用油，留与儿孙夜读书"的家教规劝之句。

在现代，教育也依旧是对未来阶层的预划分，现代中国政界精英、著名学者相当大的比例出自名牌大学，而且这一比例还在继续增加；创造财富方面也是如此，中国校友会最近一次的中国大学评价研究报告显示，清华大学以培养94名亿万富豪名列2012中国造富大学排行榜100强榜首，北京大学以89名亿万富豪名列第二，浙江大学、复旦大学、中国人民大学分列其后。而省级重点大学培养的亿万富豪一般在10名左右，造富能力处于中下水平。[1] 可见名牌大学在权力、学术、财富几个方面对社会、家庭、个人具有的吸引力超乎寻常。家长都很清楚好大学对孩子的前途意味着什么，所以对读书的崇尚、对金榜题名的向往，成为整个家庭，甚至整个家族的执著梦想。

以孩子能读书为荣，中国父母从来没有改变。有个菜市场里卖鱼的水产小商贩，夫妻俩脚穿不透气的橡胶统靴，双手泡在水里，整天剖鱼、卖鱼，很是辛苦。在夏季里的一天，他们突然喜气洋溢地宣布低价卖鱼，引得众人好奇围观，夫妻俩笑容满面大声说："我们儿子考上了××大学（国内前十名的大学），今天打折，不是鱼不好哦。"于是互不相识的顾客们纷纷恭贺、买鱼，由衷地为他们高兴，分享着金榜题名的喜气。那个场面感染着周围所有的人——中华民族崇尚读书是很多国家民族不能企及的，很多时候人们已经不仅仅将其视为谋生的手段、对财富的追求，而是对"精神贵族"的崇尚和向往，贵，就是高贵，这是何等宝贵的一种民族文化精神。

2、冒冒险也许更保险

在社会停滞的时代，代际之间的发展路径几乎没有差异，一代又一代地重复着同样的生存模式，长辈的知识、经验足以指明一条抵达理想的道路、足以保证下一代的未来。然而在社会急剧变革的现代中国，下一代的

---

[1] 《重庆晚报》，2013.1.11。

生存条件很难是上一代的翻版，社会变迁决定了青少年发展未来的不确定性，所以家长过度追求保险反而可能失去保险。

在过去，家长都希望孩子读书成才，在现代社会也是如此，"教育是未来社会阶层的预划分"，现代化的一个标志就是"学历化"。强调文化学历，强调专业技术，学历与社会阶层有直接的联系，因此比起体、艺、商等成才之路，通过读书获得尽可能高学历的保险系数更大，是相对理想的晋身之阶、安身立命之路。近些年持续不断升温的高考的召唤，就说明这一点。

"父母之爱子则为之计长远"，从长计议，鼓励孩子努力学习，争取上大学、上好大学无可非议，但是我国即使扩招到现在的 20% 左右，全国还是有近 80% 的同龄人不能上大学，所以家长要大致估计一下可能性并留有相当余地，不能为了读书把孩子其他特长全扼杀掉。"自古凄凉长安道"，意思是说自古就以长安（古都名，今西安市）赶考名落孙山为人生凄凉之致，多少读书人以人生为赌押，以凄凉长安道为告终。现代家长要避免孩子重复这样的人生，要把保险寄托在孩子的能力发展上，除了读书还要发展孩子的特长，选择有利于孩子发挥长处的条件，这样的保险系数就大得多，没有考上大学也能赢得社会生存的主动。

实际上身置变迁的社会，任何选择都是有风险的，现代多元文化背景，孩子的未来更具复杂与不确定性。例如三十多年前有的家长让孩子不读高中进厂读技校当工人，以为"铁饭碗"保险，可做梦也没想到孩子这辈子居然就遭遇工厂停产、工人下岗，最保险的工作成为率先失去的工作。因此家庭教育要培养孩子在多元的价值空间和不同社会条件中去学习选择，不能把孩子禁锢在单一的、家长心中的理想体面模式中去培养，也就是说家长的教育期待不宜简单化。要有风险意识，懂得教育存在多种的可能性，家长在选择的同时，就要有接受风险的准备，估计到积极的或消极的结果，这样也许更为保险。

一位台球天才女孩从小学画画，然而报考美术学院落选了，爸爸建议她放下画笔，放弃美术学院之路，拿起球杆，这在现在也是不被多数人认可的选择，要承受许多的不理解。而女孩的爸爸发现孩子在台球方面的潜力，尤其是身体韧性不错，膝盖往后弯可以差不多到 90 度，大拇指可以贴在手腕上，这对做出台球的高难度动作极为有利。他鼓励女儿说"爸爸相信你！""爸爸和你一起努力好吗？"女儿最终成为台球顶尖级人才。

实际上，家长鼓励女儿走上这条路，剩下的就是冒险。如果他们为求保险，女儿也就失去了发挥天赋的用武之地，这就叫"智者举事，因祸为福"。家长的教育高见，不在于为孩子找到人人羡慕的职业，而是帮助孩子拥有一个能发挥所长的社会平台。这位台球天后放弃"惟有读书高"，走出了一条成功、成才之路，"天生我材必有用，"冒冒险也许相对更保险。

四、家庭教育须"扬长避短"

一个家庭不可能具备教育子女的全部优势，包括经济收入、家长文化学历、所属阶层、住房、自然环境、社会资源、家庭成员关系等，一般来说只能具备部分优势。因此家庭教育应该扬长避短，这也算是一种因条件而施教吧。

1. 家庭经济的"长"与"短"

家庭经济收入状况对孩子的教育有直接的影响。近年由于社会发展，大多数家庭的收入增加，一部分家庭经济宽裕、家道从容，可以无生计的困厄，教育孩子的物质条件也就好得多，这算是家庭之所"长"。然而这不等于有利无弊，因为"富"不等于"贵"，财富不等于高贵，"为富不仁""富家败子"在历史上也是多了去了。

如果家长未曾思考过自己家庭的"所长""所短"，就可能有点优势就盲目自信，以为占全了家庭教育的优势。比如有知识的家长，认为自己拥有知识优势，孩子学习不成问题，因而不注意避其短，孩子可能除了学习成绩好，其他什么也不行，成了所谓百无一用的"书生"；反之有的家长经济、知识、住房都不具优势，然而家庭和睦、宽仁厚德，这就是难能可贵的强大优势，就有希望培养出好人才。故而家长不要埋怨自己的条件不如他人，仔细看看哪里有完全具备优势的家庭？何况优势也是相对而言的、动态的、随时可能变化的。

历史的经验教训总是提醒着人们"富家多败子""骄奢生于富贵"，家境宽裕，孩子可能过于安逸、顺利而致无能。如果有钱的家长认为世界上没有钱解决不了的问题，于是错误百出，最终用金钱毁掉孩子几乎所有的长处，致使孩子一无是处，甚至更糟；有个孩子在教师节出人意料地当着全班把价值不菲的礼物送给讲台上的教师，事后他说："我爸爸说有钱就该抖威风，把其他人比下去！"平日花钱随手百十，毫不掩饰纨绔习气；我还听说有孩子用钱去买班干部选举的选票，虽然是孩子的举动，但绝非小事，这种"有钱"的优势，副作用恐怕就大了。

家长为什么一定要意识到金钱的"所短"、金钱的有限性？是因为它可能释放出人性里的邪恶，破坏孩子天性中宝贵的东西。对此家长要有所警觉，财富来之不易，不要最终人财两空，孩子还没有学会挣钱就大把花钱，是很危险的事情，百害而无一益。

经济收入较低的家庭，也算是家庭之"所短"吧，但是家长在清贫中的品格与教育见识在此中最能见高下。同样是贫穷，君子"人穷志不穷""穷则思变""穷且益坚，不坠青云之志"，意思是君子不会因为贫穷而丧失节操，反而会磨炼得更加优秀。而"小人穷则斯滥"，小人因贫穷就乱来。

贫寒家境可以挖掘出一个人的许多潜在力量，启迪孩子对社会真正的思考，"自古将相出寒门"就是这个道理。清贫可以培养孩子好多宝贵品质：勤奋努力、吃苦耐劳、克己宽容、笃志好学等，将清贫转化为教育孩子的正能量，孩子就很可能如常言所说的"非池中物"，成栋梁之才大有希望。

孔子的学生子贡曾经请教老师说："贫而无谄，富而无骄，何如？"意思是说，贫穷而能不谄媚，富贵而不骄横，这样算好品质吗？孔子回答说，这样算是好品质，但不如虽贫穷却乐于道、虽富裕而又好礼那样的境界高。[1]这是历史上先贤哲人对待贫富的基本态度，表现出来的正气充盈天地之间。

"三穷三富不到老"，家庭不管面临何种经济状况，家长都应有卓越的

---

[1]《论语·学而》："子曰：'可也，未若贫而乐，富而好礼者也。'"

见识，"厚德载物，君子以自强不息"作为做人的底气，扬长避短，教育孩子富而有德、穷而有志，要经得住贫寒，还要耐得起富贵。

2.家长文化学历的"长"与"短"

一般来讲，家长文化学历愈高对孩子的教育愈是有益处，据统计，有问题行为和学习困难的孩子，绝大多数来自家长文化学历较低的家庭，父母学历高的孩子更容易进入需要高学历的职场，但不能在二者之间完全划上等号。"尺有所短，寸有所长"，这里我要提醒学历高的家长力求避免教育子女可能出现的弊端。

第一个弊端是可能教得太多，给孩子的现成结论太多，孩子虽然知道的多，但思考力却因结论太多而受到抑制，仿佛是一只口袋，说什么口袋里都装着，这个世界的结论好像都在里面，孩子只有记忆力，生长不出良好的思考力。

有个成绩很不错的中学生，父亲要求他写作文要"一题多做"，一个题目用不同的角度或体裁去写，孩子本来作业就多，老师布置的作文每周至少两个，一题多做就需要成倍的时间，而这位父亲绝不让步，逼得孩子离家的心都有。本来这位父亲是对的，一题多做是提高写作能力的好方法，但需要条件，一是时间条件，二是要有写的东西才能写好，要有读万卷书行万里路的积累，家长没有把条件考虑进去。

第二个弊端是用符号学习取替全面学习。知识分子多与符号打交道，有可能忽视真正的学习是从感知开始、从经验开始，很可能就让孩子局限在符号中认识世界，孩子成了看起来无所不知的"小知识人"，然而感觉学习、动作学习并没有跟上。

第三个弊端是孩子社会性发展不足求学阶段孩子拥有"知识丰富"的优势，在学校能得到很多肯定和夸奖。然而问题也可能出在这里，这种"一好百好"的学生，其他方面不足的短板被学习好掩盖掉了，进入社会就显现出来他们社会性发展不足，会大大限制孩子的社会成功。

文化学历较低的家长在辅导子女学习这方面的确不如知识分子，在学校教育条件差的情况下更是如此，但这并不等于家长别无良策。单讲知识学习，家长可以请家庭教师，可以依靠学校教师、亲戚等，都是办法。其中请家教较为妥当可行，能够给孩子有针对性和稳定的辅导和帮助，这是弥补家长文化程度不理想的有效途径之一。

3.居家环境的"长"与"短"

中国家庭教育历史上有一个"四民分业"[①]的传统理念，"四民"具体是指"士农工商"，其中的"农、工、商"比较好理解，"士"的本意是对中国古代官僚人文知识分子的统称，是一个精英社会群体，基本上是由科举制度选拔到主流文化阶层而形成的，相当于现代的管理阶层、科技人文领域的白领阶层。"四民分业"主张尽可能与自己社会阶层、职业种类相同或相近的人家结为邻里，这样对孩子成长大有好处。"父兄之教不肃而成，子弟之学不劳而能"，意思是说家庭所处的文化环境对儿童学习，可以起到事半而功倍的作用，虽然这是针对传统社会继承"家学"而言，但这一注重家庭环境的教育思想至今仍很具价值。

人是需要占据空间的，住房宽敞更利于孩子学习，最近30年时间我们的住房条件得到很大改善，也就改善了儿童成长的家庭物质环境，不少家庭都有孩子的单独房间，这对孩子的生活习惯、学习习惯、专注力、独立性、情绪品质都是很有利的。但家长要注意，孩子因为有独立的房间，而家长不要求孩子自理，要么替孩子收拾，要么又脏又乱，好条件反而养成了坏习惯；又如孩子有独立的房间，就"宅"在里面，忽视户外活动、体育锻炼，就没有发挥住房条件的优势。

如果家庭住房紧张，家长的努力则可以减少不利。比如住房狭窄容易引起家庭成员情绪烦躁、紧张冲突，家长要以身示范，注重培养孩子谦让、和气的品性，这是不错的扬长避短，既扬了家长表率之长，又避了住房狭窄之短。

一位父亲感觉自己家住闹市繁华区，周围追求物质享乐的气氛太重，孩子每天上学放学出入穿行在生意买卖、贩夫吆喝之中，不利于静心学习，于是想办法让孩子住读，这样就避开了很大一部分环境不利的因素；还有一位家长把孩子送到亲戚乡镇的重点中学住读，避开大城市纷繁的红灯绿

---

① 马镛：《中国家庭教育史》，湖南教育出版社，1997。

酒世界，孩子与那些啃干粮、点油灯刻苦攻读的孩子在一起，奋发读书的情绪很容易激发起来，成绩大大优于以往，这是家长研究了周围环境的利弊所做的明智之举。

"孟母三迁"说的就是为选择有利于儿子的文化环境三次搬家，"与善人居，如入芝兰之室，久而自芳"，"百万买房，千万买邻"，不少家长都在效仿孟母为孩子选择更利于成才的环境，不少家长重金购买学区房，为了孩子能"划片入学"到好学校，为了孩子能够接受更优质的教育。有的家长夫妻工作两地，在选择居所时，宁愿住房窄一点也要选择好的学区，为此不惜每天长距离奔波上下班，为了什么？为了孩子。

曾有一个经商的家长对我说："孩子只在重点学校读书还不行，回家以后的环境还要好，高等院校住房若能买到，出多少钱我也要买。"我说事情也并不那么绝对，高等院校也未必就"步步芳草"，但家长有这份见识是很可贵的。只要有一线希望，家长都会全力以赴，怀揣着望子成龙的美丽向往，现代孟母重复着古代孟母的故事，让人很感动。

中 集

家长的教育过失

　　一般来说，家长容易发现的是孩子的过错，大部分精力也放在纠正孩子的过错上面，平日前来咨询的家长，往往数落的也是孩子的不是，较少从自己身上找过失。其实一般所谓孩子的"错"，大部分是他们成长过程中必然的"幼稚""不成熟"，还有的是家长的教育过失所致。比如有家长很生气地指责孩子撒谎，实则是因为家长超过常规的严厉惩罚逼得孩子不得不撒谎。家长要学会反省自己的过失。

　　家长的教育过失，是指在抚养、教育孩子这个范围内的过失。世上没有十全的人，也就没有十全的家长，凡做家长就有或这或那的过失。家长承担着养育孩子长大成人的责任，如果养育不当，都算是一种过失。从我的观察和思考去分析，家长的过失大致可以有几点：缺乏学习、"自私"、忽视精神发育环境、教育简单化、情绪化以及教育模式不当。

　　我用整个"中篇"部分来谈家长的教育过失，主要不是为了家长，而是为了孩子。我常常看见被家长无端责罚的孩子，常常看见在过多的教育驱使下失去户外活动的孩子，看见被宠爱到又懒又笨、不知天高地厚的孩子、看见躲不掉父母喋喋不休的孩子、看见几乎被父母遗忘的孩子，被父母打骂、嫌弃的孩子……我很心疼。我想，如果他们的父母能够少一点过失，他们也就多一份勤奋和进步。他们的父母也并不是故意犯这些过失的，很多家长也认为自己是为了孩子好好成长才那样适得其反的。所以我写出我的看法，希望对家长有一点帮助，天下父母同此一心，家长少一点教育过失，孩子多一份健全发展。

第八卷　过失之一：不学习

提示："未有先嫁而学教子者"（P135）/ 未先学则需后学（P136）/ 好仁不好学其蔽也愚（P138）/ 临渊羡鱼不如退而结网（P140）/

　　"好仁不好学，其蔽也愚。"[①] 意思是说，好品德的人不好学，人还是愚蠢的。没有谁能比天下父母更盼望孩子成才，但如果做父母的不学习教育，心愿再好还是不能教好孩子。所以在家庭教育的各种过失之中，我认为第一过失就是家长自己不学习，这个不学习主要指做了父母却不学习怎样教育孩子。

　　为什么家长的学习这样重要呢？古人有一句很有名的话"未有先嫁而学养子者。"[②] 意思是说没有哪个女子是先学了如何教养孩子然后才出嫁的，也就是教养孩子都是在有了孩子之后才开始学。承担着教育子女的职责，却又未曾通过任何教育专业的训练，有了孩子便成为教育者，所以未曾"先学"则需要"后学"，有了孩子就需要学习如何教育孩子。有孩子之前不学习教育是合情理的，然而有了孩子就需要随孩子的成长不断学习，才能避

---

① 《论语·子张》。
② 《大学·康诰》，意思是女子都是在有了孩子以后才开始学怎样教孩子的。

免教育过失。

孩子直接承担着家长的教育过失，造成身体发育、心理健康、道德品性、智力发展的损害，少数家长的过失，已严重危及孩子的性命和终身健康，而其中的大部分悲剧，如果家长稍稍学习一点有关教养的知识和道理，都是完全可以避免的。

一、家长资格无需文凭

记得"文革"时，我在一家照相馆见摄影师对一对拍结婚照的青年说："注意——你们是为革命而结婚——笑一笑，好！"随即按下快门，当时我只觉得好笑，现在想来，那位摄影师的话从理论到常识都错了。大自然赋予人类繁衍、世代延续的生物属性，人类也就一代一代地繁衍生息下来，这是人之所以成为父母、成为家长的生物原因，也是家庭教育的生物基础。

一个社会的大多数职业，特别是与人直接有关的职业，如医师、教师、律师、工程技师等，都必须经专业培训才能获得任职资格，而教育子女的父母资格却主要通过生物途径获得。一个人只要生理成熟、健全，就可以有孩子而成为父母。做父母无需文凭，做父母的资格主要来自人类物种繁衍延续的要求而不是来自社会的要求。

家长资格无需文凭，决定了家长学习养育的必须，"未有学养子而后嫁者也"，父母有了孩子，成为了家庭的教育者，才开始关注如何教育孩子，学习教育。即使家长具备其他专业的知识技能，也不一定懂教育。独生子女的家长还多了一重困难，没有养育经验可以借鉴，常常束手无策。对此，唯一的办法还是学习。"未曾先学则需后学"，既然做父母不曾"先学"，那么则需要"后学"。只要家长能够多学习，孩子能少吃亏，就不负自己为人父母的拳拳苦心。

家庭教育的动机和愿望是世上无与伦比的美好与真诚，望子成龙、望女成凤，是人世间最美好的情愫，是为人父母含辛茹苦的不竭动力。前不久中国社会科学院一项调查显示："子女发展期望"成国人最大生活动力，公众最大的生活动力来自于对子女发展的期望，超过对自身利益的追求。

中国传统文化这种内在生活动力，至今未曾改变①。这个数据让人倍觉温暖、倍加感动。这份期盼是家长努力去学习教育的强大动力。

家庭教育与学校教育不相同，家庭教育是生活世界的，没有系统的教学计划、时间安排，在家庭生活中随时都在进行。然而家庭教育的不足也因此产生。由于做父母的资格基于生物机制，家长的素质也就各式各样，家庭又具有相当的私有性，所以人们可以指责某人不称职，如干部渎职、教师水平低、医生医术差、工程师设计出错等，然而父母不称职，父母教育水平低，甚至专制粗暴、放任溺爱，除非行迹太为恶劣，触犯法律，激起公愤，人们一般都无从指责，因为原因并不单一，无从指责。

据对青少年犯罪的家庭因素调查，家长道德素质低为第一大因素。有的孩子胡作非为，家长反而袒护说："我管不管教与你们什么相干？以后坐牢是我孩子去坐，你们少管！"这种私有性旁人除了谴责，也奈何不得。更多的情况则是家长由于不学习教育，给孩子带来巨大损失，对此我只能极力提倡家长：学习、学习、学习！

我国人口文化素质平均水平还低于世界平均水平，大学毕业人口距离世界平均水平还有较大距离，家长的总体素质还需要大幅度提升，要提高我国家庭教育水平，唯一的办法还是依靠家长学习。

如果要问为什么家庭的教育者可以没有文凭，原因很简单，大概从人类的发展进化历史看，可以没有教师、没有医生、没有总裁……但是不可以没有繁衍生息，不可以没有围绕生育而集聚栖息、被称之为"家"的居所。

因为这样，家长胜任教育就有很多的困难。著名教育家蔡元培先生曾对家庭教育表示怀疑，他认为教育孩子只能由学校来完成，理由是：第一，教育是专门的事业，不是人人都能担任的；第二，家长时间少、要工作，要奔走公务应酬、消遣，不能好好教育孩子；第三，家长对孩子感情用事，教育杂乱无章法等。

蔡元培先生列举的这几点都是事实，而且至今仍然是事实。只是最近几十年，随着心理学研究的发展，家庭教育不可替代的功能逐渐凸显出来，

---

① 童曙泉，载《北京日报》，2011.05.05。

家庭对孩子一生的重要影响重新被重视，家庭对儿童的影响作用，学校并不能取代，意识到这一点，学校更加重视与家庭的教育功能互补，政府也更为重视为家庭教育提供支持，优化家庭环境，提升家庭教育质量，因而如何为家长学习教育提供服务成为一大趋势，家长自身努力学习也就成为现代家庭的一种必然。

二、爱子而不好学，其蔽也盲

父母爱孩子然而不好学，其弊端就是教育的无知，缺乏教育的知识、方法，其消极后果就会落在自己最宝贝的孩子身上。不止一个中小学校长、老师说，教育一是看家庭，二才是看学校，这样说似乎有点绝对，但的确有道理。这里说几点家长对教育的无知的体现。

1.感情用事，事与愿违

家长不学习的结果之一是缺乏教育理性。教育是需要理性的，家长爱子如命，容易感情用事，比如溺爱，就是用爱去淹没了孩子，而溺爱会剥夺孩子"去自我中心"的过程，形成随心所欲、不负责任的幼稚人格，不懂得社会生存的规则，必定难以立足社会，更难以担起责任。

还有的家长感情用事，生怕孩子做错事，凡事替孩子做决定，很专断，目的是爱孩子、替孩子着想，结果却是剥夺了孩子的独立性发展，使孩子变得畏惧、怯懦[①]，遇事迟钝、彷徨、依赖。

有的家长感情用事，急于求成，希望孩子学习好，就竭尽自己所有敦促孩子，不懂得这个过程很长，除了需要培养还需要等待，不懂得急于求成，结果可能会是揠苗助长。揠苗助长的方法简单，可是违背了苗的生长规律，也就事与愿违，因为急于求成的结果大都是事与愿违。孩子的成长亦如禾苗，需要过程，如品德养成、学习能力形成、习惯养成、与人共处能力的形成都需要时间，需要过程。家长不学习这些基本道理，教育就会简单化、绝对化，教育效果就不会好。

---

① 索里、特尔福特著，高觉敷等译：《教育心理学》，人民教育出版社，1983。

感情用事还表现为家长说话前后不一致，或自相矛盾。自己情绪好时说的一套，到明天就变了，说话不算话，结果使孩子无所适从，焦虑不安，甚至引起亲子冲突。有的家长感情用事，自己缺少教育方法，拿孩子没办法，只好抹眼泪、干瞪眼、寻死觅活，去"求"孩子改正过错，不但效果不好，还给孩子留下父母"无能"的印象。

2. 观念方法绝对化

家长不学习教育，致使教育观念方法容易绝对化。其一，绝对化的家长不懂得教育的多重性，容易把某种教育成功或失败简单归为某一种原因，把孩子的表现看作非好即坏。其实在小孩子长大过程中，很难分成截然对立的好与不好，因为孩子只是孩子，需要家长动态地看待孩子的不成熟。这是其一。

其二，绝对化观念表现为轻信。一个家长在报刊上介绍他孩子数学竞赛在国际比赛中获奖的经验说："我教孩子数学是自由派，不一定需要严格训练。"这个家长说的可能是事实，但有的家长看了之后认定"不经过严格训练能获大奖"。家长要明白任何成功都不是靠某个单一的方法实现的，任何有效的方法都有它的前提条件，并非你拿过来就能复制，而且有的成功是不可复制的。

其三，给孩子定目标很绝对，认为孩子"应该"怎样，就定下这个标准，认为孩子只要努力就能实现，就没有任何条件可讲。十多年前有个家长就在儿子小时候就制定好了，儿子应该上什么小学、上什么中学、然后考上国内最好的大学、然后留学美国的麻省理工学院……的人生计划，并敦促孩子朝这些目标努力。孩子一路努力，到高中的确也如家长所愿，读全省的重点中学，成绩也不错，可是高二的时候，他感觉自己无法考取国内最好的大学，而父母的态度越来越坚决，于是在一个周末，他挥别宿舍同学说"再见了"，同学以为他周末回家，然而他真的从此消失，不知所踪，十多年寻找无果——绝对的家长逼出灾难性的后果，教训何其惨痛！

3. 说教替代养成

有的家长认为家庭教育就是讲道理，所以不停地跟孩子说道理，时间一长就成了说教，甚至成了唠叨。家长要知道家庭的教育与学校不同，学校教育的方式是上课为主，必须讲很多学科知识，家庭的教育是在生活里进行的，家庭的文化环境如何、亲子关系如何、家长素质怎样，是时刻在起作用的家庭教育，而且"每天如此"，日复一日地重复。所以家庭教育要注重养成，要求孩子一次次地去做好，重复多次就成为固定的行为举止、思想观念。

司马光在说到家庭教育时指出，"老牛舐犊，不如燕引其雏。"① 老牛用舌头疼爱地舔舐小牛犊，其爱至深，但这样的爱不如燕子带着它的雏燕一次次练习奋飞。家长指导孩子学习应该注重孩子"去做"，"习"的本意就是"鸟数飞"，鸟一次一次地练飞，就是"习"。可见燕引其雏是正确的家庭教育方法，雏燕嗷啾，憨态可掬，但它还得依靠自己一次次练习才能飞起来。培养孩子也一样，主要不依靠家长说什么，而是依靠孩子自己一次次去做，才能长大。

三、"临渊羡鱼不如退而结网"

别人的孩子能够成才，令天下父母钦羡不已；自己的孩子能够成才，则令天下父母心驰神往，这都用得着一句名言"临渊羡鱼，不如退而结网"，② 意思是说站在那里羡慕水里好多的鱼，不如回家去织网。家长勤于学习，善于学习，孩子的成长就能理想得多。

在中国传统文化"唯有读书高"的情结纠结中，即使在社会中创业很成功，若没上过大学，这种"大学情结"也会激起强烈而持久的不平衡感，例如一个人若老是讽刺读大学的人无能，实际上也是这种大学情结激起的愤懑郁结于心所致。而做了父母之后，这种心态会直接表现在对孩子的教育期待、管教方式上。我不止一次听到家长们感叹人生："唉！我们什么也没有了，这辈子孩子就是唯一的希望了！"这种失落与希望补偿的心理有相当的合理性，但超过正常的度就很可能扰乱孩子的成长。

作为成人，家长失去的就一定要孩子来弥补，这在中国的文化观念中

① ［宋］司马光：《潜虚》。
② 《汉书·董仲舒传》。

是合理的，历史上子承父业、扬名显亲的典范层出不穷。可是家长要清楚的是，你的愿望与孩子去实现之间，有很多的不确定性。孩子主要应对他们自己的人生和属于他们的时代负责，至少不单纯是为了弥补家长人生的遗憾。有的父母见孩子学习不理想，就连同自己人生不幸的怨气和对孩子不争气的怒气，怨怒齐发，都冲着孩子去了，这是做家长的心态错了。家长教育要做到凡事就事论事，不借题发挥，不动辄"忆苦忆旧"。人生充满艰辛，要求孩子补偿我们失去的，于情即使说得过去，于理也是很勉强的。

怎样达到教育理性呢？我以为还是学习。孔子说如果一个人不好学，即使具有美德，也是各有弊病的："好仁而不好学，其蔽也愚。好知不好学，其蔽也荡；好信不好学，其蔽也贼；好直不好学，其蔽也绞；好勇不好学，其蔽也乱；好刚不好学，其蔽也狂。[①]"意思是说一个人仁德而不好学，弊病是受人愚弄；热爱知识而不好学，弊病是好高骛远；讲诚信而不好学，弊病是伤害于物；直率却不好学，弊病是尖刻；勇敢却不好学，弊病是心智昏乱；刚毅却不好学，弊病是急躁轻率。孔子的见解如此精细透彻，谁还可以认为自己不用学习呢？

家长人到中年，身兼数职，要学会分配精力时间，大约用70%的精力时间用于职场、家庭事务，用10%～30%的时间学习提高自己，包括职场职务的学习提高、养儿育女的教育提高。这样就能提高自身素质，填补失落感，求得自身发展，具有可持续提高的优越性和掌控人生的主动性，更有利于教育孩子。况且教育发展到今天，已经是学习型社会、终身教育的时代，学习家庭教育也在其中。寸有所长，尺有所短，"十步之内必有芳草"，知识相对缺乏的家长要虚心以待，学会"移樽就教"，而知识相对充实的家长则可"长袖善舞"，也不吝"金针度人"。

还是孔子说得好："好学近乎知。"一个人只要能好学，就已经差不多拥有知识了，孟子说："人皆可以为尧舜。"家长努力去学习教育子女的艺术，就已经是一个智慧的家长了。

---

① 《论语·子张》。

第九卷 过失之二：自私

提示：*身兼数责的冲突（P143）／榜样宣传"不及其余"（P145）／墨子兼爱无父的争论（P146）／"儿童型"家长（P147）／家长的虚荣（P149）／"克服自私，意识到责任"（P149）／*

养育后代是无比艰辛繁重的一件事情，为人父母为孩子至少要付出自己的半生，含辛茹苦、劬劳忧思，就如有人问做母亲意味着什么，做母亲就是意味着从孩子出生那一刻开始就一直为之操心、操劳，直到自己生命结束的那一刻。所以有古诗"谁言寸草心，报得三春晖"的叹息，没有天下父母的无私，人类婴儿不可能存活长大，而中华民族的"可怜天下父母之心"又尤其突出，是如此伟大的、儿童赖以存活、得以长大的父母之恩。

那么为何还有"自私"一说，而且还算是家长的教育过失呢？这里家长的"自私"是针对教育孩子而言，家长身负多重责任，必然有冲突发生。家长对孩子的责任与自己的其他责任、利益冲突时，家长选择了"利己"，就是家长自私，这个"利己"包括家长为自己的职业尽责，因此这种自私也算是一种教育过失。那么家长的自私有没有合理性呢？有多少合理性呢？

养育孩子需要无私忘我、事无巨细的投入，要付出大量时间、精力和情感，这就需要家长，克服自私，担起责任，为人父母者对此都深有体会。家长身兼对职业、对家庭孩子的几重责任，这几者之间随时都可能有冲突，冲突之中家长放弃什么、选择什么，真有说不尽的难。为人之父母，除了对孩子有着无条件的爱，数不清的付出，还有对社会的责任，还有自己提高、发展的需要，时间精力的冲突、内心的矛盾冲突，几乎无时不在。他们可能常常扪心自问："我很自私吗？"

从动物行为看，一些动物在幼仔长大之后，就逐之出巢穴从此不再负责任，而人类与后代的关系保持最为长久，如果人类并没有完全脱离动物的天性，只顾及自己的家长，从生物学的角度也许可以找到一些依据？但是人类与动物最突出的差异就是以社会、家庭的方式生存，因而需要对社会、对家庭负起责任，才符合人类作为万物之灵的尊严与富有的智慧。

家长的"自私"，一种情况是家长因为忠于职守而对孩子失职，一种情况是家长心理不成熟、"自我中心"担不起责任的失职。

一、家长的"责任冲突型"自私

1.优秀的社会榜样

一个优秀的社会成员之所以优秀，是因为他出色地担当起了社会责任，例如优秀的科学家、教育家、医学家、劳动模范、红旗手等，社会因此敬重他们。然而从家庭责任的角度，从孩子的角度，却有可能指责他们"自私"。

曾有两位出色的地质科学家，长年工作在野外，为科学事业做出了杰出贡献，国家给予他们崇高的荣誉，而他们唯一的儿子却因失去照顾，小病拖成痼疾，以致年纪轻轻，疾病缠身，学业就业无望。他悲愤地指责父母："你们既然要献身科学，就不该生下我，既然有了我，你们就该负起责任！"

还有被授予多种荣誉的乡村医生，她为民出诊风雨无阻，不惜把高烧的孩子锁在家里，顾不上孩子会出危险，听了这样的先进事迹让人心情很复杂。我们替孩子想想，他们凭什么该承担这种结果？到人世间来不是他的决定；我们又替父母想想，他们崇高的、纯粹的社会献身精神，难道有错么？一个人不能仅仅为自己活着，然而牺牲孩子就天经地义吗？

我的确不知道，也说不出一句"公道话"来，一看见宣传某位先进榜样为了事业，顾不上照管孩子，孩子饥寒无状，出事故了、病了、残了……我就没法轻松。孩子是私人物品，可以随便地放弃掉吗？孩子不是社会的未来吗？二者没有兼顾的可能吗？

然而我又是如此理解这些家长的"自私"，我常常想："要我放弃自己作为学者的追求，我能做到吗？"不止一位创业成功者为自己的社会业绩自豪，"这是我的人生价值！"然而同时他们又可能一再表示"我不是好父亲""我不是一个合格的母亲"……

人生真的是很不容易！始终纠结于无处不在的冲突之中。我常常想，有没有"中庸"之道可循呢？如果我们家长"力求兼顾"，在观念上摒弃对立也许会好得多？况且，孩子的成长并不要求家长时时事事都守在身边，就如种上一棵树，老守着它也没必要，必不可少的适时护养，就能保证苗壮成长。

世界各国解决这一冲突的途径和方法各有不同，但说明人类社会都在力求平衡家长身兼双职之间的矛盾。日本家庭主要格局是父亲在外工作，保证经济来源，争取家庭社会声誉，母亲在家相夫课子；西方一些国家则采取妇女就业的"M模式"，即妇女一生之中就业两个高峰，一个低谷。妇女孕、育孩子阶段在家不就业，婚前阶段和孩子长大以后，再行就业，这样可以缓解职业与养育孩子的矛盾。

我国实行男女就业机会平等，双职工家庭比例较大，职业责任与家长责任的矛盾很明显。虽然这些年全职太太也成为少部分女性的选择，也有不少女性从职场回到家庭，然而因为婚姻的不确定性太大，风险太大；也有"丁克"一族选择不要孩子，但不可能成为大趋势。更多的家长则采取利用各自条件，力争兼顾的办法：或将责任大致分工，妻子的精力重点在家，丈夫精力重点在外，或把孩子送到祖辈家抚养到学龄，再接回身边。

现在独生子女一代人陆续进入婚育期，他们的父母为了照料孙辈，跟着孩子"漂"的情况非常普遍；我也见过夫妻俩带着吃奶的孩子一起上研究生班、上成人自考的年轻家长。总之要重视照料，而照料方式多元并存，根据各自条件力求兼顾。

除了生活照料，还有两点无论何种情况都不能缺少，一是母亲角色的柔和、温暖和建立起的亲子依恋，对孩子精神发育、心理健康至关紧要，二是父亲角色的责任、力量，是孩子安全稳定的支柱性保证。二者构成家庭教育最重要的心理环境。

有教育家曾说过，"是好的生活，就是好的教育，是坏的生活，就是坏的教育，是认真的生活，就是认真的教育，是合理的生活，就是合理的教育，不是生活，就不是教育。"[1] 既然为人父母，做了家长，就要认真地生活、合理地生活，力求兼顾，用心，才有好的教育。

2. 宣传"无私"有误导

对自己的孩子无情，牺牲孩子，往往成为我们先进榜样的"含金量"，宣传某人的社会业绩，必以他忽视家庭，放弃孩子利益来烘托之，"孩子出世以来，他只回家几次，孩子不认识爸爸，叫他叔叔"；记得以前宣传的一个全国模范，孩子被高压线重伤、生命垂危，有人赶来叫他，他却说："不行，我在上班。"而当时并没有抢救列车千钧一发的几秒钟，也没有洪水烈火威胁着村庄需要他去赴汤蹈火，这样莫名的冷漠和无情，让人无比愤慨！

这些报道如果属实而非妙笔生花，那么这些模范的孩子就是为了衬托父母的无私？为了使父母显得更悲壮？孩子是私有的吗？这些宣传十分明白地告诉人们：社会责任是"公"，孩子是"私"，牺牲孩子是"无私"的美德。这一点我绝不赞成。

双重责任永远是为人父母必须面对的冲突，身兼数职本来就应该是成人的基本能力，模范人物身兼数职的成熟人格、承担责任的能力，应该成为宣传的正面形象，而不能把孩子用来主打悲情牌，不能把中国的优秀人物、职业楷模塑成单纯幼稚、无视责任甚至偏执冷漠的人格类型。

---

[1]　方明:《陶行知教育名篇》，教育科学出版社，2005 年。

十多年二十年以后，构成我们中华民族的是哪些人呢？难道不是今天的孩子吗？如果我们家长都"大公无私"，那又意味着什么呢？我们现在努力去创造美好的社会，又是为了谁呢？孩子成长为什么样的人，仅仅是家长的私事么？除了特殊的职业，家长的类似自私就是观念简单化、极端化造成的。有的牺牲是必须的，而有的牺牲是不必要而且本来可以兼顾而避免掉的，而绝大部分情况属于后者。

3."墨子兼爱无父"的争论

说到为了公职而牺牲孩子，我想到孟子的一段话："杨氏为我，是无君也；墨氏兼爱，是无父也；无父无君，是禽兽也。"[1] 意思说是杨子[2] 主张"为我"，是目无君王国家，而墨子主张"兼爱"，主张不分远近亲疏地爱所有人，是"无父无亲"，无君无父，与禽兽没有区别。孟子认为"爱有差等"，对人的爱是根据亲疏远近的原则来区别的，爱自己的父亲与爱一个陌生人绝不应该相同，这并不意味着对陌生人不仁爱，而是要有区别。杨子极端自我，"拔一毛而利天下不为"，而墨子将父亲与陌生人一样对待，就是"无父"，二者都不符合情理。儒家提倡"亲亲"，重视家庭，重视家庭成员，所以不能因为公职而"无私"到"无子"，连孩子都不管，这是绝不可取的。

从思想方法来讲，孟子也说过"取伤廉，与伤惠，死伤勇"[3]，意思是说可以拿取也可以不拿取时，如果拿取就不符合"廉洁"这一美德；可以给予也可以不给予时，如果给予就不符合"恩惠"这一美德；可以死也可以不死时，如果去死就不符合"勇敢"这一美德。而我们宣传的榜样似乎都有牺牲孩子这一"美德"，这说明我们成人还幼稚，也还无能，缺乏身兼数职的能力，也还没有懂得真正的美德。

---

[1] 《孟子·滕文公下》。
[2] 杨子即杨朱，战国时期人，杨朱学派的创始人，反对儒墨，主张贵生、重己，被孟子批评为提倡极端个人主义，称杨朱是"拔一毛以利天下而不为"，衍生出"一毛不拔"的成语。
[3] 《孟子·梁惠王上》。

二、家长的"自我中心型"自私

1. "儿童型"家长

还有一类家长是自我中心的"自私"。自我中心是儿童 2 ~ 5 岁时候的思维方式，想问题以自己为中心，不能从他人的角度考虑。但是在 5 岁以后，如果没有完成"去自我中心"，人格发展还停留于自我中心水平，看起来人长大了，还是只考虑自己，不能顾及他人，既无责任意识也无担起责任的能力。这类人也被叫做"巨婴症"、儿童型。

"儿童型"家长是指像儿童一样没有长大却做了父母，缺乏抚养后代的成熟心理，不想承担责任。如有的年轻母亲为了追求青春美貌一如少女，不光拒绝母乳喂养，把孩子看成累赘放在老人那里，自己依旧追逐时尚、尽情娱乐，效仿当年少女时候的无责任、无羁绊，这是母亲角色的自私、失职；单情少女是美的，无忧无责任的生活也值得留恋，但为人之母却又追求少女之美，就是矫情。母亲的美是无与伦比的，然而母亲的美不在天真烂漫，却在有母仪。其实，女性的真正美在于孩子，有了孩子的女性，那种柔美温婉的生命之态才是生命之中最美的。

还有打游戏长大的一代人，立业成家依旧只顾得上打游戏。最近有报道"家庭主夫"已经成为游戏主力，我在咨询中也听到有"80 后"做了母亲的年轻女性，叹息说自己"养了两个儿子"！年轻父亲迷恋游戏，什么也不管；也有 80 后的小夫妻两人都没长大，下班就只打游戏、逛商场，四个老人轮流照顾他们，帮他们带孩子的情况。没有长大成人的儿童型家长，还依赖着老人，才能养育孩子，稳定家庭，不知到老人需要他们照顾的时候，这些"儿童"长大了没有？

"儿童型"家长也往往是任性冲动的，这是令人很头痛的事。他们幼稚的任性冲动，遭殃的却是孩子。我去学校调查亲子关系，校长告诉我，现在布置写"我的父亲（母亲）"一类的作文都有顾虑，因为父母离异在有的班级甚至达到半数，被父亲或母亲遗弃不管的孩子也存在。写作文可能触到孩子的痛处，有的孩子在写作文的课堂上就哭起来。

　　有个二年级的小女孩，哭着请求妈妈不离婚，说："爸爸说的你不离他就不离。"于是这个母亲去问丈夫，丈夫说："我没说过。"这个母亲居然叫来女儿大骂："你怎么当面一套背后一套？"——这能叫做为人父母吗？小女孩的可怜、无奈、害怕、束手无策，我们旁人都全读懂了，心疼不已，做母亲的却如此不顾及孩子，如此无能，全无担当！我们还能指望她保护孩子吗？能指望孩子有好的家庭教育吗？

　　另一个小学男生说他爸爸经常与他抢电脑、抢电视频道，如果没抢赢，就挑刺说："你作业这里有错！"支开孩子，然后自己玩。孩子不服气，他爸爸就会变脸色说"反了你！'和尚训道士'，你管起我来了？"而玩完了电脑又可能抚着孩子的头语重心长地道："我说的还是有道理哦，你没错我怎么会骂你呢？"……有时候我面对这种儿童型家长，真正有些棘手，只能说："你多学习，要更成熟一些。"而心里真正希望的，是孩子能碰到一个好教师，多少能抵消一些家长的不成熟。

　　所以整个社会应该大力提倡成人的责任意识，最好在自己有能力足以承担起家长职责的时候，才做父母。虽然这只是一厢情愿，但除此就只能寄希望于法制健全了。法制健全的国家是用法律的力量来解决这个问题，法律绝不允许家长保护孩子不力，家长若触犯未成年人保护法，例如体罚孩子、单独把小孩子留在家里、小孩子乘车没坐儿童安全座椅、家长疏忽造成儿童伤害，都会问责家长或剥夺其监护权。我国的法制也应该有取缔不合格家长监护资格的相关条例，才能从根本上保护这一类饱受苦楚的孩子。

　　3. 还要"成长"到何时

　　近年家庭教育有一个提法叫做"与孩子一起成长"，这是我不赞成的。因为"成长"的目标是长大成人，成人就是已经完成"成长"这一过程。做了家长难道还没有成人么？应该承担责任的成人，其任务不是"成长"而是担责任。如果我们家长还在成长，什么时候才"成人"、才能担责任呢？

　　在语言学中有一个原则叫做"约定俗成"，成长的"成"的词义是"成熟，已成。"[①] "成长"是"生长，长大，长成成人。"[②] 指儿童走向成熟的过程，而成人已经是成熟的、开始承担责任的人，就不是还在"成长"的人。所以已经为人父母怎么还在"成长"呢？如果家长还在"成长"，而且是"与孩子一起"在"成长"，让人感到绝望：家长还没有成长起来，谁来为孩子承担起责任？虽然有理解这种成长是家长角色的成长，但是凡用词要边界清晰，不宜混合起来使用。

成人就是能够担责任的人，孩子怎么能还要等待家长的成长！我绝非崇洋媚外，可是在保护孩子的问题上，健全法制的态度值得我们效仿，健全的法律绝不等待没有长大的家长，既然还在成长，还没有长大，就取缔资格，因为孩子需要能担起责任的家长，才能健康地成长起来。

三、家长的虚荣也算有点自私

世上没有虚荣心的人的确不多，但如果用孩子来满足自己的虚荣就特别不妥。平日就有父母说"如果考不上，你叫我这脸往哪儿搁？"仿佛孩子读书对父母更重要，而不是对孩子自己重要。虽然"扬名声，显父母"是最大的孝道，好儿女都想让父母为自己感到骄傲，但不等于家长要求孩子努力满足自己的虚荣之心。

有的家长总忍不住要展示孩子，孩子能背诵古诗名文，如果家里来了客人，家长就叫孩子："乖孩子，给阿姨背诵一首诗。"多数时候孩子并不情愿，勉强背诵了，家长又继续道："你说：白令海峡在什么地方？"孩子又说对了，"哇！真棒！"孩子赢得一片赞扬，家长满脸生辉，而孩子感受如何，家长恐怕少有考虑。

家庭教育应以孩子成长最优化为目的，但孩子只是孩子，还没有能力去为家长承担责任，当孩子迫于父母的虚荣而学习，学习动力改变了方向，增加了干扰。有的孩子生怕自己担当不起父母厚望，焦虑重重；有的孩子因压力过大、无法承受而逃避学习；有的孩子也因这样耳濡目染而习得虚

---

① 《辞海·语词分册》，上海辞书出版社，1979。
② 中国社科院语言研究所词典编辑室编：《现代汉语词典（第5版）》，商务印书馆，2007。

荣，这就干扰破坏了孩子推动学习的方向，家长要力戒。家长要培养孩子良性的学习动力，那么什么是良性学习动力呢？

在中小学阶段，孩子的学习动力第一是对学习本身的兴趣，第二是来自他们的成长感，有心理学家曾对 182 名学生进行调查，"在学习中什么时候最高兴和最有兴趣？"回答结果是：

教师教得清楚而自己也明白的时候 21%

学习成绩有提高的时候 20%

比别人做得好的时候 13%

通过独立思考弄懂的时候 46%

可见，良性的学习动力来自通过努力弄懂了问题、来自成功的体验、来自求知的满足、来自对自己取得进步及努力过程的感受和认同的成长感，这种成长感对形成良性学习动力非常重要。所以家长要学会分享孩子努力、进步的感受，是我们为孩子高兴，不是为孩子让我们脸上有光而高兴。主次要弄清楚。

曾有学前班评选"健康宝宝"，就有家长因此焦虑不已，她们并非担心自己的宝宝不健康，而是有点承受不了没选上的那种难过。家长们想想，如果依此类推，上了一年级直到高考、大学……可攀比的事情数不胜数，你的家庭还可能有教育的常态吗？做母亲的就会失了理性、失了柔和、失了分寸……教育气氛会弄得一团糟糕，孩子如何能好好成长？这应该就是家长不能虚荣的原因吧。

家长对孩子可以抱有殷切希望，但内心要留有余地，不能将自己的毁誉押在孩子身上，因为这其中的不确定因素太多了，非一人之力可以执掌定夺。孩子优秀，家长喜之不尽，要不失端庄容思；孩子不理想，家长失望之至，也不能失了理性和耐性，丢了为人父母的宽慈大气，而要做到这一点，是需要家长不断修炼的好素质做底气的。

第十卷　过失之三：家长角色失范

提示：角色认同、角色紧张和角色不符（P152）／父亲当"巍峨如山"（P153）／"母者，牧也"（P156）／

角色是一种社会身份，承担相应的社会责任，同时包含着社会对这个身份的职责行为期待。"家长"这一角色是在家庭中的身份，这个身份是一家之长，同时包含社会对一家之长这一身份的规定和期待。家长的素质行为如果符合这一期待，则角色被社会认同、家人认同和家长自我认同，反之则可能有角色紧张或角色混乱。

比如抚养、教育孩子都是家长角色的规定，但如果家长只养不教，"养不教，父之过"，就是没有符合父亲的这个角色期待；还有就是家长拒绝角色责任，如有的年轻父母不耐琐事，不愿抚育照料孩子，拒绝挣钱养家；此外也包括家长自我否定，认为自己这个角色很失败、自暴自弃等，都是家长角色与角色期待之间不相匹配、不符合，都是角色失范。这中间原因很多，包括家长心理成熟不足、角色意识不够、社会能力差等。前面已经涉及"儿童型"家长的角色失范，下面谈谈家长角色的自我否定问题。

一、家长缺乏角色自信

社会生存中遭遇挫折与失意是常见的事情，然而有的家长遭遇一点失意坎坷，就放弃努力，自己不过中年，正值年富力强，老在叹息，老是强调自己的厄运，自暴自弃，实在不能算是好的角色示范。

常言道："人生不如意十之八九。"人的一生，艰辛备尝。著名史学家司马迁的父亲一生为史官，立志写一部通史，但未能如愿而生命已到尽头，临终将司马迁叫到床前，郑重托付此任，说："我未能完成通史，真担心由于我的缘故废了天下史料，你千万要牢记这个重任。"父亲强烈的使命感使司马迁受到极大震动，他伏地涕泣对父亲保证道："小子不敏，请悉论先人所次旧闻，弗敢阙。"意思是我虽然才智有限，但一定编写完前人编纂收集的史料，不敢有缺失。后来司马迁遭到惨痛刑戮，在万覆不灭中写成了光照千古的《史记》，完成了先父之托。用司马迁的话说："所以隐忍苟活，幽于粪土之中而不辞者，恨私心有所不能尽，鄙陋没世，而文采不表于后世也。""虽被万戮，岂有悔哉。"[1] 意思是说自己蒙受奇辱而顽强地活下来，是因为要写完《史记》，不负慈命，无论忍受何种苦难，绝无后悔。可见为人父母自身榜样的力量何等巨大。

其实我们回头看历史，就不难懂得人生失意很难避免。多少代人失去的岂止是下岗或读大学的机会？一场战争、适逢天灾，都可以让千百万人失去性命！艰难岁月又岂止只在现代？屈指从古到今，重重苦难何曾远离过人类！

古人云"有一失必有一得"，人在厄运中可以学习到很多宝贵的东西。况且，父母给孩子的表率如果是穷途而哭、半途而废，那么孩子很难就能锲而不舍、矢志不渝，所以家长否定了自己的角色，也就否定了自己角色的正面价值。

比如同样是面临下岗，有的父亲"穷且益坚"，从头开始创业，艰辛

---

[1] [汉]司马迁:《报任安书》。

备尝，最终拥有了理想的事业和财富，也给孩子示范着男性的坚毅和力量，角色的示范是积极的、建设性的；而有的父亲就从此一蹶不振，才四十多岁，一副丧胆的颓废样子，整日借酒浇愁，以各种借口赖在家里，什么事也不做，妻子不光挣钱养家，还要操持家务，儿子很看不起父亲，说爸爸你要么上班、要么做饭，总得做事情啊。父亲反而发怒说："你小子好好读书吧，我还等着你挣很多钱好享福呢。"这样的父亲给孩子的角色示范就是消极的、破坏性的、失范的。

家长是一个成人，在社会中立足奋斗，不仅仅是供养者、监护人，而且是做人的榜样、行为的表率。父亲也好，母亲也好，都是家庭最重要的角色示范，孩子在不知不觉中效仿父母的态度、情绪和言行，"身教重于言教"说的就是这个道理。尤其是孩子在八九岁开始，独立意识迅速发展，开始有了自己的评价、判断和向往，家长自强不息的身教就显得更加重要。

二、父亲、母亲角色的内涵

在我调查的小学生写爸爸妈妈的作文中，有很多的褒义词："大树一样的爸爸""吃苦的爸爸""顾不上自己的爸爸""我佩服的爸爸""热心的爸爸""神厨爸爸""好得不得了的妈妈""孝心妈妈""爱运动的妈妈"等，因为如此，孩子总表示自己要学习得更好一点，目的是让父母高兴一点，也希望自己长大了像父母一样有爱心、有能力，可见身教的力量的强大。反之作文里的贬义词也还不少，如"烟鬼爸爸""懒惰的爸爸""喜怒无常的妈妈""说谎的妈妈""神探（偷窥）妈妈""不孝妈妈"，还有"从没见到过的妈妈"（遗弃孩子）等，这些消极的角色示范带给孩子极大的失落和苦恼。

那么为人父母良好的角色内涵应该是怎样的呢？我认为最基本的内涵：一是"父者，如山"，二是"母者，牧也"。

1. 父者如山

父亲这个角色对孩子成长发展的重大作用，社会学、心理学都有许多研究诠释。与母亲的角色相比较，父亲对孩子的影响更多地集中于人的社会品质，包括正义、坚毅、才能、力量等，故而父亲角色的基本内涵是"父者如山"。人类社会绝大部分家庭至今仍以父亲作为社会地位和社会身份的代表。"父亲影响着子女的社会发展……父亲成为代表外部世界的关键人物"①。

父亲应该让自己的社会角色生辉，有责任、有力量、有能力、有气魄，让孩子为父亲骄傲，这对孩子的成长是十分重要的。作文里孩子写父亲，"父爱如山，高大巍峨""我的爸爸像大松树一样，挺拔的身体，保护我们，我就是一棵小松树在他身边，仰望他"；还有就是"万能的爸爸""威严的爸爸""喜欢帮助人的爸爸""幽默的爸爸""好学的爸爸"等，在孩子眼里是顶天立地的父亲角色。

有个小学生的父亲是外科医生，经常有手术，即使是吃饭时间也放下饭碗就走，下班了也要去病房查看手术后的情况，总是放下不下他的病人。孩子写道，这一切深深印在我脑子里，爸爸是全世界最好的医生爸爸。另一个男孩子写《神厨爸爸》道："相信世界上没有人能超过我爸爸做的菜，我以前有很多理想，现在我只有一个，像爸爸那样做一个顶级厨师！"还有个孩子写道："我的奥数题只有爸爸才给我讲得懂，很多哲学一样的道理也是爸爸讲给我听，爸爸加了工资，就立即去买了家里想了好久的大彩电和液晶显示屏的电脑，我多么感谢爸爸呀，没有他我就不懂奥数、不懂哲学，也没有大彩电和电脑，我长大了要像爸爸这样。"父亲示范给了孩子能力、责任的角色内涵。

一个人或家庭遭遇社会逆境时，父亲的作用尤其重要，父亲的坚毅、智慧、执着，能深刻影响孩子一生，这一点我体会尤深。我的父亲西南联大毕业时以优异成绩被挑选到国民党中央政府部门，而父亲立志教育救国，于是弃官从教，几十年耕耘，桃李满天下。"文革"时身陷囹圄，一去就是五年。记得一次父亲获准回家半天，他坐在书桌前黯然失神：书架空空的，所有藏书、纸墨笔砚全被抄家抄走了。我站在父亲旁边，不知道说什么，"爸爸，书都没有了。"爸爸说："我不相信一个国家不办大学，我肯

---

① 中央教科所编译：《简明国际教育百科全书·人的发展》，教育科学出版社，1989。

定要重上讲台，你们也还要读书的。"在那个文化蛮荒的时期，这句话是好多人想都不敢想的！父亲在那样艰难的困境之中，决不歪曲自己，保存着教育理想，坚信着未来，像一座山一样，用父爱和责任支撑着我们走过那一段劫难的路程。恢复高考以后，我们考上大学，父亲欣慰万分，又叮嘱这仅仅是开始，为我题词"上大学乃学问之伊始，当努力不懈……以成名业。"

父亲教育救国的执着理想，对我的影响极其深刻，成为我不断努力的强大精神动力。我曾在一篇《矢志教育》的文章中追忆道："父亲临去世前两周，我在他的床侧，父亲对我睁大了他那双久已失明的双眼，眼里是深深的爱和期待。他用他那唯一还能动的右手，打着他多年来在讲台上讲课的手势，用他一贯清晰、精确的语言，一句一句，把他对教育的思考讲给我听。我含泪记下了，也背下了。我知道父亲讲的每一点都需要我付出全部精力、付出追求的全部热情，然而我也知道，我会这样去付出、去追求的，这是人生的一种境界，而通往这种境界的路只有一条，那就是历尽艰辛。"

父亲去世二十余年，我时时追忆父亲。父亲用大道理教育我们的次数加起来屈指可数，几十年是父亲的整个形象在影响着我们重视什么、轻视什么、在意什么、忽视什么。我处处都在领略，很多时候无意的闲谈，也成为我们一生不忘的铭记。这些年我一直用单独房间供奉着父亲和之后去世的母亲，在他们的诞辰和忌日的零点，上香祭奠，然后倚在案前，就像倚在他们身边……我相信这个时候任何人都会懂得为什么要"追远"[①]，懂了祭祀"简则慈孝不接"[②] 的道理，懂得父母是以另一种形式依然在我们的生命之中，持续未断，如此深刻！

为人之父，就是一座山。用年复一年地艰苦劳作，用男性如山一样的正气、担当、坚韧，撑起安全温暖的家，示范给孩子责任与力量——父亲"巍峨如山"！

---

① 《论语·学而》："慎终追远，民德归厚矣。"意思是说对父母的丧礼要尽其礼，对祖先的祭祀要尽其诚，这样民德就能淳厚。

② [北齐] 颜之推：《颜氏家训·教子》。

2. "母者，牧也"

几乎所有的教育学家、心理学家和一般经验都承认，母亲对孩子有着全面的、持久的而且深刻的影响。《国际教育百科全书》指出："在子女性格形成时期，母亲通常是中心人物"。[1] 据中国科学院的研究，母亲的素质对孩子的12项全部主要心理品质产生全面影响。[2] 许多杰出人物都明确表示受母亲的影响最深，如孔子、孟子、岳飞、朱德、宋庆龄、鲁迅、林肯、弗洛伊德、高尔基（外祖母抚养）、爱迪生、罗素（祖母抚养）等。

"母者，牧也；言育养子也。"[3] 在中国古代，母亲的职责非常明确："相夫课子"，辅佐丈夫料理家庭，养育孩子。"育"的本来含义是"养子使作善也"，也就是培育孩子的德性，因此对母亲角色的形象要求是慈爱、温和、端庄、大义。现代社会有所不同，直接担任社会职业的母亲相当多，越来越多的女性在社会角色中显示出卓越的职业能力，传统的父母角色差异好像在缩小，使得母亲角色的内涵有些模糊。那么现代社会理想的母亲角色究竟该是怎样的内涵？

这的确是一个难题，是现代女性十分困惑、尚未把握好的难题：职业女性既不愿被称为"女强人"，又不愿被称为"月亮"，就是这种困惑心态的表现，而且这一矛盾冲突依旧很尖锐地存在。所以在现代，对母亲这一角色的内涵、形象，需要确立一些基本点。

从劳动的社会性别分工角度看，女性承担了大部分情感劳动，也就是养育、照料、陪伴这类劳动付出。一种情况是社会性的服务类工作，社会性的服务类劳作大部分都会交给女性去做，例如服务员、女佣、月嫂等商业化的劳动，然而她们要同时胜任"母者，牧也"的角色，就有一定难度，例如大都市的月嫂，自己的孩子可能留守在远方的家乡。另一种情况是全职主妇，照料全家属于非商业化的劳动，但现代婚姻的不确定性让这部分女性冒着极大风险，如果将其作为母亲角色的内涵，旧时还有"糟糠之妻不下堂"的规约，那么在现代谁来保证这一内涵的文化价值呢？虽然这两

---

[1] 中央教科所编译：《简明国际教育百科全书·人的发展》，教育科学出版社，1989。

[2] 朱智贤主编：《中国儿童青少年心理发展与教育》，中国卓越出版公司，1990。

[3] 《广雅》。

类劳动对社会和家庭都非常重要，然而用社会职业成就来衡量女性，就可能抹杀她们的大部分付出。

所以在现代，如何实现"母者，牧也"这一家庭角色职能，如何解决劳动的社会性别分工这一难题，恐怕好长时间无解，很困难。所以既已为人母的女性，必须、也只能面对，争取有积极的、建设性的做法。这里我提出自己的几点思考，供做母亲的参考。

第一，职业妇女，在职场打拼的女性，如果丢掉作为母亲的"柔"的天性，是自身价值的丢失，母亲如果缺失柔和、温婉，孩子就会失掉最重要的温暖呵护。人类最可靠的温暖在哪里？是在母亲那里，我们用"方寸之地"描述人心，母亲的这一方寸之地是温暖着整个人类的。

心理学大师马斯洛在他晚年的时候研究发现，女性天然就具有与创造性高度一致的天性：温柔、感伤、幻想、色彩、音乐、诗性、浪漫……[1] 所以母亲要为孩子创造出这种生命力的美丽。母亲对孩子的关注、亲密、温暖、柔和、微笑，是孩子婴幼时期最不可缺少的心理需要，是孩子生命发育的基础，也是孩子一生赖以获得安全感的天生依靠。

女权者认为"女人是被造就的。"我认为造就包括社会造就，也包括生物造就，世界上一切柔弱的东西其实具有具生命力的，如水、如枝、如花、如婴儿，都代表着生气茂盛，代表着华贵美丽[2]，而只有女性，尤其是做了母亲的女性，才能将这种美丽表达出来、创造出来。

第二，母亲要"有母仪"。现在有的人理解平等，和孩子做朋友，就把亲子关系弄成完全平等的朋友，甚至有"母亲和女儿就像姐妹一样亲密"，帮女儿作业，交谈毫无保留，女儿学习优秀、母亲工作出色，得到普遍的夸奖。我认为这是极不恰当的角色混乱，既然为人之母，角色就要符合生命秩序、符合各自的人伦身份，怎么能弄成像姐妹？——"母者，牧也。"母仪的内敛端庄与女儿的青春烂漫，都是值得赞叹的生命秩序之美，但不能混淆起来。而且母女间交谈怎么能毫无保留？生命秩序边界不清，会扰乱孩子的心理发育，这不是小事情，故为人之母一定要"有母仪"！

---

[1][2]　马斯洛著，林方译：《人性能达的境界》，云南人民出版社，1987。

第三，母亲是女性，容易把女性的一些弱点带到家里，如果自己不注重修养和调整，就会给孩子"斗筲之质"的影响和示范，斗与筲都是容量小的容器，用来比喻琐碎、气量小、眼光短浅。有的母亲不注重检点，当着孩子的面，东家长西家短，议论他人隐私津津乐道、添油加醋；处理家庭关系尤其是婆媳关系缺乏节制和涵养（虽说婆媳难和是自古而然，但只要注重理智和涵养，就可以相安无事），往往给孩子很负面的身教，尤其对女儿影响更为明显，所谓"有其母必有其女"。做母亲的要意识到这种不足，时时检点收敛。

情绪管理方面，为人之母要"容止若思，言辞安定。"[1] 沉稳端庄、知足知止[2]，无论何种困境，都要耐心、沉稳、不抱怨，尤其要自控绝望、狂怒，不对孩子发泄怨气。为人之母要记住，情绪稳定的母亲才能有建设性的亲子关系和家庭环境。

作为母亲的负面情绪一旦成了主导心境，挑剔也就成了习惯：看不惯教师，看不惯家人，看不惯社会，看不惯孩子，习惯性地总要放大他人的不足，总是有若干理由、甚至各处的理论来证明自己挑剔的"正确"。然而作为家庭教育者，单单这种负面情绪和挑剔心态，就足以抵消掉对孩子大部分正面教育的效果，尤其对孩子的情绪品质和社会协调能力是毁灭性的破坏。中国文化中的母亲形象，以勤劳、慈爱、坚韧、温文、宽厚著称于世，这是为人之母这个角色的要求，也是"母者，牧也"的品质所在。

女性有了孩子，孩子就是女性的几乎全部世界。因为"孩子"这个世界是如此迷人，远比社会的财富、权力、声望那个世界魅力无穷，很少有做母亲的能抗拒这个"孩子世界"的魅力，一旦拥有这个世界，夫复何求？我曾经询问过很多母亲，用"可以掌控世界的所有"来换取你的孩子，你可愿意？至少迄今我还没有得到"愿意"的答复；而如果要用"如果只能选一，你是要孩子还是要丈夫？"一类问题来提问为人之母亦为人之妻者，恐怕会让天下做丈夫的寒心透凉。足见"孩子"这个世界的深邃迷人、气象万千！让所有的母亲终其一生：甘苦其中、甘愿其中、痴迷其中。

---

[1] 《千字文》。
[2] 《大学》："知止而后有定，定而后能静，静而后能安，安而后能虑，虑而后能得。"

第十一卷　教养模式不当

提示：*教养模式四维度（P159）／有限制才有教育（P161）／有允许才有成长空间（P162）／家庭教育10建议（P163）／家法和送惩权（P164）／出差错的合理性（P168）／孩子可能对你毫无保留吗？（P169）／虐待倾向（P171）／低层次的关心，高度的忽视（P172）／剥夺精神发育（P173）／磨炼孩子的金石何在？（P174）／*

一、教养模式四维度

按照儿童教育理论，教养模式有四个维度、两组关系："接受－拒绝""允许－限制"，组成教育模式的类型。[1]（见图1）每一种模式所在的位置，都可以找到它的四个维度。例如"民主"模式就在"接受""允许"的适中位置，同时也有适当的限制、拒绝。而"过分溺爱的"就是在"接受"这一维度的极端位置，也就是爱孩子完全不加约束，孩子想怎样就怎样。再看"冷漠的"和"专制的"，二者在"拒绝"维度上差不多，不同的是冷

---

[1]　李丹主编：《儿童发展》，五南图书出版有限公司，1992。

漠是家长不管，任其好歹，而专制是家长控制严厉、很多的"不允许"。

四维教养模式概括了家庭教养模式的基本构成，更接近教育的多样性、复杂性和差异性，解释家庭教育方式更细化、更合理。家庭教养模式失当，即这四个维度的处理失当，或拒绝、限制过度，或允许、接受过度等教养方式。

允许（自主的自由）

孤立的 冷漠的 忽视 拒绝（敌意）	民主的 合作的 接受（爱）
查问 敌对的 专制的 独裁的	过分溺爱的 保护的，溺爱的 过分保护的

限制（控制）

（图1）

家长要在几个维度之间取舍、权衡并非轻松之事，完全允许孩子，由孩子自作主张，或者完全限制孩子、控制孩子，都不可取。传统的家庭教育关系中，家长具有绝对权威，教养模式比较单一，而现代家长就需要放弃绝对权威，不能专制，也不能放任，不能忽视，要有管束，既要民主、又必须有威信，可见家长要接近"合理教养"难度还是很大。

一项调查显示，67%的家长希望"不论自己说什么孩子都听"，表明家长还是比较习惯"无条件控制"这一模式，因为家长认为"我一辈子都是为孩子着想，当然该听我的话，难道还害了他不成？"所以只要"是为了孩子好"就无可非议，孩子应该听话也就顺理成章。虽然这之中包含着亲子间的常理常情，但良好的动机还不等于良好的教养模式，更不等于效果就好。所以教养模式的四个维度，走到哪一个极端都不妥，家长要学会不走极端，也要教会孩子不走极端。为此家长要考虑以下几点。

1. 有限制，才有教育

家庭教育的限制，就是不允许违背社会规则的想法、言语和行为。常言道"成人不自在自在不成人"，不自在就是受到约束、被限制。为什么成长必须经历"不自在"呢？因为人要在社会中生存，就必须要按照规矩来，必须控制自己的欲望，接受约束，做到符合社会要求。

人类所有的文明，政治、经济、文化、法律、道德，包括乡约、家规，都是为了约束人的原始欲望。弗洛伊德指出，"文明即禁忌"。说的就是这个道理，无论个人还是社会，放纵欲望就是加速消亡，亡国、败家、毁掉自己，没有例外，所以"节制"成为人类拯救自己，能够得救的唯一途径。反观历史上兴起的大小文明数不胜数，为什么大部分都灭绝了呢？为什么无数个家族、个人都因放纵而衰败消亡了呢？除非节制，谁都逃不掉这个铁定的定律。

我们的祖先真正读懂了这一点，从古至今主张严教、严加管束，"不以规矩不能成方圆""黄荆棍下出好人"，其意义并不只是主张体罚这样简单的外在形式，而是中国文化对"节制"的深刻理解，深谙严格规训对儿童成长的至关紧要。所以家庭教育该限制的要限制，该拒绝的要拒绝，该惩罚的要惩罚，一味依着儿童的性子，不加规训、不予磨砺，原始欲望强大的破坏力就会毁了孩子。

这也是我不赞成"与孩子一起成长"、亲子之间是朋友关系的一个缘由。什么是朋友？朋友关系与亲子关系是截然不同的关系属性，各自功能完全不同。"养者，非友"，朋友不负责抚养，不负责管教，不承担法律责任。父母永远是父母，要负责孩子的成长，孩子是父母生命的传递，亲子之间是一种不可颠倒的生命秩序，而朋友不是这样的。朋友能"养育"吗？朋友能管教么？如果不负责养育、管教，那么谁来养育孩子、管教孩子呢？

从另一个角度讲，家长只有抚养的责任，而无管教的权利，也是不合理的，当然也是不可能的，教育部最近出台了关于家庭教育的文件，指出家长负有家庭教育的主体责任，因此"家长"与"朋友"是两个基本内涵不相同的概念，只是在教育方法上，可以把孩子当做朋友那样对待，家长要注意，只是一种方法而已。

家长一味将自己的意见边缘化，放任孩子自作主张绝不可取，比如婚姻恋爱，年轻人还不懂得婚姻的实质，单凭热烈恋情中的感觉来判断婚嫁，虽然自主了，付出的代价却可能是终身的不幸和蹉跎。所以凡事"叩其两端"，不能不限制，也不能全限制；不能完全放手，也不能不放手；不能无民主，也不能无权威；不能自作主张，也不能全无主张……如果想当然地改动不可能改动的生命秩序，想当然地把亲子关系硬说成朋友，用以标榜"民主""平等"，最终会弄出教育的混乱甚至荒诞。

2. 有允许，孩子才有成长空间

人的成长是需要空间的，如果家长对孩子总不放心，限制太多，凡事都要支配，孩子就没有了成长空间。一些家长很习惯说："你总是不听话！""你……不对！""你应该……"大事小事都耳提面命、指责挑刺成了习惯，从穿衣系鞋带的方式到升学、就业、恋爱、婚姻、无一不表态干预，弄得孩子完全没有自己可以支配的空间，这就是走到了绝不允许、绝对限制的极端。

一位事业成功的女性，文化高，颇具组织才能，担任某高校的领导，也因此在家庭教育中习惯于限制与支配，对孩子的管教完全是绝对不允许的，老是说"你要听我的，你要相信妈妈""照我说的做还会害你吗？"她的业绩、主见加上支配能力好，使得孩子从行为到内心都习惯了对她的服从，导致两个孩子的独立性都发展不起来，长大以后难免依赖性强，遇事怯懦，想迈步去闯又胆量不够，担心失败、害怕冒险，这种结果的确是家长始料不及的。

有的家长虽然不用棍棒迫使孩子服从，但在"我好好地说清道理"的下面依然是孩子必须服从。一个小学生形容威严的妈妈如像"微笑的死神"，妈妈不打骂她，也不发火，总是微笑着"慢慢地"走过来，"慢慢地"说，然而不能有半点违背，说一不二，若想要违背，那么"我的世界就整个黑下来了"。

家长要把握好"允许"与"拒绝"之间的合理平衡并不容易，允许孩子做什么，允许到什么程度，什么事情允许，什么事情不允许，哪种情况下允许，哪种情况下不允许……都需要家长具备把握分寸的能力，才能形成比较有效的教养，模式。

3.家庭教育"十建议"

心理学给家庭教育提出十条建议，比较符合教育模式四维度的合理位置，也比较具体，不空洞、容易掌握，家长可作为参照。这十条建议依次如下：

① 不训斥孩子，经常训斥会形成厌烦的气氛；

② 不当别人的面批评孩子，尊重孩子人格；

③ 纠正缺点不要笼笼统统、总体否定，应具体就事论事；

④ 要提出具体办法；

⑤ 决不打击孩子，说"我有你这孩子真倒霉"一类的话；

⑥ 尽量应用表扬、鼓励；

⑦ 倾听孩子意见；

⑧ 多说"你自己决定"；

⑨ 常交谈；

⑩ 与孩子的朋友建立联系，邀他们到家玩。

二、家长侵权

"侵权"是法律用词，意思是"侵犯他人的合法权益"。家长侵权主要是指家长侵犯孩子的正当合法权益，如身体伤害、私拆孩子信件、偷看日记、粗暴干涉等。由于历史文化的影响，我国家长的法制观念尚不健全，不少家长弄不清孩子究竟有哪些合法权益，所以有意无意侵犯孩子权益的现象时有发生，且家长并没意识到自己侵权，甚至满心以为是为孩子好，足见我国家庭教育的法制健全任务还很艰巨。

1.侵犯孩子隐私权

也许在中国几千年的文化史书中，还没有"侵犯孩子隐私"这个概念，有的是"父叫子死，子不得不死"，父权至上，家长只是看看孩子的信，算是关心孩子的个人生活，再怎么也不算侵权。所以有不止一个家长告诉我说看过孩子的日记，只是孩子不知道。我问为什么非要去看呢？家长说不放心啊！不放心就只好偷看，实在不行还去跟踪过的。有家长还正色严肃地对我说："看孩子日记是必需的，不然真的不知道他想的是些什么。"看她严肃的样子，我还真说不出"这是侵权"的大道理，只能叮嘱说，了解孩子的途径不止一个，况且孩子知道了，情绪对立起来家长的教育更被动。

一个小学高年级学生写以父母亲为题的作文，题目就是"神探妈妈"，作文中写她妈妈怎样千方百计地探窥她，甚至常常"出其不意攻其不备"，使她如何苦恼，但又不得不应对。作文最后写道"唉，不说了，说多了尽是眼泪，我这个妈妈为了我学习好，真正是'裸奔'啊！我得仔细用心思来对付她，这得消耗我多少脑细胞呢！"孩子为此苦恼重重，而家长也是顾不了那么多，只得出此下策。所以这个问题家长要想通，不放心是肯定的，但是将窥探作为了解孩子的方法，的确只是下策。

2.家法、规训和"送惩权"

中国文化一贯主张严教，强调"不以规矩不成方圆"，除了国法还有乡约，除了祠堂还有家规，即使贵为皇胄、世子，同样逃不掉家法规训。因此"打是严、骂是爱"，并得到国家法制意义上的支持。从秦至清，政府都负有协助家长规训孩子的职责，具体体现为政府赋予家长"送惩权"，即家长管教不了孩子的时候，可以教给官府代为惩处。如唐律和宋律规定，子孙违犯教令家长送惩的，处以徒刑两年，到明律、清律则"杖一百"，对"不孝"更为严厉，子孙不孝，如祖、父请求处死的，官府一般予以支持。

即使在现代中国，据有关调查，相当多的父母认为打骂孩子"还是需要的"。我在某小学高年级调查的结果，23%的孩子说最苦恼的事就是回到家"被父母打骂"，挨打的原因大都是因为"不好好读书"（这个原因与贾宝玉挨打的原因一模一样）。家长们说："我们是真心管教，除了讲道理，也没少打。"

家长打孩子并不一定就是家长暴虐。一个五年级孩子作文中写"考得不好"挨打的情景，当他看到 85 分时，"目瞪口呆"，揣着考卷不敢回家，被父亲从花园角落找到，一看分数便"拿出鸡毛掸子"，雨点般地打在他身上，"叫你考这么少的分！"他求爸爸"打轻一点吧"，爸爸狠狠地说："休想！"这时他"看见爸爸眼里闪烁着不忍的目光""懂了爸爸是为了我好，我要改正学习不认真，感谢严厉、爱我的爸爸！"这是中国大多数家长打孩子的心境写照。不止一个孩子的作文里都是写母亲打完自己"转过身去泪流满面"，而孩子们一般也并不因此仇恨父母，只是自己忍住委屈、苦恼，可见家长和孩子在这个问题上都不轻松，都很纠结。

从法制上讲，这还是一个需要明确的"法"的问题，在我国，禁止家长打孩子还没有写进《中华人民共和国未成年人保护法》，一个律师告诉我说她儿子挨打的时候大声抗议"妈妈犯法"，而这个律师妈妈对儿子说："你搞清楚，这条法律还没有！"我听了哭笑不得，可见"打"这一管教方法有着根深蒂固的文化基础，在现代面临的变革难题。

所以有家长不以为然地说："我小时候没少挨打，现在觉得也没什么不好。"这种观点还有相当的代表性。然而从时代进步来说，就不妥当。未来社会所需要的人才，首先是自尊自信自强的人，一个人的尊严是从家庭里开始形成的，打骂无视孩子的人格和尊严，被打骂的孩子所体验的屈辱和无奈，家长很难体会到，父母都没有把孩子的尊严当回事，还能培养出有尊严的人吗？

即使在"父叫子死子不得不死"的专制社会，中国传统文化也是强调"父慈子孝"，子女要做"争子"，即善于制止长辈不妥的做法，亲子之间父要慈，然后才是子孝，双方都要有所作为的。对于挨打，要有权变，孔子教学生在面临挨打的时候，要学会"小笞则待，大杖则逃"，[①] 就是说，不算厉害的笞打就忍着，严重的杖棒就要赶快逃掉，要懂得保护自己。

"父慈子孝"的主张既要求关系双向的互为，又尊重生命秩序的人伦，父母就是父母，子女就是子女，这对我们现代中国的家庭教育具有极高明的启示。

---

① 《孔子家语·六本》。

三、要求不合理

平日接触的不少家长谈到孩子的教育，都有不大顺手的感觉，孩子不听话，或者老是达不到要求，家长不满，亲子关系频繁冲突甚至紧张对峙，家长为此心事重重，孩子因此焦虑愁苦。这种教育被动的局面，我认为有相当部分是家长的要求不合理。

给孩子提要求是有难度的，甚至很难，因为很多因素不是家长自己可以掌控的。例如社会因素方面，学校必须向孩子提出升学率的要求，由此引起作业负担过重、孩子睡眠不足、活动不足等问题，对此家长怎样提要求才对呢？类似的情况做家长的的确很难。然而与所有事物一样，学校也受到相当多的社会制约，我们家长不能等待。"俟河之清，人寿几何"①，孩子在一天天长大，少一点损失就多一分成长。有了这一份心，家长提要求就能尽可能地接近合理。那么哪些要求是不大合理的呢？

1. 不符合年龄特点的要求

一次座谈会上，一位父亲说："我的儿子老坐不住，要他坐端正，只能管上几分钟，要他站端正，双脚依然不停地动。"我问他儿子几年级了，他说："三岁。"我忍不住笑了：孩子才三岁——三岁的男孩子要坐着、站着都不动，恐怕健康方面要去做点检测了。孩子有孩子的特点，小孩子的成长就是靠着不停地活动、充分地活动，发展四肢、发展全身器官才得以实现。不仅如此，"也正是这类尽情地活动、到处蹦跳的孩子，以后才会在学习方面具有巨大的热情，出色地处理日常功课"②。这只是一个例子，类似的不合理要求，如要求读一年级的孩子上课四十分钟都必须专注，也是不符合小学生特点的。

还有家长则倒过来了，孩子读中学了，仍然提出一些对童蒙一样的要求，无时无刻地叮嘱、无微不至的代劳、老是帮孩子做决定，甚至有的家

---

① 《左传·襄公八年》："《周诗》有之曰：'俟河之清，人寿几何？'"人的寿命很短，等待黄河变清是不可能的，比喻期待不能实现的事情。
② [日] 高野清纯著，薛殿会译 . 小学生心理（上），湖南人民出版社，1985。

长连孩子吃几个鸡蛋、什么时候刷鞋都要求孩子服从，否则就与孩子尖锐冲突、大动肝火，弄得孩子逆反、对立。孩子不堪其忧，而家长还不明白是自己提的要求不符合孩子的年龄特点。

随着孩子长大，家长要记住的是，但凡大事一定要有明确要求。学业、职业、婚恋、家庭始终是人生的大事情。这些大事家长就一定要有明确要求。

孩子进入青春期，家长提要求的分寸就更难把握，是限制还是允许、是拒绝还是接受？因为涉及两性交往，家长的担心就更加突出。有的家长为了防止不可收拾的后果，就禁止交往，心想能禁止多久就多久，先读好书再说，这种顾虑的确也在情理之中，尤其女孩子的家长，顾虑更有道理。然而这样简单地限制还是有弊端，因为爱情婚姻的质量需要价值观、需要热情、需要理性，需要审美，简单禁止并不利于形成健全的婚恋观。

现在有的家长完全走到另一个极端，放任孩子的两性交往，提的要求非常简单，只给孩子交代清楚"你自己承担你选择的后果"。而没有对这个重大问题提出明确要求并设底线加以限制，致使不少孩子年纪还小，就轻率地选择了"杯水主义"，将严肃的人生大事视为喝一杯水那样简单。这是家庭教育的失职。

近年有数据显示我国每年有600万人次的少女人流，这就走向当年性禁忌的另一极端，宽松无度。家长要明白，孩子的选择与承担责任是有边界的，有的结果是孩子承担不起的，有的结果是无法收拾的。

2. 要求孩子完人无错

有一个现实世所公认，即"人无完人"，而小孩子就更易出错，出了错也更能得到原谅。可是现在却有些不同，社会对成人的错误很宽容，而成人对孩子的差错却如眼睛不容沙子一般。

虽然家长都懂得这个道理，但在孩子考试分数下降时，可能家长就忘了这个道理，脸色就很不好看了。孩子学习优异的家长更可能有神经质倾向，孩子稍稍退步一点就大做文章，兴师问罪，这种要求就不合理，也容易给孩子造成错觉，优秀就不能有错，不能失败。实际上这就是家长要求只许往前、不许退后，只能对、不能错。其实上一个人如果要有所成就，就得永远与失败、错误打交道。所以如果要求孩子承受住失败再往前走，从失败中学到东西，那就非常合理。

曾有咨询的家长告诉我，她女儿从小学一年级学习就拔尖，老师器重她，家长也欣赏她不甘人后的好胜心，然而时间长了孩子变得脆弱了，不能忍受别人比她强，不能忍受批评。为了不让同学"看笑话"，她甚至拒绝做难题，别人解出来了，她就要哭，什么事都急于成功、缺乏耐性。这与家长的要求有关，家长要求孩子不落在别人后面，孩子的目标就是压倒别人，不愿承认别人比自己强，不愿出错，这种学习优秀也就很有限了，此乃家长的要求不合理，当反躬自责。

合理的要求应该是孩子可以做到的要求，比如"努力提高学习能力""要踏踏实实一步一个脚印"，名次不能作为学习的主要目标。第一名是暂时的，落在人家后面也是正常的，关键是自己要不断提高。而且家长要鼓励孩子敢于挑战难题，在钻研中提高学习能力，这样提要求，孩子就会有真正的实力长进。一味要求孩子不出错，要求孩子名次在前头，孩子努力的着力点就有偏差，容易浮躁虚荣，也就很难真正学好。况且，如果遇到那种学习优秀且极为稳定的同学，无论怎样努力都超不过，你让孩子转学不成？曾经有个女生就是这种"学霸"，初中毕业时男同学给她留言说："你能不能慢一点？我们赶得好苦啊！但我们不相信高中学不过你！"结果高中三年还是没有赶上，但同学之间你追我赶，学习能力提高很快，最终都考上了好大学。

家长要求太高，孩子就只能被动应对。有家长说，"现在的孩子确实难管教，尤其到了高年级，看起来懂事又不懂事的样子，成绩时好时坏，还有一整套方法来对付家长。如果考试丢了分，说法更多，什么太累了，休息太少，家长给的自由不够，还倒过来给我们上教育课"。这段话我们家长可以读出的那些信息呢？

一是孩子的学习时常有出差错，二是家长对孩子出错很难接纳；三是孩子努力在寻找出错的自我合理化解释，就是家长说的"一整套对付家长的方法"。家长要知道，亲子之间这样的对峙真不是办法，因为读书越读到高段，出错的可能越多，成绩起伏更大，需要家长审时度势，调整自己提的要求。

3.要求孩子无保留

在孩子读小学以后，家长就要明白，随着他们长大，尤其在进入高年级以后，不能简单化地要求孩子对自己毫无保留。有位母亲很注重发展孩子的自我意识，从不要求孩子对自己毫无保留，平日见孩子放学回家有情绪，她总是习惯地委婉问道："什么事这样不高兴？可以告诉妈妈吗？"言下之意也可以不告诉的，所以她孩子的很开朗，学习也积极主动，亲子之间有足够的信任。家长给孩子足够的精神空间，孩子的精神世界才能在其中蓬勃地生长起来。

一般来说，孩子不会对父母完全闭锁心扉，因为孩子在成长过程中有许多的困惑苦恼、焦虑不安，父母是最亲的人，孩子本应该直诉父母，得到疏导和指点。可实际上，中学生愿意向父母吐露内心的比例不大，这一方面是由于同龄伙伴更容易沟通，另一方面也由于不少父母对孩子缺乏信任和尊重，让孩子感到难于沟通，甚至有的家长在孩子向他们诉说、求助时，反而一顿嘲笑、批评，有的还把孩子所说的作为话柄留着，"上次可是你亲口告诉我的……"也就迫使孩子缄口不再言。

有中学生告诉我"哪里敢对父母无保留"，"能够不花多少心思去对付他们就不错了"，还有学生总结出自己的经验：因为"父母是好心"，所以对父母的总原则"多一事不如少一事""报喜不报忧""不给自己添乱，考上好大学最要紧"等，可见好多时候家长还真不了解孩子长大了，更加懂事了，甚至他们已经在迁就我们做父母的，在努力让父母高兴。如果家长要埋怨孩子对自己有所保留，那么也该归咎于家长不了解孩子，没有珍惜孩子曾经对自己的信任，而让孩子对你失望罢了。

4.提要求不考虑个别差异

一位父亲对我说，他对儿子的要求很是具体，一点儿也不空洞，就是一条："儿子！反正你以后得比你爸爸强，你爸是处长，你就得当局长，你爸若是当了局长，你就得当部长。再就是把你妈带出国去全世界走一圈，享享福。"我说："要求提得确实很具体、不笼统，可是孩子若不是从政的材料，或他根本不愿意从政怎么办呢？"这种要求也是不大合理的，如果家长说着高兴不当真倒也罢了，要真认真起来就没有多少道理。像有的家长对孩子的要求更具体，要上名牌大学，"我只有一句话，你考上名牌大学什么都好说，考不上就什么也别说"。这种绝对的要求就没有多少合理性，只是家长一味执著。

在高考选择志愿的时候，有些家长也容易一厢情愿地提要求，而不是根据自己对孩子的了解去帮助孩子选择，甚至有家长用强迫的方式说一不二。有个酷爱美术的孩子被迫听从了母亲的指令学了法律专业，大学毕业她给母亲留了一封信，说我已经完成了你给我规定的专业学习，现在我要去做自己的事情了，从学校直接飞到北京去从事动漫设计。

强迫孩子也不一定都是坏事，因为家长的阅历和眼光比孩子更成熟，所以也有孩子被迫听从了家长的选择，后来也真正感谢父母为自己做的这个决定。所以事情并不绝对，也有依从了孩子自己的决定，而之后孩子埋怨家长当时"怎么不阻拦我呢？我高中毕业时哪里知道社会什么样啊"！可见家长提要求，需要具有良好的教育眼光，要有动态的思考和充分的借鉴，还要讲究方法，才能达成为孩子好的初衷。

有的家长针对孩子的喜好来提交换条件的要求，比如孩子喜欢动手制作航空模型，家长就说："如果你考上重点中学，我给你买一套两套都可以，如果考不上就别想。"这样似乎没什么不可以，但模型制作原本对孩子的思考能力、动手能力都非常有促进，孩子有这样的兴趣家长应该好好鼓励才是，怎么能将其作为一种有条件限制的满足呢？这种做法应该叫做目光短浅。

四、虐待、冷漠、忽视、溺爱、过度保护

1. 虐待、冷漠、忽视

父母虐待孩子并不只中国才有，这是一个世界范围的问题，它与人的神经系统疾病有关、与心理障碍有关、与社会因素也有关。在法制不健全的社会，虐待孩子很难提到社会问题的高度来议论和裁决。随着社会的进步，儿童的合法权益得到重视，社会通过立法来禁止虐待儿童。《中华人民共和国未成年人保护法》第十条、第四十一条和第四十三条等有相关规定，《中华人民共和国刑法》第二百六十一条之一更是规定："对未成年人、老

年人、患病的人、残疾人等负有监护、看护职责的人虐待被监护的人，情节恶劣的，处三年以下有期徒刑或拘役。"也就是说，虐待孩子在今天已不仅仅是过失，而是触犯了法律。

虐待孩子的父母往往带有明显的社会性发展不足，具有虐待倾向的家长往往在面临人生困难、自己处理不下来的时候便转向折磨弱者，情绪很消极，攻击性强，冷酷、冲动、暴戾、意志薄弱甚至品行不良等。有虐待倾向的父母，以折磨孩子的肉体或精神获得快感，孩子因疼痛的哭喊，孩子的惊惶、颤栗，才能使这类家长逐渐平静下来。他们尤其不喜欢孩子在自己面前显得快乐欢悦，总是下意识地找茬儿，非得孩子畏畏缩缩、曲意迎合，自己才顺心。

这类家长老喜欢说一句口头语："不要惹我生气！"孩子遭受虐待也常常是因为"惹家长生气"，实际上多数情况是家长虐待狂心态发作，孩子不过是无辜的发作对象。我国人群的心理卫生知识观念还不足，有虐待倾向的家长往往都有心理问题，但一般只被认为是脾气不好，虐待孩子的行为也容易被看成私人领域的事情，旁人不便干涉，甚至其家人也可能认为是教育方法粗暴的问题，以至这类心理问题得不到矫正，恶性爆发时可能虐待孩子致伤、致残甚至致死。

父母对孩子的冷漠和忽视，会造成孩子的情感危机。心理学研究证明，缺乏母爱、缺乏母亲体贴的儿童，感到周围世界冷漠、无人保护，安全感很差，因而容易怨恨他人、怨恨自己、怨恨这个世界，进而也可能引起身体疾病。

溺爱会导致孩子心理发育不良，而忽视、冷漠同样会造成孩子诸多心理不健全，尤其对孩子的精神需求、内心世界的忽视，会导致更多的问题。有的父母对子女关注仅限于衣食住行和学习成绩，很少关注孩子的内心，对孩子的精神需求置若罔闻，除了成绩通知单，其他就不大在意了。这是一种低层次的关心、高度的忽视。

曾经有某报载一位15岁的女中学生，因绝望用煤气杀害了自己的亲生父母，随后自杀。这个女孩容貌一般，学习一般，进中学后曾偷偷喜欢过一位男生，但对方没有反应，她很自卑，为自己缺乏魅力因而焦虑不安，学习更加受影响。父母对她要求很高，管教很严，但只关心学习，方法又极为简单，考试达不到父母的规定，已是十几岁的女孩照样被打骂，关禁闭。他们突出的特点是对孩子的内心完全忽视，非常冷漠，而这个青春期的女孩子面临一系列困惑，学习压力大，内心冲突剧烈，而父母只扔给她一个考试分数标准，其余就不再过问，依旧双双出入于舞厅、电影院，热衷于享受二人世界。

被父母忽视的儿童更容易有情绪障碍。出事的前一天，女孩考试不好，中午被母亲痛打一顿，关在屋里不准出去。同伴约她出去玩，她说："不行的，妈妈知道了还要挨打。"她父母出去玩够了回到家，仿佛家里没女儿这个人，径自到房里歇息了。女孩积压多日的内心怨愤终于爆发为复仇的轻率举动，她写下绝命书，然后把煤气管接在父母房门的小孔上，酿成悲剧结局。

探究这桩悲剧的主要原因，首先是她父母的人格很不成熟，为人父母15年却依旧沉溺于自我中心，孩子面临学业、职业、人际、情感"四大人生课题"，何等需要家长指导，青春期的困扰和危机需要父母关注。而他们只关注考试分数，方法又如此简单、粗暴，摧毁了女儿已经非常脆弱的自尊和希望，以致如此"绝情"，以死掉全家人来解决她面临的危机，给家庭教育的警示极为深刻。

近年留守儿童成为家庭教育的新关注热点，那么外出打工的家长对孩子是否算是忽视、冷漠呢？对此我想强调一个观点，就是不能脱离家庭的生活常态来谈家庭教育。例如工作在外的父母不在孩子身边，并不等于孩子没有父母的温暖，大多数孩子都懂父母辛苦在外是为了家，为了自己能有好前途的苦心，所以深感温暖。正如一个孩子说："爸爸妈妈辛苦打工，我们才盖起了新房子，能住新房子，感谢我的好爸爸好妈妈！"一家人因此得到的衣食无忧，安居稳定，是一个家庭首先要去努力达成的生活目标。家庭教育以家庭生活为基础，我们不能"刻舟求剑"，指责外出打工、含辛茹苦挣钱的家长是"忽视孩子"而如何弥补不能陪伴孩子成长的各种缺失，是家庭其次要解决的事情，这也是需要政府、社会、学校给予重视，统筹解决的问题。

2. 溺爱、过度保护

溺爱作为家庭教育弊病中的突出问题，已经引起人们的广泛关注，这里主要强调以下两点：第一，溺爱是一种心理剥夺，这种剥夺又被外在的无微不至的关照、爱护所掩盖。一般人，包括家长自己都比较忽略这种剥夺，它不像虐待孩子那样容易激起人们的愤怒或关注。无条件的满足会剥夺孩子对人生的正常体验，延迟孩子"去自我中心"进程，也剥夺了"利他""分享"的愉快体验。

被父母溺爱的孩子被父母剥夺一空：他们软弱、骄横，没有责任感也没有能力承担起责任。在溺爱中长大的孩子往往痛苦比别人深，因为他们不能适应社会，社会也不需要、也不会迁就一个骄横苍白、立不起来的人，归根结底，溺爱剥夺了孩子的社会生存能力。在父母羽翼下千娇百宠的孩子，却在社会生存中节节败退，不值得父母警惕吗？

第二，溺爱孩子表面看上去是孩子需要、父母给予满足，实际上是父母未加节制地放纵自己"舐犊"之情的软弱表现。疼爱子女、满足子女是一种享受、一种幸福体验，也是成人情感的一种需要，尤其母亲更是离不开孩子，孩子的笑脸、孩子的无邪、孩子的依恋……但如果家长缺乏理性，用爱将孩子淹没，害的恰恰是孩子，所谓"慈母败子"就是这个原因。

"甚爱必大费"①，意思是说愈是人喜爱的东西，为之付出就愈多，所以家长"舐犊情深"还是得有分寸，要坚强一些，要克制自己软弱的情感。前面我们说到司马光的名言"老牛舐犊，不如燕引其雏"，②也是强调家长不能只知道爱，要像燕子那样带着雏燕练习飞起来，掌握生存本领，才是最要紧的。

当孩子独立往前走的时候，那种笨拙、彷徨、狼狈甚至失败，做父母的何等渴望替他们遮风挡雨，去代替他们做一切，让他们不再忧虑。可是一想到他们以后要经历的一生风雨，就要克制住满腔的慈爱，放弃护犊的强烈愿望，让孩子独自在风中雨中去磨砺成长。家长的这份理性，才有可能换来孩子人生的健全。

关于过度保护问题。由于社会环境的安全系数降低，无数可能的可怕结果带给家长数不尽的担忧和畏惧：体育运动有危险，旅游夏令营有危险，

---

① 老子：《道德经·第四十四章》。
② 马镛：《中国家庭教育史》，湖南教育出版社，1997。

过马路有危险，在室外玩耍可能碰上人贩子，还有不测的疾病、电线、沟河、煤气……任何疏忽，哪怕几分钟的大意也可能有不幸临头。

家长这种担忧到几乎神经质的心态，并不完全是家长的过错，客观现实负有责任，但是家长不能被动地只在"保护"二字上不断加码，而要加强培养孩子"自我保护"的意识和能力，才能大大提高安全系数。况且家长这种神经质的担忧会引起孩子内心不稳定，遇事惊慌不镇静，反而会加大出危险的可能性。

现在学校因为这个原因也"防卫过度"了，用中小学校长的话说，现在是"圈养"学生，任何有安全隐患的活动、体育项目都不敢举行。几年前我曾在一个中学看他们组织一次大半天时间的春游登山，学校就在这座山下，然而从校长、分管副校长到班主任、副班主任、学生班长、小组长层层签订安全责任书！而现在听说连这些都取消了，关在学校里"圈养"最保险，无论学生怎么央求，甚至在黑板上愤怒书写"春游是我们的正当权利"也无济于事，可见防卫过度实属无奈之至。

然而让人忧心的也正是如此，古人成才要"读万卷书，行万里路"，圈养能养出栋梁之材吗？能培养出金戈铁马、万里气吞如虎的龙城飞将吗？有一种说法说到点子上了："现在的孩子不易长大"，因为现在的孩子被过度保护，很难得到"单独面对"的锻炼，很难有苦其心志、劳其筋骨、动心忍性、艰辛遍尝……这些长大的必须磨砺。所以现在有家长们挺身而出，一个班的大多数家长联合起来，出面组织孩子远足，邀请老师参加，或者学校组织，要求家长参加，这样就没有了学校的担责之忧——虽然也实属无奈，但也算无奈之中的上策了。

有时我想，当初我下乡才16岁，离父母千里之遥，一年吃不上一顿白米饭，毒蛇满山，每天肩挑背磨，百斤重的粪筐压在脊梁上，赤脚踏遍山梁、田坝……我父母是怎么承受过来的呀？当我的孩子也16岁的时候，我能理性对待她去到那样一个完全得不到父母保护的艰苦地方吗？我大概不行。然而我们却是那样磨炼出来的，正是艰苦的磨炼铸成了社会理想的基座。我们同代人中，许多人在坚韧地努力，就是为了不辜负那一段经历，为了那一段独特的苦难，觉得自己应该大有作为！同时也在想，我们的孩子们呢？磨炼他们的金石是什么？

第十二卷　过失之五：简单化、情绪化

提示： 教育"神话"的诱惑（P175）/"有心栽花"与"无心插柳"（P176）/ 复杂的因果（P177）/ 强大的遗传（P178）/ 克服简单化（P179）/ 家庭教育不能"跟着情绪走"（P180）/

这里我所说的是家长在教育孩子方面的简单化和情绪化。近些年对家庭教育案例的宣传，存在一些简单化的倾向，虽然很能调动家长的教育热情，但也带来教育可以"如此简单"的诱惑与暗示：用一些事实组装在一起，构成符合理想的教育神话，也造成一种错觉，只要这样去做，孩子就能出类拔萃。于是家长深信不疑，把热切的希望全部系于这种理想化的教育方法，信奉教育万能，不遗余力地施教，其结果自然不是想象中的那么简单。

家长按照教育"神话"的标准苛求孩子，就会简单化。其实教育神话并不存在，教育是复杂的，不少因素是家长无法掌控的，家长要懂得教育的复杂性，遗传、环境、教育都在起作用，不能一厢情愿地生活在神话的诱惑中。所以，面对复杂的事实，家庭教育能够没有大的失误就已经算是"幸甚至哉"。对家庭教育的未来，家长可以偶尔做做美梦，然而不能一直做梦。

一、教育观念方法简单化

常言道："有心栽花花不发，无意插柳柳成荫。"指出了世间诸多的变幻莫测、难以把握。教育也是这样，好多时候孩子并不按照家长的教育意图去发展。家长是学理科的，孩子自幼在自然科学方面受到良好的启迪，家长一心指望孩子走自然科学之路，然而孩子却是一块学文的料，大有"潘诗陆文"① 之质，家长不知从何说起。类似的情况很普遍，而且不容易找到原因。

有的家长费尽心力辅导孩子学习，孩子没考上大学；有的家长几乎不管孩子的学习，孩子却都考上好大学，颇有点"不大公平"，但教育的结果就是如此。教育的作用之所以不可能事先划定，是因为孩子的发展成长，不仅仅是教育起作用，遗传也在起作用，其他因素也在起作用，而且教育和遗传二者的作用之间界限不清楚，使教育显得时而有作用、时而又没起作用。所以教育孩子一定不能指望简单化，也不能相信简单化，而是要静下心来了解孩子，认真领会教育的复杂性，才能克服教育观念和教育方法简单化。

如果把教育（包括家庭教育）视为一项工程，则其肯定为人类最为复杂最为宏大的工程；如果把教育（包括家庭教育）视为人类的独特活动，那么这种活动就是人类生生不息、世代繁衍、延续生存的必须。其中家庭教育是人类最庞大的教育之一，研究家庭教育即使把范围缩小、再缩小，也必须涉及教育、涉及家庭，因而谈何容易，哪里有简单化的可能呢？

1. 简单化之一：相信教育万能

相信教育万能，就是相信有教育就有相应的效果，不考虑遗传、环境等具体条件，把教育的作用夸大到唯一，也将自己陷于盲目的教育热情中。比如中小学生负担过重，就与教育万能理念有关，认为教得越多、练习越多学习效果越好，多写一遍、多做一道题就一定多一分收获。因为教育是

———————
① "潘""陆"指西晋著名文学家潘岳（亦名潘安）、陆机。

万能的，家长就可能对孩子处处"责其必到"①，以为只要施以教育，孩子应该做得到。给孩子选专业、给孩子定目标，都不能综合各种因素，总是一厢情愿。前面说到的家长介绍经验说"孩子小时候与其他孩子没有两样"，认为孩子的好成绩完全是教育的结果，与遗传没有关系，就是相信教育万能，就是将教育简单化。这是一种情况。

还有家长介绍经验将方法简单化，说几个孩子都上了一流大学，教育方法就是一种：严厉的体罚，这对家长更是误导了，因为任何单一的教育方法都不可能应对教育的多样性、差异性和复杂性，不可能解决孩子成长中的所有问题，而且从理论上、还是从经验中去寻找，肯定都不存在。如果教育孩子如此简单，那么还有比教育孩子更简单的事情吗？其实有时候类似的提法已非教育观念之争，而是其"意在沛公"，所以无须我们争论。

不少家长可能遇到"孩子很刻苦，为什么成绩不能拔尖""语文花的时间比数学多一倍不止，语文还是没学好过"等困惑，这之中很有可能就是遗传或环境因素在起作用。一则孩子总体智力水平的限制，达不到拔尖程度，二则孩子思维类型在起作用，例如有的高中男生数理化极优秀而语文外语差很多，就属于"思维单侧化"，抽象思维好而形象思维一般，语文花再多的时间，成绩也远远不如数学物理。

对于有宣传说"只要照这套方法去做，考上北大清华绝对没有任何问题"，还有收费昂贵的补习班说自己拥有第一流的教师，承诺保证孩子能考上国内十大名校，家长就绝对要有自己的思考和判断，这是全国最优秀的教师也不会担保的事情。不少家长打电话问我的意见，我总要反问："你说呢？我听听你的理由。"意在提醒家长去思考，家长只要有思考就能减少大部分的简单化。

教育与教育结果是多重的关系，知识分子家长和文盲家长的孩子同样成了科学家，这就不是单一的因果。考入一流大学的若干学生，接受的是不同类型的家庭教育，也就是"多因一果"。以前一个家庭的几个孩子，同父同母，家庭环境差不多，但几个孩子的发展可能完全不同，也可能大致

---

① ［南宋］袁采：《袁氏世范·睦亲·子弟不可废学》。

相同，这就是"一因多果"或"一因一果"。由此可见，教育与教育结果的多种关系并存于教育现象之中。家长要学会用复杂一点的眼光去看待教育现象、解释教育现象，这样会使自己智慧得多、教育能力强得多。

教育从来就不是万能的，只不过因强调重视教育，就可能把它的作用夸大了，任何教育从来都没有完全肯定的掌控。故而客观的态度应该这样说：教育的作用非常重大，但并不万能。

2. 简单化之二：相信遗传决定论

"遗传决定论"的观点主要是强调遗传的作用，强调遗传决定人的发展，而教育的作用很次要。持这个观点的家长往往很轻易就放弃了教育，说"不得不认命"之类的话，我接触的家长不少都持这种观点，而且他们可以找出不少事例来证明这一点。比如知识分子家庭的几个孩子学习都很优秀，就归结为"遗传"，又如艺术家的"细胞"传给孩子的也很普遍，典型的如王羲之父子。王羲之是中国古代著名书法家，有"书圣"之称，儿子王献之继承家学，终成书法名家，历史上有"书法二王"之称；大仲马是法国著名作家，著有《基督山伯爵》，儿子小仲马著有《茶花女》，在欧洲文坛同负盛名，并驾齐驱，诸如此类，不胜枚举。故而家长对孩子失望时，往往把原因归为"天生不是那块料"，认为"孩子是读书的料，不管他也考上大学，不是那块料怎么辅导也白搭"。这样下结论也许说中了，但更有可能是扔掉了一块"好料"。

教育的确要受到遗传的强大制约，但遗传决定论又将事情简单化了，教育并非万能并不等于教育无能，正如有心理学家所分析，任何行为既有百分之百的遗传作用，又有百分之百的环境教育作用。遗传作用必须通过环境、教育才能实现。这就是教育的复杂之所在。

3. 简单化之三：相信教育快餐

简单化的思维方式还表现在家长很愿意相信有一种快速有效、"包治百病"的教育方法，由于现在人们的生活愈来愈简便快速，吃饭、家务、衣着、孩子玩具、书籍等都可以不花费多少力气就解决了，因而不少家长喜欢现成的东西，在教育子女上也希望有一个现成、快速的办法可循①。只需把这个方法套用在孩子身上，就能轻松快捷地得到理想中的效果。

4. 如何克服家庭教育简单化

家长克服简单化，首先要懂得教育的复杂性，懂得某一个教育方法，往往能够解决的也是某一类问题，并不能应对复杂、多样的问题。所以要学会针对不同类型的问题用不同的方法去解决，才能基本克服教育的简单化。教育学、心理学提出了几组教育问题和方式方法的基本对应关系，这几组对应关系是：示范－效仿，灌输－认知，支持－体验，关怀－安全，期待－信任，允许－空间，限制－规则。

对应关系中的每一种方式方法，主要解决它所对应的问题，但都不能解决所有问题，需要家长针对具体问题进行选择。具体来说："示范－效仿"，家长有示范，孩子的效仿就会自动发生，那么家长希望孩子品行端正，自己就要有品行端正的身教；希望孩子宽人严己，自己就要待人宽厚，严于律己；希望孩子有孝道，家长自己就要对老人好。

"支持－体验"，希望孩子能积极地探索、体验，家长就要有支持；家长允许孩子独立去判断、选择，孩子会有更大的发展空间；家长的关注是孩子安全感的保证，家长的期待则是一种信任，是一种教育力量；而给孩子讲道理（灌输）这种言语方式，是让孩子懂得道理。很多时候是几种方法同时起作用的，例如母亲能耐心回答孩子提出的问题，并教给具体办法，就能给孩子温暖、安全感，发展孩子的自信，这里面就包含了家长的支持、关怀和示范。

不同的方式方法应对不同的问题。如果家长只能使用其中的一二，如只会讲道理，或只会关怀或容忍，都不能应对家庭教育的复杂性。比如家长希望孩子有规矩，对孩子就要有限制，如果只讲道理不加限制，孩子很可能还是任性胡来，没规矩。此外，每一种方法都有两端，都要有分寸，不能走极端。

家长克服教育简单化，第二要有耐性，要克服急于求成的心态。有的

---

① ［日］高野清纯：《小学生心理（上）》，湖南人民出版社，1985。

家长总以为别人的孩子都是很省心的，而自己的孩子费心费力，于是很沮丧，或者以为自己没有找到快速有效的方法，这就是缺少教育耐心。家长缺少耐心还因为不能忍耐孩子出"问题"，尤其老改不掉的时候，家长急于摆脱自己内心这种压力和难受，于是图简单、快刀斩乱麻，比如打孩子一顿，也是这种急于摆脱难受的简单化解决问题。

二、教育情绪化

情绪化就是人的理性能力不够，习惯性地以情绪来面对问题，比如孩子没考好，家长的第一反应应该是理性分析考试本身，错在哪里，什么原因，而情绪化的家长第一反应就是火冒三丈、乱加判断、越说越气。情绪化的特点就是冲动、主观、情绪不稳定并带有攻击性。

著名情绪研究专家丹尼尔·戈尔曼指出，在个人事业的成功中，只有21%与认知智力的作用有关，更大的作用是情感情绪的，占60%，其余近20%是机遇等不可控因素[①]。

1.家庭教育不能"跟着情绪走"

家庭是孩子学习情绪管理的第一场所，家长的情绪管理方式日复一日、年复一年直接示范给孩子，情绪强度、情绪指向、情绪控制都会不自觉地示范或传递给孩子，孩子也不自觉地学会家长的情绪方式，例如母亲遇到事情就发火，发火就摔门，女儿长大后遇到事情很可能也是激烈情绪一触即发，发火方式也很可能是一模一样的摔门，因为有"示范"就有"效仿"。情绪化是家庭教育的大忌，家长是教育者，而教育除了需要情感，同时更多地需要理性，需要良好的情绪管理。

家庭教育"跟着情绪走"，就会缺乏思考、缺乏依据、意见也不成熟，家长放任自己情绪冲动甚至情绪爆发、不顾后果，哪里还能好好解决问题？情绪化还有一个特点情绪多变，喜怒哀乐、变化无常，孩子不知道家长为什么恼了、也不知道为什么又消气了，捉摸不了、没有准则，孩子从

---

① 石莉红等:《如何培养孩子的情绪智能》，载《中国妇幼保健》，2004（19）。

中难以获得正确的言行准则。情绪化带有的攻击性，往往也是家长用惩罚孩子来发泄自己的坏心情。

在我阅览过的中小学生写父母的作文之中，爸爸或妈妈情绪爆发、严厉得可怕的原因，多数与孩子的学习、考试分数有关，而孩子的紧张、恐惧也大多数与此有关。孩子读书至少要读9年至12年，成绩总是起起伏伏的，这么长一段时间尤其需要家长优化孩子的学习情绪，给孩子示范如何管理好情绪，这对孩子的学习进步很重要，对孩子的情绪品质很重要。

2.家长如何克服情绪化

家长克服情绪化的对症方法是增加理性。情绪化主要因为理性不足，以及家长某种程度的遗传特征、人格成熟不足、缺乏良好的情绪管理。克服家庭教育情绪化，家长可以做以下的努力：

第一，要理性，意识到自己的情绪弱点。有的人情绪起来很快，而且控制不住要爆发。怎么办呢？最好的措施就是承认自己有这个毛病，然后认真找到有针对性的方法去克服它。注意随时提醒自己，好好控制。对孩子的不足，不求全，不责其必须做到，要懂得孩子成长需要过程和时间，多反思教育过程，就能理智得多。

第二，要冷静、学会转移。孩子让家长生气，一般都是触动了家长最在乎的事情，例如道德品质、考试成绩，都可能让家长冷静不了，怒火一下子就蹿上来，甚至越说越气。所以此时需要提醒自己转移注意，过一会儿再处理这件事情。人的强烈情绪持续时间往往很短，几十秒、几分钟就开始消退，暴烈的情绪过去，家长会发现自己已经没有那么多火气，事情也不是刚才想的那样糟糕了。类似方法都很有效。

第三，要有针对性地训练自己的耐性、磨炼韧性。有一句话说"孩子都是拉扯大的"，养育孩子时间很长又极其烦琐、无比艰辛，且孩子往往还并不按家长的意愿去成长，缺乏耐性的家长胜任起来更觉困难，更容易情绪失控。所以家长要有意识地磨炼耐性，磨炼动心忍性，才能承担养育孩子这种上天赐予的天职。

三、复杂的教育

教育之所以复杂，是因为教育的多样性、差异性和不确定性，这些多样性、差异性和不确定性来自人的遗传，来自环境，也来自教育，构成了复杂的教育。一位家长为了孩子有好环境，读好学校，于是提前几年负债在一所名牌小学旁边买了房子，心想只要孩子学习好，这是甜蜜的负债。可是孩子读书几年下来学习成绩并不理想，家长失望得几乎崩溃。类似情况说明家长还是简单化了一点，好环境、好学校是学习好的优势条件，但并不是唯一条件，再者小学的学习不好也不等于以后学习也不好，家长这个时候就失望到崩溃，那又简单化了。

1. 遗传的作用相当强大

遗传的作用相当强大，教育做不到万能，遗传的力量是主要因素之一。遗传在人的发展中起的重要作用，就如一粒静静的种子，它内在的遗传力量已经有固定的编程，种子发芽、长大、出叶、开花、结果的全部程序，要想人为地改变它已不可能，要改变只能通过改变基因（如嫁接、杂交、近年出现的转基因等）才能实现。人的遗传比一粒植物种子远为复杂，而且人类改变自己遗传的尝试还停留在初始水平。一位教育家指出："教育只能根据人的天分和可能性来促使人的发展，教育不能改变人生而具有的本质。"[①] 比如体育教练到处去寻找跳高苗子、体操苗子等"苗子"，就是寻找遗传条件，在这个基础上才谈得上训练效果。

虽然人类基因技术已得到快速发展，但迄今人类对自己的基因还所知甚少，所以有人说教育的责任是让孩子的潜能都发挥出来，那么从何处去知道孩子的潜能有哪些、又有多少呢？世上至今还没有人能办到的这一点。

著名音乐家莫扎特自幼受到父亲严格的音乐训练，成为著名的音乐家；另一位音乐家德尔则完全不是这样成长的，他是在父亲严厉地制止、千方

---

① [德] 卡尔·雅斯贝尔斯著，邹进译：《什么是教育》，三联书店，1991。

百计剥夺他学习音乐的愿望，甚至用鞭打来阻止他学习音乐的条件下，成为出色的音乐家的，如果用教育来解释就无法解释。所以教育的作用事先不能够准确预计。

但是遗传不能单独起作用，必须要通过教育和环境才能表现出来。有家长说孩子"天生就不是那块料"，就缺乏依据，因为的确很难判断是遗传限制了孩子、还是教育和环境不够。正如一粒种子条件不够它就不发芽，但不能说它天生就是不发芽的种子，一旦条件够了，它就会生出嫩嫩的芽来，生机勃勃。

孩子的发展也一样，只是条件可不像种子需要"阳光、空气、水"那么容易掌握控制，因此家长要耐心去寻找发现适合孩子发展的条件，等待观察孩子的变化。除了天生的智力不足，孩子都具有"天生有用"的遗传潜力，而且潜力巨大，如果不提供教育和环境的条件，就会因缺乏条件而永远表现不出来，那是多么可惜呀。所以更多情况下并非孩子遗传潜质不够，而是教育和环境不够，至少好多家长没有尽可能地去提供条件，就判断孩子"不是那块料"而放弃了教育努力，的确很可惜。在这一点上，家长需要"不轻易放弃"的坚持和耐心。世上没有两片完全相同的树叶，更没有完全相同的人，家庭教育的基础就是孩子的遗传潜质，所以才需要家长因材施教。

有位家长通过几年琢磨，发现儿子什么事都是慢吞吞的，着急不起来，开始家长把它作为缺点去纠正，但是发现不行，费了好大劲去督促孩子依然不能神速敏捷，参加速算一类的比赛就吃亏好多，学习进步也慢，掌握一点东西总显不出机灵来。但同时又发现孩子耐性特别好，对自己的目标总是非常有耐心去接近它，失败了也不着急，重新又开始。家长琢磨出孩子的慢性子特点，也就耐心地期待他发展，一直到高二下学期，孩子的学习才进入有希望考上大学的行列，毕业时考上一般大学，但他持续不断地努力，能够忍耐十分枯燥的学习，之后考上硕士研究生，又考上博士研究生。家长很感慨地说："如果我们不愿承认他的天性，恐怕就很难有这份耐心等待。那个慢呀，慢得人心发慌。我们的耐性是磨出来的。"

能够在遗传的基础上去培养孩子，就是因材施教，将遗传和教育结合到最佳。比如性别差异，尽管总体上都承认男女智力水平没有明显差异，但"男孩子在数与视觉空间方面的优越能力、女孩子在言语方面的优越能力是有某些遗传基础的，不能把它统统归之为对两性不同的文化期望（教育）"的结果[1]，所以总体上男性在数理方面的社会成就比女性要强，而在形象、语言方面的成就，女性更为突出。

例如一个女孩，从小数学就好，在小学三年级时，家长带她做了智力测试，孩子的抽象思维尤其好，到中学后数学物理成绩优异，虽然有教师认为可能到高中理科会不如男生，而家长了解孩子的思维特点，一直支持她学理科。到高三孩子的数学物理更为突出，已经开始自学大学一二年级的教材，后考入一流大学数学系，毕业留学美国仍然专攻数学，现在从事数学方面的基础研究。这位家长的教育就没有简单化，尽可能发展了孩子的遗传特质。

从人类遗传素质来看，以国内现行高考的难度系数，能考上最好的大学，遗传条件是必需的，也就是说并不是每个孩子只要刻苦努力就可以考上一流大学的。而且即使升学机会是百分之百，正常智力人群中也有一部分人的智力无法胜任大学学习，不能念完大学课程，这是遗传决定的。所以家长须知"九十九分汗水"还得加上"一分天才"才行，而且这一分天才很多时候是起决定作用的。

正因为如此，向别人介绍教育经验的家长也要注意，一是不要将教育简单化，二是要有负责任的、科学的态度，要记住自己介绍的是教育经验，事关别人家的多个孩子，自己首先要是积善之家，要守住"教育"的边界，不能误人子弟。

2. 环境的作用也很强大

教育并不万能，因为环境的作用也很强大。曾经有一个父亲，为了给孩子良好的身教，给读中学的两个孩子示范热爱学习，不顾自己工作忙、身体欠佳，报考了函大，孜孜以求，手不释卷，业余时间全在学习。他妻子克己勤俭，省下钱给丈夫孩子买书，让书架满满的，屋子里书卷气浓浓

---

[1] 中央教科所编译：《简明国际教育百科全书·人的发展》，教育科学出版社，1989。

的。可孩子读书的情况并不理想，一个高考落榜，另一个也"难说"，夫妻俩伤心失望，常言"身教重于言教"，怎么一点效果也没有呢？

这位父亲笃志好学的示范很使人感动，的确他好像特别不幸：许多家长的身教不及他，孩子却学得不错，甚至家长自己根本不看书，孩子却考上了大学。而他人到中年，苦心孤诣，工作又兼函大，说实话，哪个中年人还乐意去背考题呢？而这个父亲是为了给孩子好的教育。

这样的结果怎么解释呢？影响孩子学习的因素不止一个，有遗传的作用、教育的作用、环境的作用、自我意识的作用等，其中就教育的作用来讲，又由身教、言教、家教、师教等共同起作用，所有这些因素都不是单独起作用，也无法保证孩子只接受哪些影响。

社会环境的作用很强大，比如大学招生人数是由社会条件决定的，1999 年之前我国大学的毛入学率① 不到 5%，现在已是 20% 以上。如果依现在这一比例，这位父亲的两个孩子当时就考上了亦未可知。从这个角度讲，教育不是万能的，但不能说这位父亲的身教"一点效果也没有"，因为是否考上大学不能成为孩子成败的唯一标准，学习是终生性的，这位父亲挑灯伏案、深夜苦读、冬夏寒暑、其景其情，可能在孩子一生的路程中都成为一种指引，指引他们学无止境，这不是一种更重要的学习吗？从这个角度讲，教育又显示了它非常重要的作用。总起来说，家长要学会用复杂一点的眼光去看待教育，去看待遗传、环境、教育的共同作用，懂得教育要受到多种因素的制约，学会"叩其两端"，不走极端，力求因材施教。

四、家长的教育过失分析

我列举了家长这么些的过失，并非针对某一个家长而言，且好多过失认真追究起来，也不该是家长自己的责任，实在是太多的因素影响着对孩

---

① 高等教育毛入学率是指高等教育在学人数与适龄人口之比。国际上通常认为，高等教育毛入学率在 15% 以下时属于精英教育阶段，15% ~ 50% 为高等教育大众化阶段。1978 年中国的高等教育毛入学率 1.55%，1988 年 3.7%，1999 年大学扩招，高等教育毛入学率快速上升，2002 年达到 15%，高等教育进入大众教育阶段。

子的教育，太多的因素制约着家长。写到有的章节，我不禁自问：这是家长的过失么？曾经的社会动荡，曾经不得已的学业荒废，学校条件有限，社会影响复杂，家长为事业打拼、为生计奔波、养家活口……实在有太多不易。

我批评家长用孩子满足自己的愿望是虚荣，是否多少有点莫名惊诧？如果一个人几十年不得志，而孩子很出息，又为什么不可以用孩子来弥补自己一生的遗憾呢？家长倾其所有血汗钱、甚至卖房卖家产，全家的希望寄托于孩子读书，难道不可以要求孩子努力回报吗？我指出家长教育的种种盲目性，那么谁又能够完全不盲目？"尽善尽美"的家庭教育其实是没有的，正如我们希望一个人具备人的所有优点，就一定在现实中找不到一样。

人是那么复杂，而且关键还在于现在还没弄清楚人是怎么个复杂法——这是人类尚未攻克的"暗箱"，以后能不能攻克不知道，至少现在还没有——因而教育就受了很大限制，不光是家庭教育受限制，任何教育都是如此。

人很复杂，又生活在复杂的社会生活里，再加上复杂的教育，也就形成了难以掌控的教育结果，事与愿违的教育结果常常在捉弄天下父母。家长想把原因弄清楚，但往往依旧是一团理不出头绪的乱麻摆在面前，这确是家长力所不能及的，所以这不应该是家长的过错。

家长教育孩子心有余而力不足，也不应该是家长的过错，不少教育理念的摇摆不定也使得家长困惑重重，即使学历高的家长也如此。正如哲学家罗素所描写的现代家长的窘境：父母再也吃不准，自己是否该怎样，心理学理论使受过教育的父母惶然不安，唯恐在不知不觉中伤害了孩子。假如他们命令孩子做什么事情，可能产生犯罪感，假如不命令，孩子又会染上不为父母欢迎的习惯。一向威风凛凛的父母，现在变得畏怯软弱，焦虑不安……①

那么面对复杂的家庭教育，我们家长还能做什么、说什么呢？要说的

---

① [英] 罗素著，陈德民译.《走向幸福》，上海人民出版社，1988。

话依然还是：尽可能地去了解孩子，尽可能地启迪孩子，尽可能地提高自己的素质，提高教育能力，尽可能地避免过失，用我们世间最无邪、最最其诚可感的爱，用我们有限的智慧和知识，去做尽心的努力，然后把孩子留给命运。

　　从这个角度讲，我指出家长的教育过失也许真不是为了家长，而是为了孩子。

下　集

家长的教育能力

家长的教育能力不同于家长的职业能力，家长的职业能力表现为政治才能、军事才能、管理才能、专业技术才能等，而家长教育能力则包括与教育孩子有关的能力。

家长仅仅具有教育孩子的一般知识是不够的，"知之艰，行之亦艰"。有家长谈道："要说道理我也懂，孩子的缺点我也清楚，但就是没有能力去纠正，道理讲了几百遍，缺点依然是缺点。"好多家长都有这种无能为力之感。其实讲道理并没有错，但讲道理是教育的一种方法，孩子懂得道理只是解决认知层面的问题，并不等于促成了行为，也不等于形成了能力。

很多家长为了教育好孩子，经常参阅相关的杂志、书籍，也能讲出好多道理，这是学习教育的良好开头，但是知识要转化为教育能力，还需要实践、需要体验，需要比较、反思，家长的教育能力是积累、磨炼出来的。那么哪些能力是家长要具备的呢？它们依次是：把握分寸的能力、了解孩子的能力、教育评价能力、协调能力、自控力、指点学习的能力和保护孩子的能力。

第十三卷　把握分寸的能力

提示：凡事"叩其两端"（P191）/ 不审势则宽严皆误（P193）/ 电视、上网的分寸（P194）/ 零花钱的法则（P200）/ 家校合作要有边界（P209）/ 学会正强化（P211）/

一、凡事"叩其两端"

家长需要具备的几种教育能力都很重要，但是相对来讲，把握分寸的能力显得更突出，因为把握分寸是家长教育能力在具体教育问题中的综合体现，是一种具体操作，家长只要涉及孩子的教育，就要面对这个分寸问题，那么怎样把握教育的分寸呢？

孔子曰："吾有知乎哉，无知也，有鄙夫问于我，空空如也，我叩其两端而竭焉。"[①] 意思是"我什么都懂吗？不是这样的，如果有人问我问题，我不知道如何回答，我只能对他的问题正反两端详细推敲，去找到答案，尽可能地不走极端"。把握分寸就是这层意思，值得我们做家长的人照此琢

---

① 《论语·子罕》。

磨。对于如何教育孩子，大部分家长都可能是"空空如也"，然而学着"叩其两端"，就很有希望找到答案。例如时常有家长提问：

"怎样才能让孩子快乐地学习，又能取得考试好成绩"？

"对孩子究竟是严格好还是宽松好？"

"孩子看电视、上网究竟多少时间才科学？"

"给孩子多少零用钱才合适？"

"我管教孩子够严格的了，为什么效果还是不理想？"

"都说要以表扬为主，我的孩子为什么就服硬不服软？"

"话说重了担心孩子逆反，说轻了又不听，我不知道怎么办"等。

类似的问题做家长的多少都遇到过。其实不止是家庭教育，处理任何事情都存在分寸、存在一个适当的度，如果只是"叩其一端"，就会失掉分寸，事情也处理不好。家长都懂得这个道理，只是由于望子成龙心切，在具体处理孩子的某个问题时容易忘记。

把握教育分寸并不是人为制定一个固定尺度去教育孩子，而是依据具体情况审时度势，恰当运用某种教育方法。孔子是伟大的教育家，"弟子三千，贤人七十二"，他十分注重教育分寸，极力推崇"中庸之道"。比如学生请教"以德报怨如何？"孔子说："以直报怨，以德报德。"意思是说以公正对待别人曾经的对不起自己，就足够了，用不着以德报怨，因为如果以德报怨，那么用什么去回报别人对自己的恩德呢？中庸之道就是凡事有分寸的卓越体现，"不偏之为中，不易之为庸。"[1] 不偏不倚叫"中"，不改变常规叫"庸"，不偏不倚、不过分、"无不及"就是一种分寸。

把握教育分寸实在是一件不容易的事情。比如一般说来"没有压力就没有动力"，而我们看到大量的事实却是，高压之下孩子厌学，心身健康恶化，那么还能说有压力就有动力吗？但是，家长对孩子不严格要求，压力倒是没有了，放任导致孩子学习差或品德差的情形更加不少见，我们也就不能说没有压力就好，这之中就是一个分寸问题。又如"表扬为主，惩罚为辅"，那么使用表扬"为主"到什么程度？惩罚又"为辅"到什么程度？

---

[1] 《中庸》。

家长为孩子要投入时间精力，是否投入愈多愈好呢？要求孩子积极上进，是否等于竞争意识愈强愈好？要求孩子又要遵守纪律、又要有个性，这之间的分寸如何掌握？

具体处理这一类问题，家长不能停留于一般理解，教育是一门科学，也是一门艺术，它的分寸很多时候无法用数量表示，连文字表达也是有限的。所以家长除了有良好愿望，需要逐渐学会把握好分寸，细心琢磨，遇到具体问题时学着"叩其两端"，审时度势，就能形成能力。

现在家庭教育的社会背景更加多元、复杂，挑战、机遇、风险、陷阱并存，各种不确定性大大增加，更需要家长具有权衡诸多可能性的眼光和能力，更需要叩其两端，把握好分寸。

二、"不审势则宽严皆误"

谈到教育孩子要严格要求，家长都是赞成的。从古至今人们都充分注意到了放任孩子的不良后果，轻则害己败家，重则败族卖国，所以人们对家长提出了若干警句："小时偷针，长大偷金""不依规矩、不成方圆""黄荆棍下出好人"等，告诫做父母的不能放松管教，以免家出败子。

但是在教育的实际过程中，有的严格超过了正常范围，其结果可能限制了孩子独立能力发展起来，没主见，没能力，连婚恋问题很难解决，就像有句话形容的那样，老实忠厚成了"无用"的别名，这是家庭教育没有注意好分寸。家长满含期望的严格教育，最终却是很消极的结果，那么他们的失误在什么地方呢？在没有把握好"严"的分寸，超过了"严格"的边界，就会走向反面，剥夺孩子的正常发展，事与愿违。

严格的另一端是宽松，同样需要分寸。有家长认为宽松就是不给孩子立规矩，立了规矩就不是宽松；有的家长心想孩子不至于学坏吧？干脆放手，相信宽松有利于个性发展……结果孩子由于年少无知，又没有规矩的约束，由着性子任意妄为，最终误了学业、求职无门，既不懂事、又吃不了苦……诸如此类，还不知道这个"宽松"账该算在谁的头上。

有的家长很极端，介绍经验说"最好的家庭教育就是不管"，这有点如盲人摸象的结论。教育可以不管吗？任何教育都是包含了"训导""管教"，管与不管之间的核心是把握分寸。该管的时候一定要管，不该管的时候一定不管。即使有的家长认为自己真的"没有管"，其实也有很多前提条件：家庭的环境、家长本身的素质都在起作用，而非真正的不管。

家长对孩子过于严厉，导致以"严"失误，但并不等于对孩子"宽"、"不管"就会成功，溺爱和放任就是以"宽"失误；同理，如果家长没有把握分寸的能力，管或不管都会失败。

有的家长的宽松或严格都缺乏依据，凡事随心所欲，教育效果就更难保证。自己一高兴，对孩子百依百顺，该约束的也放任不管；自己心里有气，一点小事就将孩子大加管束，严厉得可怕；有的父母平日一贯溺爱孩子，从来不提要求，品德、学习、锻炼放得很松，时间长了，孩子的坏毛病出来了，父母感到问题严重，立即"急刹车"，进行严格管教，不择时间场合，方法简单，强迫孩子保证以后再也不犯错误。然而多时积累起来的毛病怎么可能因家长突然"严格要求"就立即消失了呢？所以这种严格也是无济于事的。

那么宽严之间的分寸如何把握呢？在四川成都的武侯祠有一副著名的对联，上联："能攻心则反侧自消，自古知兵非好战。"下联："不审势即宽严皆误，后来治蜀要深思。"[①] 上联的意思是说治理国家使用武力并非上策，攻心才是良方；下联的意思是说如果不能正确了解形势（民心、国力），治国或宽或严都会失误，治国安民的人要深思。这里借用来谈教育孩子也是极恰当的，家长若不能"叩其两端"、审时度势，严格或宽松都会导致教育失误，就叫做"不审势则宽严皆误"。

三、权衡电子品的利弊

一个时代前沿的信息工具，都会以势如破竹的速度在社会普及，教育往往还来不及思考，问题就已经摆在面前，这是教育无法绕开的。现在包

---

① [清]赵藩撰并书，成都武侯祠对联。

括网络在内的电子品层出不穷，如果不把握好分寸，孩子的健康、学业要受到相当大的损失。所以成为现在家庭教育必须应对的一个问题。

在网络之前，家长本来最头痛的一件事就是孩子看电视太多的问题，而现在中小学生花在网络的时间却有增无减，且更加低龄化，而且可能形成如酒精、药物一样的病态性依赖，纠正起来非常困难。

电视和网络都是"双刃剑"，为孩子开启全新的学习空间的同时，也会干扰甚至严重干扰孩子的学习、生活、行为方式。据有关研究，某校四、五、六年级上网学生，约71%的人上网玩游戏，21%的人上网聊天，只有5%上网查找学习资料，少数孩子已经网络成瘾，家长焦虑万端。我听某一年级班主任说，有孩子高兴地告诉她，元旦5天打了4天游戏，有一天还打到深夜3点钟！孩子才6岁，问题却已经如此严重！这可不是小事情，对此家长一定要高度警惕电子品依赖的害处。

1. 警惕孩子"智能被动化"

电子品依赖的严重性是导致智能被动化。孩子对电视、网游的依赖，使大脑活动被动、麻痹，研究发现，看电视、玩网络游戏超过一定的度，会降低阅读能力、与人交往的能力，这种情况就是心理学上说的"智能被动化"。智能被动化表现为思想被动、语言被动、身体行为被动，危害很大。

第一，思维被动。思维被动表现为不喜欢看书，迷恋电视、上网，看书阅读是大脑的主动活动，依靠思维、想象、阅读去获取知识、信息；在整个中小学阶段，学习的主要途径都是读书学习，通过读书才能具备阅读能力、思考问题的能力（思维的主动性）。相当一部分高年级、中学的学生，作文写不出东西，单调贫乏，原因之一就是没有阅读，不喜欢思考，上网看的不少，但内容零零散散，"碎片一地"，而且浏览越多，思维越零散，对学习几乎无所裨益。所以心理学家、教育学家都极力主张儿童要多看书，多动手，促进大脑的主动活动。

第二，语言发展被动。孩子迷恋电子品，语言使用大大减少，语言交流、语言表达都会减少。中小学是积累词汇、运用语句的重要练习阶段。从书面语言发展讲，增加词汇量、掌握语法规则，都需要大量地运用语言才能实现，这是电子品不具备的功能。

第三，身体、行为被动化。迷恋电子品的孩子，不喜欢户外活动，很少参加体育锻炼，老"宅"在家里，网游、电视、手机浏览，懒懒地不想动弹，整个身体状态和精神状态，都像是冬眠的动物，心肺、肌肉系统活动严重不足。家长们想想，思维、语言、行为都被动的孩子，学习的主动性又从何说起呢？

在讨论"看电视利弊"的时代，一项国际调查表明，孩子看电视愈多，学习成绩就愈低，同理，电子品依赖愈多，学习成绩也会愈低，原因都是一样的。碎片化的信息，严重挤压孩子有限的时间，有限的精力，破坏人的思考力，破坏学习兴趣、学习习惯和学习方法。所以，家长要从孩子低幼阶段开始，多培养孩子对学习、对看书的兴趣，抵制电子品的控制，培养孩子喜欢动脑筋、想问题，喜欢钻研难题，喜欢想象，喜欢动手，保持智能的主动化。

2. 如何把握电子品的分寸

有家长问到底每天平均看多少电视、上网多长时间对孩子有益而无害？我认为定出一个统一标准意义不大，每个孩子都有独特性。家长应根据孩子的具体情况去把握分寸。对此，我建议家长考虑如下几点：

第一，孩子的学习习惯和生活习惯如何。孩子总归是要以学习为主的，所以家长首先要考虑孩子的习惯养成如何，如果学习习惯、生活习惯良好，基本能独立安排自己的作业、玩耍，没被电子品控制，那么不必严加管控，孩子自己能安排好，就多鼓励，将好习惯巩固下来。如果孩子的学习习惯差，不能独立完成作业、不喜欢看书、坐在那里就不动弹，家长就必须帮助管控、控制时间、摆脱依赖，必须时要将电子品完全隔绝一段时间。这是家长首先要考虑的。

据我了解，有不少家庭已做得很不错，孩子每天看电视不超过30分钟，有的周一至周五都不看电视，上网也每周不超过两个小时，期末考试等时间，则完全能集中精力复习备考，这就非常好。孩子管理自己的能力逐渐发展起来，这归功于家长把握分寸。只有这样才能保证孩子大脑的宁静状态，而不是心慌慌地急着赶完作业要上网、看电视。

第二，孩子的阅读能力如何？阅读能力是胜任学业任务的必须条件，而电子品的消极作用之一就是降低阅读能力，因为阅读能力不是靠看电视、玩网游可以发展起来的。阅读是大脑主动的活动，而网游、电视的情节、画面却是"拖"人的思路走。有的家长说："我的孩子要说注意力不集中，可坐在视频前几个小时很专心，但拿起书就看不下去，你说这是专注还是不专注？"应该说，拿起书就看不下去，说明孩子还不具备基本的阅读能力，更谈不上专注。

家长要知道，书面语言发展在小学四年级前后是关键期，如果孩子阅读能力落后于同龄大多数孩子，对阅读还没有兴趣，家长就必须限制电子品，增加阅读量。自己指点也好，请家教辅导也行，总之阅读能力必须发展起来。因为阅读能力低下的孩子，在中学无一例外是学业差的学生。

家长切记，阅读能力只能在阅读中才能发展起来！世世代代上学都是去"读书"，我建议家长还是认一点"死理"——既然上学读书，就多读书，时代虽然不同了，可是好多事情的道理是一样的，教育这件事情有其相当稳定的属性，千百年不变的，尤其是儿童的基本学习方法，创新的可能性很有限。

第三，内容和语言如何。电视节目播放时间长，再加上若干频道，需要纳入的节目数量相当大，必然出现良莠不齐的并存，网络上的信息更是泥沙俱下、鱼龙混杂，有的信息甚至让人有"牛头马面""妖孽丛生"的感觉。这正是家长必须要认真辨明的。而语言贫乏则是现今包括大小媒介的通病，暴力、色情、恐怖、乱伦等问题也更为严重。所以内容如何、语言质量如何，需要家长把握分寸

第四，孩子的健康状况如何。孩子的健康状况如何，也是家长把握分寸的依据，而且是很重要的依据。研究表明，久坐在电脑、电视机前的儿童青少年，新陈代谢低，身体处于睡眠状态——有点像北极熊冬眠。人需要氧来进行新陈代谢，如果静坐时间长了，健康就会出现问题；如果孩子睡眠不足，则必须在保证孩子充足睡眠的前提下来安排其他；再如孩子的视力已经出现近视，那么家长就应严格控制，最好少用电子品；平日我常看见不少孩子总是疲劳不堪、精神不足，而好多家长并未重视。

孩子的性格如何也是家长要考虑的因素，如果孩子已经过于好静，不喜欢户外活动，家长要纠正"宅"的惰性，鼓励孩子多进行户外活动、体育锻炼，切忌长时间地静坐。还有一点要提醒家长的就是，不能把电子品作为孩子学习的交换条件，至少不能作为主要的交换条件。

比如家长许诺，做完这些练习就让你上网，孩子愈是想上网，家长就愈以此作为条件要孩子多学一点。这种辅助手法作为短暂的动力也许有效，但经常使用、长期使用则会失去效力：谁见过为了能看电视、为上网打游戏而发奋刻苦学习的学生？家长的这种许诺，也显出对孩子毫无办法的窘境，而孩子本来就不喜欢学习，又迫切想玩网游，不得不三心二意、急急忙忙地赶着"学习"，而不是努力向上的状态，想想孩子也真被动得可怜。

家长既然以电子品作为条件，孩子不可避免地要与家长讲条件、讨价还价，力求多上网、少学习。家长的本来目的是让孩子多学习，其结果却使孩子厌恶学习、远离学习，适得其反。你要他做 10 道题可上网 30 分钟，他说做 8 道题，在这种交换条件的心态下来做练习，就不可能主动钻研和积极思考，一门心思就是赶紧做完，因而匆匆忙忙、毛毛糙糙地往前赶，学习习惯反而弄坏了。

再说，如果孩子有一天对电子品不感兴趣了，家长又用什么去交换呢？有家长认为总有孩子喜欢的东西可作为自己手里的条件，那就大错了。越到学习的高段，初中、高中、大学，学习优秀越要依靠良好的学习习惯、学习动力和学习方法，缺乏这些条件，家长的任何许愿都没有用。

总而言之，家长应该督导孩子多看书，保证他们足够的户外活动和锻炼，防止智能被动化。儿童的智力活动绝对不能以电子品为主，而应该以大脑的主动活动为主，认识世界、思考世界；儿童的身体绝不能够仅仅坐在电脑前消磨时间，那些在操场上奔跑跳跃、在游泳池里伸展四肢奋力划水、在野地里大呼小叫、雪地里打雪仗、穿着冰鞋风驰电掣，还有趴在地上专心看蚂蚁搬家的孩子，才能焕发出蓬勃的生命力。这一点每位家长，尤其是居住大城市的家长必须考虑。

有的国家专门为儿童开辟电视和网络的教育频道，为不同年龄阶段的孩子播放有助于智能主动发展的节目，如问题思考、手工制作等，指导孩子动手动脑，这样的内容克服了被动化的弊端，还能促进孩子提高对互联网这一现代工具的掌控能力。

3.儿童使用电子品的原则

曾有人半开玩笑地调侃说，天将降大任于斯人也，必先断其网络、收走手机、屏蔽电脑、革除微信，直到百无聊赖，才能成就大事。实际上批评的是现代信息碎片化对人类思考力的损坏，说明人们已经意识到电子品对人类思维的破坏力。因此家庭教育需要制定儿童使用电子品的原则，这个原则就是：要将电子品作为孩子必须掌握的一种学习工具来看待，作为娱乐工具则绝对不行，这是大原则。

网络具有的信息优势、交流方式优势，对孩子获取知识、处理信息的能力具有相当大的益处，已经成为一种高效率获取信息的工具，孩子如果好好使用这个工具，那就是主动的。例如一个六年级孩子在网上查阅资料，看图片、视频，花费一周多的时间，做成介绍意大利的电视短片，史料准确、画面生动，融合地理、历史、政治、军事知识完整一体地展现，得到老师夸奖和全班同学的喝彩。这样将网络作为工具，能提升孩子的信息能力，也能大大提升自信。

有位家长采用"占用孩子的手""占用孩子的所思""占用孩子的所听"，将孩子从电子品的依赖中拉出来。占用孩子的手，就是多做手工，包括布置房间、包饺子等家务活儿；占用孩子所思就是做出有创意的成果；占用孩子所听就是播放历史故事、好的音乐，让孩子做比虚拟的机器学习更有趣、更有价值的事情，让孩子在立体的生活中成长。[1]类似一举数得的好方法，值得家长们借鉴。

从心理学角度讲，对电子品的依赖是某种人格缺陷的一种表现形式，如果没有这一类产品，此种人格特质也会通过其他依赖形式表现出来。所以家长还需要做的功夫在电子品之外：优化家庭文化环境，去掉容易导致类似依赖人格的家庭因素。

---

① 刘晶波：《我和 Ipad 抢孩子》，载《幼儿教育》，2013.12。

四、零花钱的法则

"给孩子多少零花钱"也是把握分寸的问题,不少家长对此重视不够,要么过于严厉管束,一元钱也不给,要么让孩子随意花钱,缺乏约束,没有对花钱态度提出要求。孩子对金钱的态度不正,也未能从家庭教育得到现代财富智慧的初步启迪。

给零花钱的问题远不是有的人想的那么单一,不过是小孩子的零花钱而已,它涉及教育子女的一些根本性问题,所以表面上看似"给多少"的数量问题,实质上乃家长教育见解的体现。古人说:"观人于临财。"意思是说看一个人要看他对金钱财富的态度。零花钱不仅仅是花钱习惯的好坏,更主要的是涉及培养什么样的金钱观。在现代社会,有的家长也可以有针对性地进行"财商"的启蒙。"做什么人、修什么德、理什么财",就是零花钱的法则。

有家长认为,富裕家庭还需要勤苦节俭吗?年代不一样了,孩子花钱的问题是不是应该"与时俱进"?以前大家都穷,需要节约,节约是美德,现在家庭富裕了,孩子的零花钱原则应该要修改,节俭还是美德吗?家庭教育如何在富裕状态下避免"富家多败子""富不过三代"的魔咒?这些问题已经就在面前,考验着家长的教育智慧。

其实,富裕状态并非现在才有,中国历朝历代的世家大族、显赫豪门已经演绎过无数"有钱"条件下家庭教育成与败的故事,总结出无数经验教训,值得当代家长引为宝典。曾国藩家族是中国近代史上地位显赫的豪门世家,他的家庭教育很成功,曾国藩总结自己的教子经验是"无论大家小家、士农工商,勤苦俭约,未有不兴,骄奢倦怠,未有不败"[1]。他在家书中叮嘱小儿子说:"尔年尚幼,切不可贪爱奢华,不可惯习懒惰。""凡世家子弟,衣食起居无一不与寒士相同,庶几可以成大器。"[2] 意思是说,无论什么经济条件的家庭,兴旺或败家都取决于勤俭或骄奢,"生于忧患

---

[1] [清] 曾国藩:《曾国藩家书》。
[2] [清] 曾国藩:《曾国藩家书》。

而死于安乐"，勤苦节俭并不仅仅贫穷家庭才需要，任何家庭、家族、民族、国家的兴旺、俭以养德都是必须！这是颠扑不破的千古真理，家长切切铭记。

所以，节俭的价值无论怎样评价也不为过。记得小的时候，我父母的收入远高于一般家庭，家道从容。我从小住读的多，从幼儿园到小学中学与父母在一起时间不多，父母总是给我较宽裕的零花钱，也总是嘱咐我："宽备窄用、有钱不一定花完""必需的一定要买，不必需的就不买""节约是美德"，在父母的叮嘱中，我逐渐学会照着节俭与否的标准去做，每则周记都要写这一周是否花了"不必需"的钱，当时我可支配的钱比其他同学多，但我对自己异常严格。

后来"文革"期间父母被关"牛棚"，我们几个孩子分散在几处农村当知青，我在农村干一整天活儿的收入，夏种季节不到三毛钱，冬种季节不到一角钱，父母在"文革"期间因关牛棚工资全扣，只发给最低生活费合起来55元。我们在贫瘠的山区，瓜菜果腹，半饥半饱，但父母寄了10元线给我，我赶紧买了粗毛线织成背心寄给母亲，妹妹也节省下钱给父亲买衣服。一家人在困厄中克己相濡，度过了那极其艰难的七八年时间，这与父母教给我们的可贵的花钱态度密切相关。看起来是一点零花钱，然而这是我父母是在培养我们"心正"，"有钱不一定要花光""节约是美德"的反复叮咛和提醒，就是这种"心正"的具体化，家长单纯控制数量的效果不一定好，"观人于临财"，心正是一切美德的起点，也是基础，家长没有心正的培养，即使对零花钱进行数量控制，也可能使孩子精于算计、耍心眼儿，一有机会就与家长讨价还价。"俭以养德"就是这个道理。

如果没有以德为基础对金钱的态度，就会如孔子所说的"小人穷则斯滥"，品性低劣的人一旦面临贫穷就会乱来，而君子才可能"穷且益坚"，坚守高贵节操。

我相信我们这一代好多人都是这么过来的，直到现在仍然习惯忍饥耐渴，不习惯喝瓶装饮料，不习惯进餐馆，然而并不是因为缺钱，而是习惯了节俭。我也给孩子较宽裕的零花钱，但也总是嘱咐："节约是美德""有钱不一定要花光"，让孩子学着节俭，俭以养德。孩子小时候放学回家说：
"妈妈，刚才我本想喝一瓶水，但想到离家不远了，忍一下回家喝开水"，
我就要好好夸奖她。一瓶水钱不多，但是孩子在学着节制，就值得大大地
夸奖和鼓励。"由俭入奢易，由奢入俭难"，对儿童青少成长的道德意义更
是重大。

对金钱的态度，家长的身教示范和提要求都是必须的。一个小学生写
她"有爱心的妈妈"却是"吝啬大王"，"对有困难的亲戚、邻居，经常慷
慨伸手帮助，给流浪猫治病也舍得花钱，可是对我的零花钱管得很紧"，还
"经常对我说人要耐得起贫困，经得起富贵"，"妈妈以前很穷，但穷而有
志，靠辛勤劳动挣了钱，就帮助很多人。"妈妈经常"警告我'女孩子最贱
就是好吃懒做'"，这个小学生由衷地敬佩她妈妈。这位母亲的身教、言教，
传递的就是正气和美德，让人敬佩。

2.如何把握零花钱的分寸

家长如果给孩子零花钱很随意、不进行花钱的品德指导，不要求孩子
节制，会后患无穷。有一个女孩，放学回家朝母亲大哭大闹，理直气壮地
指责母亲没给喝水的钱，使她口渴了没钱喝水，母亲百般赔礼道歉，哄着
宠着，最后讲成条件："赔偿"孩子 5 瓶矿泉水的钱。原来孩子上学临走时
母亲手里没零钞，说等一会儿给，结果同学叫上学，孩子匆匆离去忘了拿
钱，这件事本来谁也没错，不过是一件小事情，可是女孩子特别计较零花
钱，故而借母亲一时大意，要挟一番，多要了钱。如此看，孩子已经对零
花钱的态度已经不正。

我们有时还可以听到大一点的孩子在议论："趁机向他们要呀，可以要
钱。""今天我爸妈高兴，要钱准没问题。""好容易才考了这么多分，当然
回去要钱啦！"还可以听到一些成人议论某个孩子："那小子特机灵，刚读
书就会算计他爸的钱，他爸还算不过他呢！"等，孩子有了算计就失了端
正，主要责任还在家长。这里我建议家长考虑以下几点原则。

第一，指导孩子合理使用零花钱。给零花钱除了必需的花销，要着眼
去学会独立、合理地花钱，促使孩子社会性的发展。家长不把孩子自己可
以做的事情包办下来，妨碍孩子认识社会、长大懂事。孩子的日常学习用

品，能够自己购买的，就可以交给孩子自己处理。孩子的兴趣爱好，同伴交往，所需的小额费用，家长应酌情给予满足。其他如孩子买小人书、集邮、标本、给朋友贺年卡，都可以培养孩子独立性和计划性。

此外如捐赠灾区、捐赠失学少年朋友，应该由孩子从自己的零花钱里节省下来，才算自己的捐赠，同样，孩子自己不喝汽水，带上白开水，省下来的钱给了残疾人，才真正发展了同情心。

第二，家长不能用"花钱比别人多"来满足孩子的某种心理，特别是学习比其他同学差一点的孩子，家长更容易有满足孩子的冲动，让孩子花钱比别人多，孩子心里好受一点，自己心理得到平衡。家长要让孩子懂得，炫耀父母有钱并不光彩，一个人在社会上立足，主要依靠自己的能力和努力，如果家长不培养孩子发奋自强、学会依赖父母的优势立足社会，其前景就非常脆弱，因为世事难料，不要说父母的一般优势，"哀王孙"①的故事也是屡见的。从古至今，王子王孙都因养尊处优，一旦王室败落，无一谋生技能，流落街头，凄凉泣哭，哀乞为奴。前车之鉴比比皆是，懂得这一点也是家长有见识吧。

第三，家长不能用多给钱来补偿自己的负债心态。有的家长觉得自己亏欠了孩子，就用多给钱来补偿自己的负疚感。如自己太忙，没陪孩子玩耍，没给孩子足够的照顾关怀，于是在花钱方面尽量满足孩子，自己方可稍感安慰。有家长因夫妻离异，觉得对不起孩子，又没别的好办法弥补，因而物质方面对孩子有求必应，以免再欠下孩子什么。从情感上讲这都很正常，但是父母的情感中常常包含了不少软弱的成分，放纵软弱的情感就会损害孩子的正常发展。补偿是可以的，但只能在一定的分寸之内，况且物质满足也不能解决孩子的心理需求，二者不能简单取代。

在这个问题上，有家长就将自己的职业与教育孩子结合起来，效果就不错。一对夫妇整天忙着做生意，以前他们对孩子的关心都用钱来表达，孩子读高中就一身名牌，还盘算着名车、跑车，家长才醒悟过来，心想这样下去就是一个败家子，于是想怎么让孩子懂得挣钱的辛苦和经营之道，

---

① ［唐］杜甫：《哀王孙》："……可怜王孙泣路隅。问之不肯道姓名，但道困死乞为奴。"描写安史之乱的时候皇室子弟流落丧乱，路边乞讨、潦倒困顿的情景。

于是就用自己打理生意的生意经，引导孩子对投资收益这类知识感兴趣。结果孩子还入了门，看了不少相关专业书，懂得了钱不是天下掉下来的，是辛苦赚来的。孩子慢慢地不但开始节约，还学会存钱，还努力要去考经济专业，说将来要超过父母的生意，父母喜不自胜。这两位家长的做法很不错，值得家长们琢磨。

第四，家境困难，要让孩子懂得分担，不能遮掩困境让孩子一无所知。有的家长自己勒紧腰带却让孩子花钱松散，这样违背情理且贻害无穷。艰辛本是人生的必修课，贫困也是人生的一种磨炼。节衣缩食，克勤克俭的家庭，孩子从中能得到正气的鼓舞和艰苦的磨炼，往往大有出息。自古将相出寒门就是这个道理，这是很宝贵的一种励志教育，穷困中自强不息的正气，是任何家庭教育都必需的。

有大学生就只顾自己在城市里不显寒酸，"不丢面子"，逼贫穷的父母卖谷卖米，甚至接到汇款单竟然广庭之上大骂父母汇钱太少，实在是"不孝"加上"大不敬"！古代"十恶不赦"① 的十恶之一就是"不孝"，还有就是"大不敬"，这种不可赦免的"恶"，是谁教给的呢？养出如此不肖之子，也许就是他们的父母，从来克勤克俭满足孩子一切要求，却从不教育孩子正视家庭困难，这至少可以算教育失败罢？

第五，家长慎用零花钱作为学习的奖惩。孩子的零花钱包括了一部分学习生活的必需费用，应该无条件地保证。考试成绩不好原因很多，并不单纯靠钱的刺激就可以解决考试分数低的问题，学习好坏是一回事，怎样支配零用钱又是一回事，两码事不能扯到一块儿来解决。不少家长对孩子的考试分数都有程度不一的奖或惩，对此我并不完全反对，但家长千万要记住，这绝非锦囊妙计，也非长远之计。

孩子学习要好，始终是三个问题：学习能力、学习习惯、学习兴趣。小学低年级阶段，物质奖励对一部分儿童有鼓励的效果，而在高年级以后阶段，这三个问题不解决好，奖多少也是没用的。从这点讲，我又是不赞成考试与钱的奖惩挂钩的。

---

① 十恶不赦的"十恶"指"一曰谋反，二曰谋大逆，三曰谋叛，四曰恶逆，五曰不道，六曰大不敬，七曰不孝，八曰不睦，九曰不义，十曰内乱"。

4.关于理财教育

在现代社会，"财商"培养被提到教育日程中来，也就是对儿童青少年进行与财富有关的能力培养。对此有不少争论，对家庭教育而言，大部分家长还是比较生疏。支持的观点认为财商培养不在于让孩子获得多少财富，而是培养现代理财的观念和意识；反对的观点认为我们不能照搬西方，理财并不属于儿童青少年发展的基本素质，孩子还没有学会挣钱，就开始学习处理与钱有关事情，副作用多于正面作用。

人类自私有制社会存在以来就一直要面对金钱，这是一种存在，在古代是这样，现代和将来也是这样。中国古代在儒家文化正统思想影响下形成了传统的经济价值观，以"德本财末"思想为主流，道德与金钱、仁义与财利之间，始终以道德价值为首，建立了重义轻利、德本财末的经济伦理思想。德本财末是说人品是最重要的，而财富则居其次，"不祈多积，多文为富"①，意思是不以财富积累为富足，而以学识渊博为富足。"守真志满，逐物意移"②，这是一种文化价值取向，不仅仅是理财的问题。

现在的孩子将来要在市场经济社会中生存，需要适应市场经济的要求，所以家庭教育要培养孩子适应市场经济的能力，同时更要懂得金钱的局限，要有防御意识，才能真正适应社会，立足社会。这里介绍一些其他国家对儿童进行理财教育的情况，供家长们思考。

美国提出了儿童通过理财教育应达到的经济基本素养，具有如下：① 能够对开支、收益以及财力的有限性做出评价；② 能够比较不同途径的开支和收益；能够明确理解经济刺激对人们行为的影响及其如何影响他们的行为的；③ 能够理解竞争、贸易障碍、商品缺乏、商品过剩以及消费者和购买者之间的相互影响；④ 能够形容公有经济和私有经济体制等。

以色列犹太家庭中的长辈会给大一点的孩子赠送小额股票，让他们从小学习投资；英国绝大多数的银行都专门为未成年人开设账户，有1/3的英国儿童会把自己的零花钱存入银行，并与银行签订符合个人特色的投资

---

① 《礼记·儒行》。
② 《千字文》："守真志满，逐物意移"，意思是保持自然本性，志向便能丰满；追逐物欲，意念就会偏向邪路。

计划；而日本人则主张孩子自己管理零花钱，并要求孩子在账本上记录每个月零用钱收支情况；德国人认为让孩子花自己的钱办自己的事，也属于理财教育的一种；总体上比较一致主张，儿童应该从3岁开始进行经济意识教育，主要教理财知识，并制订出各年龄阶段的教育计划。

3岁：能辨认钱币，认识币值、纸币和硬币。

4岁：学会用钱买简单的用品，如画笔、泡泡糖、小玩具、小食品，最好有家长在场，以防商家哄骗小孩。

5岁：弄明白钱是劳动得到的报酬，并正确进行钱货交换活动。

6岁：能数较大数目的钱，开始学习攒钱，培养"自己的钱"意识。

7岁：能观看商品价格标签，并和自己的钱比较，确认自己有无购买能力。

8岁：可制订自己的用钱计划，能和商店讨价还价，学会买卖交易。

9岁：懂得节约零钱，在必要时可购买较贵的商品，如溜冰鞋、滑板车等。

10岁：学习评价商业广告，从中发现价廉物美的商品，并有打折、优惠的概念。

11岁：懂得珍惜钱，知道钱来之不易，有节约观念。

12岁及以后，则完全可以参与成人社会的商业活动和理财、交易等活动。[1]

理财教育在我国还是新事物，所以需要"叩其两端"，根据家庭的具体条件尝试着进行。其实在市场经济的社会大环境之中，理财的一些要素已经无形地影响和作用于孩子的观念。家庭是生活世界为特点的，生活的教育作用是非语言的、示范－效仿的、潜移默化中发生的，例如炒股、投资等家庭理财，实际上都是对孩子的理财教育。如果家长发现孩子特别具有财商的潜在天赋，或希望培养成为这方面的人才，可以适当增加有目的的指导。

---

① 张杰：《农家生活》，2007.12。

五、投入多少时间精力

家长教育子女有一种情况是不大管孩子，投入的精力和时间少，只顾自己工作或娱乐，一种情况是投入精力时间很多，甚至全力以赴。然而问题是投入精力并不是愈多愈好，家长投入的精力时间与教育效果不一定成正比，这里这同样是一个分寸问题，既不是投入愈多愈好，也不是愈少愈好，这里提出几点考虑。

1. 投入精力要弄清目的

有的家长用了全副精力辅导孩子学习，牺牲了自己绝大部分休闲时间，然而结果不一定事如人愿。教育有一条宗旨："教是为了不教"，家长辅导孩子学习的目的，应是最终让孩子不用辅导，能独立学习，如果只顾投入，不明目的，那么家长投入精力愈多，愈辅导孩子愈依赖、愈不能独立学习。

对孩子生活料理，家长的投入就更多了，所谓"操碎了心，累弯了腰"。孩子从早到晚，一进一出，一餐一点，家长都要全力投入，好像家长比任何人都有空闲，事无巨细都要自己亲自料理才放心。这样的结果是孩子完全得不到锻炼，生活不自理，生活习惯差，遇到一点麻烦事就不能忍耐，适应力差，承受力更差，那么日后如何去解决自己人生的众多难题？做父母为孩子操劳一生是注定的，但一定不要让操劳的结果使孩子变得懒惰无能。

其实人总是乐意料理自己身边的事，两三岁的孩子总喜欢说："我来！我来！"可到了小学，有的孩子却连扫帚也不想碰一下，这与家长限制太多，代替太多有关。好多家长喜欢不遗余力地说："让妈妈来，你不会。"这样家长花的精力越多，孩子也就逐渐变得真的什么也不会了。

2. 投入精力要有节奏

孩子成长有一个很长的过程，就像树苗一样，不管你投入多少精力去精心照料它，还是得等它自己慢慢长大成才。施一次肥，得等一段时间，该剪枝的时候才剪枝，有害虫的时候才除虫，整个过程是有节奏的。天天施肥并不能缩短树苗成才的过程，家长对孩子的投入也是同一道理，必须要有一个节奏，要有轻重缓急。

家长为孩子的成长投入精力，既是责任义务又是一种幸福，但有时要忘记分寸和节奏。有的家长一心一意为孩子花费精力，自己却像一个没有本钱的人，把赢的希望全押在孩子身上，为孩子做牛做马、甘为驱使，把自身素质的提升扔得一干二净、这多少有点心理学上说的"受虐狂"倾向了，最终忙到头来反而在孩子心目中没有了威信，这是家长要考虑的。

此外，家长不能把自己的巨大投入作为潜在的条件，让孩子倍感压力。在一项家庭教育调查中，提问中学生"你认为最难抵挡的压力是什么？"205名中学生80%认为最沉重的压力不是学习负担，也不是升学的压力，而是父母的紧张、期待、无微不至构成的压力。孩子担心自己辜负父母无条件的付出、殷切的希望，回报不了父母之恩而感到压力巨大。

本来说，无条件就是无条件，怎么反而还给了孩子那么大的压力？父母为孩子是无条件的，特别是母亲，但好多家长的无条件操劳和无条件奉献实际上是附带有条件的，条件虽不写在书面上，甚至口头上的条件也没有，然而家长潜在的希望和要求所负载的分量，比什么都沉重。比如有父母给孩子撂下狠话，"考不上重点大学（丢尽了我们的脸），就休想我还要这样关心你"。这反映出父母"无条件"中的非常复杂的一种心态："我们什么都交付了，你要尽力回报！"一位高三学生面临高考，简直无法控制自己的紧张，整夜整夜地失眠，一想到"如果没考好，父母多年的心血全白花了，不敢去想我怎么面对他们"就浑身毛骨悚然。父母为了他读书，牺牲了一切娱乐，不让他做一件家务事，全家省吃俭用，保证他在学校衣食丰厚，十几年如一日，指望他考上好大学光彩门户，这种压力谁掂量会感到沉重。

中国文化是以家庭、家族为单位集体生存的，所谓九族荣辱系于一人之身，个人的价值衡量不只对个人而言。家长的含辛茹苦，孩子给家族以回报是很重要的价值体现，"扬名声、显父母"，"光宗耀祖"乃"孝之终也"①，即最大的孝道，这也是中国传统家文化的力量所在。然而家长若将其

---

① 《孝经》："身体发肤，受之父母，不敢毁伤，孝之始也。立身行道，扬名于后世，以显父母，孝之终也。"

变为对孩子潜在控制的一种条件，就将亲子关系的深刻依赖简单化了，这是很大的失误，家长要深思。

3.家校合作要有"边界"

家校合作一定要有边界，这个边界就是家庭教育不能替代学校该做的事情、孩子该做的事情，超出边界。现在学校对家长的要求比以前有增加，尤其在孩子学习方面，要求家长介入家庭作业的督促、辅导、签字……做得太多，超过了边界。我问过不少学校和家长，家长需要花费的时间平均每天少则半小时，多则两个小时，有的学校把家庭作业布置到家长手机里，由家长写给孩子。学校这样做有一定道理，因为有的家长完全不管孩子的作业，这样做是为了敦促家长。但并不妥当，不必要地挤占家长的时间精力，而且将孩子应该做的事情也揽给了家长。所以这里我提醒家长几点。

一是培养孩子独立完成作业的习惯，能不督促的就不督促，尽可能让孩子独立思考，独立完成。有个孩子遇到不会做的题，爸爸就和他一起解题，苦苦思索好一阵还不行，儿子就说"你先想吧，我去玩一会儿"，最后爸爸终于解出来了，孩子作文里说"我多么感谢刻苦好学的爸爸"！看到这个父亲对儿子的家庭辅导，我还真有点糊涂了，一时竟说不出个"子曰"来。

二是要让孩子知道家长对作业的认真态度。例如有孩子就说"妈妈如果要去打麻将，签字快得很，看都不看就签字"，这给孩子的负面影响是明显的。曾经一个高中生很难过地对我说，我是在麻将声中长大的，他们灯光下搓麻完全顾不上我的情景，让我觉得学不学习都无所谓，后来遇到好老师，我才考到重点高中。可见孩子并不一定需要辅导作业本身，而是需要家长的态度。

三是家长参与要有度。现在的家校网络，将学生家长几乎全部"网"进学校的教学进程，每天的作业、预习等要求都要求家长一清二楚，合力督促，弄得"全民皆兵"，全家人都在"完成作业"。例如布置了收集资料，母亲负责指导孩子上网，然后父亲开车出去找彩色打印，外公外婆随时听候；布置养蚕，上千学生的家人在大都市里寻找桑叶，是一个怎样壮观的场面！家长"反串教师"，都成了学校的"票友"，这是网络时代家校合作出现的新问题，其弊端就是对孩子的学习介入太多，失了家校合作分寸，对此二者都要弄清楚双方合作的边界在哪里，怎样才是功能互补，而不是功能替代。

六、奖惩的关键也在分寸

奖励与惩罚是常用的教育方法，以表明家长对孩子的认同或不赞成，允许或制止，即使一个微笑，一个眼神，甚至缄默不语，都可以构成褒奖和贬罚的含义，引导孩子懂是非、明道理，学规矩。奖励是欣赏的、赏识的、赞扬的，是一种肯定，是正面强化的鼓励；惩罚则相反，是表示不认同的、批评的、制止的，是一种否定，是负强化的削弱作用，奖惩都是家庭教育必需的方法。

奖励不仅对孩子，我们成人使用褒奖更为普遍，各类名目的奖项直至国际大奖，其功能都是一致的，因为人类共同都具有一种渴望，"被人肯定的渴望"，因此表扬、奖励对儿童成长极有价值。那么如何使用奖惩、如何使用表扬与批评呢？对孩子要多表扬，多到什么比例呢？"对半"还是"三七"开呢？与教育的其他问题一样，任何固定比例落实到具体某个孩子身上都可能失去意义，使用表扬或批评，重要的仍然是把握分寸、"叩其两端"的问题。

1. 奖惩不能随心所欲

家长使用表扬或批评、奖励或惩罚，最容易犯的过失就是随心所欲。比如，无论怎样过分的惩罚和贬斥，家长都可以归之为"我是为你好！""我要不爱你还会管你吗？"认为只要动机好，就可以不讲究方式、缺乏分寸，这是将教育简单化了。

家长只要有了随心所欲的毛病，使用奖惩就会失去分寸。自己一高兴，随口夸奖，任意奖赏，并不为什么原因；反之若不高兴，发怒指责同样不为什么原因，类似的情况还不少。它的害处是使孩子无所适从，迫使孩子不按是非标准行事，而是被动揣摩看父母脸色行事，观念也就混乱了，哪里能形成良好的观念行为呢？

孩子信任家长是奖惩取得积极效果的基础，亲子信赖是家庭教育的重要基础，值得信赖的亲子关系，不仅是儿童发展的内在动力，也是指引孩子认识世界的重要保证，是孩子形成内在控制力的强大教育力量，许多优秀人物的素质都是在这种对父母从来没有动摇过的信赖中产生的。如果家长随心所欲，孩子的是非判断混乱，就很难建立起教育信任，而没有信任也就没有教育力量。

2. 学会"正强化"

孩子有优点就该表扬，有毛病就得批评，这种看似公平的教育方法在心理学看来有很多不足。有家长说："我想表扬孩子，可我很难看到值得表扬的地方，怎么办？"这里涉及心理学说的"正面强化"的原理，也就是用表扬去纠正缺点的原理。表扬和批评并不完全是这样明确分工的，纠正孩子的坏毛病也可以用表扬，而且更具有建设性，效果也很不错。比如孩子习惯撒谎，除了告诉孩子撒谎不对，正强化的做法就是在孩子没有撒谎、说实话的时候认真地好好夸奖、赞扬孩子，用表扬去巩固不撒谎，这样坚持一段时间，可能其中有反复，但持续正面强化，纠正的效果会好得多。

又如孩子学习老分心，家长不要只会劈头一顿数落，正强化的做法是，只要孩子能稳定一小段时间不分心，或哪怕只有一点进步，家长就不要吝惜表扬，用表扬去巩固孩子的不分心。每一点进步都用表扬巩固下来，效果就比较明显。同理，孩子不按时睡觉，或不按时起床，家长就不停地催促、批评，最终成了唠叨，而越唠叨孩子越拖拉。正强化的做法是，在孩子按时睡觉或按时起床时好好夸奖、鼓励，就能调动孩子自我调控的内在动力，发展起自我约束的能力。

孩子人小，要认识到自己的长处并不容易，需要家长留意去发现、巩固，克服有缺点就要批评的简单化。尤其在中小学阶段，孩子不少所谓的"毛病"是成长中的不成熟，需要家长指点，需要鼓励，所以教育应大力提倡"正强化"。

在孩子遭遇失败时，表扬也很有用，那么此时表扬孩子的什么呢？一位父亲谈到他儿子评选市三好生的事，评选结果儿子以一票之差落选，保送的可能化为泡影。儿子沉住气挺过来了，这位父亲就大大地夸奖了他，说经得起失败才是有出息的男子汉。家长用表扬强化了孩子抗挫折的心理素质，这就是教子有方，有水平。而有些家长在孩子遇到挫折失败时，即使不批评一番，也很难用表扬来处理，而有的家长遇到这类事情能够把自己的不满情绪处理好都很困难，也就顾及不了给予孩子及时的心理支持。

3. 克服简单化

对孩子的奖惩，家长要注意克服简单化。比如有家长只奖励分数，规定多少分得表扬，多少分不奖励，这样当然简便易行，但教育却无"简便"可言，若贪图简便，则奖也失误，惩也失误。分数只是一个现象，学习兴趣、学习习惯、学习方法是藏在分数后面的，家长要看到这一点，使用奖惩就不同了。

孩子自己学着看书了，家长及时强化阅读兴趣；孩子练习提高速度，家长要及时强化；孩子临场独立发挥的作文，即使分数不高家长也应大加赞赏，孩子独立钻研苦思苦想，即使没钻研出结果，家长要表扬孩子学习的独立精神……就学习而言，这才是表扬到了点子上。

有的家长的奖惩方法很是简单易行，奖励则钱物、惩罚则打骂，但教育却是复杂的、多层次的，孩子的许多重要品质，如求知欲、上进心、自制力、同情心、正义感、责任感、吃苦耐劳、坚韧、勇气等，既不是靠打骂形成，也不是钱物能扶植起来的。

正强化是有效的教育方法，但还是不能简单化。这里我要特别强调这一分寸，比如"你真棒！"是正强化，但绝非灵丹妙药。如果认为只要夸奖孩子，就能激励孩子奋勇向前，就可以应对孩子成长中的问题，就是典型的简单化了。世界上绝没有那种方法可以应对教育的复杂性、多样的和差异性。有人说孩子的坏毛病是怎么来的，那就是家长永远在表扬"真乖！""真棒！""好厉害！"

4. 惩罚的分寸

家长已是成人，不妨设想：你工作单位的领导三天两天地批评你，不断挑你的毛病，扣业绩分、扣奖金，你作何感想？应该是受不了，成人尚且如此，何况孩子呢？孩子和成人比较，更不具备自我肯定能力。失去分寸的惩罚不利于孩子形成自我约束的内在动力，尤其多次重复惩罚会造成孩子的回避心态和厌恶情绪，比如孩子因学习问题多次遭到惩罚，就会回避学习，厌恶学习。

然而有的惩罚却是必需的，尤其必须中止的错误行为更要及时惩罚。比如小孩子用手指去掏电源插座孔，喜欢站在高楼的窗台上，以及攻击同伴等危及安全的行为，家长必须用惩罚让孩子记住不许再犯。家长要记住：在学习、品德、锻炼这些需要孩子主动努力才能做好的事情上，惩罚的次数一定要少，惩罚用于中止错误效果不错，激励孩子主动上进就不一定效果好。比如，家长规定考不上95分就以取消旅游为惩罚，那么孩子能力跟不上，只好想最多也就是不去旅游，并没有达到惩罚的目的。

有的家长恐吓孩子如果考试不好就严厉惩罚，多少天不准出门、扣多少零花钱，结果呢？由于学习能力跟不上，家长怎么惩罚也无济于事，最后也就不了了之。此外，惩罚过分会激起强烈逆反，把矛盾推向极端，酿出恶果甚至惨祸。现在不少学生离家出走，原因之一在于家长惩戒过于严厉，孩子深陷恐惧，无路可走，于是顾不上后果被迫出逃。由此可知，对孩子的教育惩罚实在是一种很讲究分寸的方法，不能没有惩罚，但必须谨慎使用。

5. 什么是"自然惩罚"

心理学家主张对小一点的孩子使用"自然惩罚"。什么是自然惩罚呢？比如孩子不爱惜东西，打坏了玻璃窗，家长不要立即去补上，而让孩子尝尝没有玻璃冷风呼呼的滋味，孩子也就可能记住了这种惩罚；又如孩子不会整理自己的文具，凡事丢三落四，临上学了找不齐文具，不少家长总是急着帮忙到处寻找，嘴里也在批评孩子没有好习惯，可终究还是帮孩子找着了，以免孩子迟到。使用自然惩罚就不去替孩子帮忙，让他自己找，找不着自己到学校挨批评，或继续找下去挨迟到，孩子吃了丢三落四的苦头，也就会逐渐注意自己整理文具书籍。

自然惩罚效果相对比较好（家长注意不能过头，如让孩子吹冷风不能吹得大病一场），伤害孩子也很少，家长可以试着使用，其中包含的宽容性和人情味是其他惩罚所不具有的。但是家长要注意，孩子中学以后面临的重大原则问题，例如吸毒、出走，家长就不能使用自然惩罚，因为有的结果是毁灭性的，会危及孩子性命、毁掉孩子的人生。

家长惩罚孩子还要注意保护孩子的自尊心。惩罚的目的是让孩子懂得是非，而不是损伤自尊和人格。一般来说惩罚不要当着他人的面，这一点很重要。有的家长认为是老朋友、熟人、亲戚，没什么关系，而孩子却最委屈、最反感。有些家长故意耍威风，偏偏在有客人的时候惩罚孩子，这就更为错误了，是家长极不成熟的表现。

关于奖惩、表扬批评的使用，还有一点要注意：孩子超出正常范围的极端行为、心理异常，已经到了恶性损害的程度，就不是一般的"优点"或"缺点"，也不是表扬或批评能够解决的问题，需要专门的心理治疗机构诊断和治疗。

第十四卷　了解孩子的能力

从家庭教育的角度讲，了解孩子是家长需要具备的能力，不了解孩子如何教育呢？很多家长自认为很了解自己的孩子，事实上恐怕不能乐观。曾有一家青年报社调查："你认为你的父母了解你吗？"结果93%的青年学生认为"不了解"或"不太了解"，情况可见一斑。

了解孩子的能力，包括了解孩子发展的重要素质是哪些，以及家长知道如何去了解。从目前家庭教育的现状看，家长对孩子的精神发育、心理需求了解不够，对如何了解孩子，也存在主观、随意、缺乏沟通、专制、轻信等不足，故而我重点谈谈孩子的精神需求、心理发展以及家长如何了解孩子。

一、了解孩子的需要

了解孩子并不是一桩容易的事情，尤其是比较准确地了解孩子，更不容易。了解孩子包括了解孩子的身体需要和精神需要，身体需要是孩子健康发育的外在条件，精神需要是孩子健康成长内在条件，精神需要包括：安全感需要、交往的需要、被信任的需要、探索、创造的需要、成功的需要。

1. 身体活动的需要

充分的身体活动是孩子的需要，而且孩子生来就具有这种需要，这种需要不仅通过摄取营养来实现，而且要有充分的身体活动。我感觉现在好多家长对此真的还意识不足，还没有真正懂得孩子为什么需要充分的身体活动，因此将身体活动列入很次要的位置，甚至当做"影响学习"的事情。不独中国，这也是一个世界性的问题。拥有千百万体育迷，崇尚体育锻炼的美国，青少年身体状况也并不如人意：1/3 的人体重过重，一半人不能进行足够的锻炼，6 ~ 17 岁的青少年中，有一半女孩和 1/3 男孩不能在 10 分钟内跑完 1 英里（1 英里 ≈ 1.609 公里），所以美国总统曾向美国的青少年们提出挑战，要求他们能够达到健康标准。

在我国，锻炼不足的青少年比例很大，肌肉不达标、心肺功能差的比例相当惊人，媒体时常有学生晕倒在军训、中长跑途中的报道，以致有学校担心学生体质太弱，取消了运动会的长跑项目，又担心安全问题，取消了单双杠、游泳，可见这个问题的严重性。

一个国家青少年身体锻炼不足，与学校失职有关，也与家庭教育的观念有关。不在少数的家长有意无意以学习为由，反对或取消孩子的体育锻炼、身体活动，仅把体育锻炼视为读书不行、不得已去从事的职业。孩子的户外活动被削减到最低限度，如果不喜欢活动专心读书，则更让家长放心。近年来网络世界更是让大量儿童青少年几乎静止不动地呆在电脑前，身体活动更加减少，实在让人忧心。统计一下家长为孩子的营养投资、智力投资、体育投资，体育投资的比例微乎其微。

据世界卫生组织调查，影响孩子学业的几大因素，第一是睡眠不足，饮食习惯不佳，第二就是运动不足和缺乏自由游戏。儿童的身体发展需要叫喊、猛烈的呼吸和完全自由的游戏，这一需要得不到满足，孩子容易疲倦，引起学习困难。很多孩子日复一日处于半睡眠状态在听课、算术、写作文，重复着每天的低效率学习，"粗心""恍惚""贪玩""不专心"一类被家长指责的种种缺点，很多都是运动不足的缘故，家长却不知缘故，一筹莫展。

青少年健康成长首先需要身体的充分活动，而好多大城市一个学校几千学生竟没有像样的操场。我去过的中学，还有课间操是在教室走廊里做的，黑压压的满走廊都是一米六七的高中生，双手平举则触到两面墙壁，踢腿不能认真，以免踢到前面的同学；一个市级的重点小学3000多个儿童，学校的塑胶操场，我用脚步量了一下，日常步行72步，折合不到50米长，更多的孩子是在水泥地上面做操、跳绳、追逐奔跑，孩子们被严重压制的生命状态让我痛心不已，为此我也常常在呼吁"素质教育，先建操场"！

学校的现实条件不能满足孩子身体活动的需要，那么回到家庭教育环境，家长要尽可能调动自己的条件，想办法补上，让孩子有身体活动与锻炼，最好是接受系统的体育项目训练，游泳、足球、羽毛球、田径等。在我附近中小学，就有不少家长送孩子到少年业余体校的进行常年训练。这些家长在长达十多年时间里耗费了相当多的精力和时间，然而这是千值万值的。

我经常在体育场地外看孩子们训练，比如游泳队，每天2～3千米的训练量，要说苦也的确苦，可是孩子们都很喜爱训练，连冬泳也能坚持下来，原因之一就是孩子的身体本来就需要这样猛烈的运动和充分的伸展。每每看到孩子们在水波中愉快地伸展四肢、顽强地锻炼着自己，望着孩子们脸上开心的笑意，听着水花、人声的动人喧嚷，我就会感到无比轻松、感到自己也充满活力。

2. 安全感的需要

一位心理学家为了弄清孩子对父母的要求，在世界各种文化背景中对儿童进行抽样调查，共归纳出四百余条要求，居前10位的要求是：

- 孩子在场不要吵架
- 平等给予孩子的爱
- 任何时候不要对孩子撒谎
- 父母之间相互谦让、谅解
- 父母要与孩子亲密无间
- 孩子的朋友来，要表示欢迎
- 孩子提的问题，要给予全面回答
- 在小朋友面前，不要讲孩子的过错
- 不要过分强调缺点
- 对孩子的爱要稳定，不要喜怒无常，动不动就发脾气

我们可以看出上述要求突出反映了孩子的精神需要首先是安全感。在温饱获得基本满足的情况下，孩子的心理安全就显得最为突出，所以如果家长只从物质角度去满足孩子的需要，就绝对不够。所以家长要了解孩子失去安全感，心理健康会有什么损伤，"安全感需要"包括哪些内容等。那么，孩子的安全感从何而来呢？

第一，孩子的安全感来自父母的和睦。父母不和、父母吵架是孩子最恐惧的事情，孩子在父母的敌对、争吵中，尤其会感到极度不安，感到严重的威胁，所以调查显示出来居第一位的需求是"孩子在场不要吵架"。很多成年人忘掉了童年大部分事情，可很难忘掉父母吵架的场面和自己当时的感受，如20世纪80年代一首流行很广的歌中所唱的"父亲的责骂母亲的哭泣永远难忘记"。有小学生说"我的世界末日就是父母吵架"。

家长之间存在着矛盾冲突，但无论如何要保护孩子，不能当着孩子的面吵架。有的家长只知道要求孩子怎样怎样，要听话，要学习好，要名列前茅，却不知道失去安全感的孩子、内心紧张不安的孩子很难接受家长的教育和期望。孩子害怕失去父母的爱，却又无能为力，如惊弓之鸟，担惊受怕，小心谨慎，唯恐自己有什么过失招惹起父母的冲突，更害怕哪一天会突然失去父母，心境非常可怜，哪里有可能静心读好书呢？所以家长希望孩子上进，要学习好、要表现好，必须首先给孩子一个很有安全感的家庭环境。

　　有的家长吵架已经成为常事，一个女孩妈妈买错了菜，爸爸就和妈妈为此一直吵个不停，女孩忍不住大声制止道："你们可不可以不吵了？"妈妈居然更大声音地回答"不可以！"之后继续吵下去，孩子苦恼极了。这还真的让人匪夷所思！若非是学生写"我的苦恼"，真还想象不出有这样的家长，孩子写作业都不得安宁，恐怕想好好玩耍也是不能够的。如果家长一点小事情都非要决出个输赢是非，家庭气氛如此极端，依我看，孩子失去安全感家长就已输了一大半、错了一大半，还有什么可争的？

　　在世界文化里，不少民族、国家都很重视让一个人在家庭里获得安全感，让孩子的安全感根植于家庭中人与人之间的亲密关系之中，以此获得面对整个人生的基础，随心所欲、争吵不休的家庭，很难培养出内心稳定、大气端庄的孩子，对此家长要反思自己。

　　第二，孩子的安全感来自同伴和团体的肯定和容纳，这一点家长也可能忽视。在小学中高年级至中学期间，孩子会愈来愈重视同伴，重视同伴群体对自己的评价，这是一种需要，同辈群体的肯定评价能带给孩子牢固的安全感，家长如果懂得这一点，就会在乎孩子是否获得同伴的认可。进入青春期以后，孩子的精神交往90%倾向同龄伙伴，甚至宁愿得罪父母、老师也不放弃伙伴的认可。因为这是安全感的需要。

　　我读小学时，要说父母给予的安全感是足够的，在学校也因成绩好常获老师称赞。那时班里有个女孩子是"头儿"，大家都很听她的，她的成绩也很优秀，我也很听她的指挥，因为我不愿失去伙伴们。后来我们成了好朋友，中学毕业遭遇的厄运也相同，她是右派家庭，我是海外关系家庭，都在不到16岁的时候下乡当知青7年，而她因为下乡后住的房子极潮湿而致严重风湿病，没有等到恢复高考，还不到30岁就去世了。小学毕业时我俩到照相馆照相留念，她比我先到，听见我叫她，回头看见我微微一笑，那时候我们12岁——直到现在，她定格在我脑海里就是这个情景。我曾写了长长的一篇文字，怀念我的这个童年伙伴，我甚至感到我的努力之中，有一份是替她在做的。

　　第三，孩子的安全感来自对自己的信心，自信心能够使孩子获得内心的稳定和安全感。从孩子一生的发展来看，相信自己充满着力量也是内心稳定的主要保证，所以家长要重视孩子的自信心，在孩子进入中学以后，鼓励孩子逐渐"心理断乳"，独立自信，才能使孩子在多艰人生中，依靠自信获得内心稳定，获得力量源泉。

3. 交往的需要

不少家长懂得陪孩子的重要性，于是尽可能抽时间陪孩子玩。我常看见傍晚的家庭活动，总是两个甚至几个成人陪着一个孩子，粗略一看似乎没什么不好，然而其中就可能包含了父母对孩子交往需要的忽视，忽视了孩子需要与伙伴一起玩耍。

汉民族文化，尤其儒家文化非常重视进退有节、人情练达的处人原则，所谓"人情练达即文章"，即懂得人情事理与博取功名同等重要。在现代，人情练达就是能够很好地"与人共处"，有替他人考虑的能力，凡事合情合理，善解人意、得体大方。这与谋生能力同样重要，甚至更重要。

有位家长很重视孩子的学习，却没重视孩子与人共处的能力，孩子基本没有同伴交往，更缺乏家长的指导，交往的需要逐渐淡化掉了。孩子在学校虽然成绩不错，可是没有朋友，与同学总是话不投机，给同学讲题总喜欢要挑人的毛病，于是大家都不找他，这孩子也很茫然，说讲题就是要说哪里错呀，说出来就得罪人，不知道怎么说才好。所以家长要懂得，学习优秀并没有错，但它还不等于生存能力的全部，与人共处这块儿若成了短板，孩子总体发展可能会受到关键性的制约，付出的代价很大。

同伴交往的需要，也是一种重要的精神需要，有朋友的孩子学习往往更好，人格更健全，社会成就也更突出。为此家长要为孩子提供尽可能充分的条件满足孩子这一需要。具体来说家长要做到如下几点。

第一，鼓励孩子呼朋唤友。对孩子与同伴一起玩，或到家里来玩，有的家长非常热情支持"当然可以！"有的家长就比较勉强，交代一些限制条件"不要……不要……"，使孩子十分拘束；还有的家长干脆拒绝，找"该做作业了""我们有事，以后再玩"等借口。家长是教育者，孩子呼朋唤友是非常好的事情，要热心为孩子创造交往条件，无条件地作为重要事情来对待。

中国家长更习惯于鼓励孩子的学习，把知识技能的学习看得很重，而一些现代教育则更提倡多鼓励孩子参加社团性的活动如棒球、义工等，形成良好的人际交往模式。在有的国家,3岁的孩子就开始参加社区的足球队，与大小不一的孩子一起学踢球，而教练主要由义工担任，这样社团性的活动更利于儿童获得人际交往的技能、优化人际情绪，更充分满足孩子交往的需要。

我曾在某国目睹一个小区过万圣节的情景，整个小区一百多人家的孩子，身着各种动物服饰，熊、恐龙、小鸟等，提着南瓜灯到各家去领礼品，或糖或果，各家的家长就在自家门口等着，孩子们来了就把小礼品依次放进他们的南瓜灯里。这让我很惊讶，因为在异国他乡反而见到我们孟子"不若与人""不若与众"的情景[①]，意思是"一个人独自快乐不如与大家一起快乐，与少数人一起快乐不如与更多的人一起快乐"。这对我们的孩子很重要，因为在现代，中国传统家族的社会支持功能在逐渐消减，社区应该对儿童交往提供更多的支持条件。

第二，指导孩子识别是非。有的家长不让孩子与伙伴玩耍，是担心孩子学坏，这种担心有道理，但不能"因噎废食"，因担心就阻止孩子与同伴交往。从年龄阶段来讲，在幼儿园、小学低年级阶段，孩子的同伴多是住家邻近，上学邻座的孩子，除个别的情况，这个年龄的孩子坏不到什么程度，家长不要制造"等级"标准，规定与这个玩，不与那个玩。比如在幼儿园有孩子说脏话，孩子去模仿，让家长很惊慌，可是仔细盘问，说脏话的孩子也并不懂得脏话的意思，也是跟人模仿的，并非小孩子很"黄色"。家长正面给孩子讲清道理，孩子就知道不去模仿了。又比如在小学有孩子在同学中比谁的衣服好，谁穿名牌，一般也都不是孩子自己的问题，家长告诉孩子在学校要比学习、比进步，都能有好效果，没有必要禁止同伴交往。

而孩子到了小学高年级、中学阶段，这个阶段同伴的影响非常之大，超过家长和教师的影响，所以分清是非、辨别正误很重要，但这同样不能成为阻止孩子同伴交往的理由，而要坚持在交往中去学习择友。孩子学坏，

---

① 《孟子》:"'独乐乐，与人乐乐，孰乐？'曰:'不若与人。'曰:'与少乐乐，与众乐乐，孰乐？'曰:'不若与众。'"

不是交往的错，而是没能识别是非，所以家长要加强孩子择友的是非指导，而不是隔断孩子的同伴交往。

孔子将朋友分为"益友"与"损友"两类："益者三友，损者三友"①，有益的朋友有三种：正直诚信的朋友，宽恕大度的朋友，知识广博的朋友是有益的；有害的朋友也有三种，谄媚逢迎的、表面奉承而背后诽谤人的、善于花言巧语的，是有害的。

我在一些重点中学了解到，有的家长不喜欢孩子与一般中学的孩子交往，即使是邻居也不在一起玩，因为担心孩子受影响不好好学习，于是"割席绝交"，我对此表示不大赞同。尽管家长担心的理由似乎也存在，但对此还是要看具体情况，重点中学有损友，一般中学也有很多益友，不能简单化地因噎废食。

4. 被信任的需要

古人云"士为知己者死，女为悦己者容"。意指一个人愿为信任自己的人去出生入死，赴汤蹈火，一个女子愿为喜欢自己、欣赏自己的人去打扮美丽。所谓"知己"就是对自己的信任、了解和肯定。信任是一种激励，由于自我价值得到肯定而获得的精神满足，会使一个人无往不前。人们常常为了不辜负自己得到的信任而竭尽全力，甚至不惜牺牲宝贵的一切，因为被信任是人的需要。

与成人相比，孩子更需要在温暖可靠的信任中去学习和探索，在信任中去克服幼稚和错误。家长容易做到在孩子顺利和成功时给予信任，但家长要懂得孩子在遭遇失败和挫折时，才是最需要信任的时候，这时候的家长不吝惜信任，才是懂得爱孩子。有的家长一见孩子有退步、有起伏，就赶快收回自己的信任，这对孩子打击很大，有孩子说"父母也是世态炎凉"，可见我们有的家长还"不够仗义"。

信任孩子并不容易做得恰到好处，一些敏感领域家长往往左右为难，如孩子花钱的问题、与异性朋友同学来往的问题，能否信任孩子家长心中无数。孩子说买书的钱丢了，或者说他与同班女同学来往只是一般交往，

---

① 《论语·季氏》："益者三友，损者三友。友直，友谅，友多闻，益矣。友便辟，友善柔，友便佞，损矣。"

家长给他信任么？孩子在学校被定为"差生"，家长还信任他将来可以有所作为么？诸如此类，好多家长由于无法决断，只好采取"疑错从有"（实际上就是不信任）的做法：买书的钱丢了，就不买书，也就是说，如果把钱用去买了零食之类，没书看就作为惩罚；与异性同学来往既是一般往来，那么就不往来更保险；孩子被说成是差生，那么教师都否定了的孩子，家长又何必再去信任呢？

有家长说："孩子撒谎，我怎么可能信任他呢？"实际情况却往往因为家长不信任孩子，孩子才学着撒谎。一个初三的学生说道："妈妈不信任我，她总是怀疑我的每一句话，考试丢了分，我说粗心了，她说：'不是吧？是不是喜欢上谁了？'我去女同学家，她说'不是吧？是男同学家吧？'真没办法，弄得我丢了分就紧张，要出门只有撒谎。"

可见孩子要得到信任真不容易！信任是一种激励，信任中包含的允许失败、允许冒险、允许错误的宽容，如果激励的力量孩子得不到，允许失败的宽容孩子得不到，那么要求孩子积极探索，勇于上进，同样很难办到。

是否信任孩子，我觉得家长应该有一种基本态度：对孩子的某件事、某句话，在没有证实它是谎言、是欺骗之前，你都应该假定它是事实而给予信任，除非事实证明孩子说谎。有的家长恰好相反：在没有证实某件事某句话是事实之前，都假定孩子是撒谎，而不给予信任。这两种态度对孩子的人格影响是截然不同的，所以有教育家言道：善于相信孩子的父母是高明的父母。

现在小学生的家庭作业普遍要求家长签字，几乎每天如此，每个学生如此。可是为什么要这样呢？我曾经询问过许多学校、家长和孩子，都是如此，这让我很不理解，不理解孩子们整体上的不被信任，整体上都被假定为"不能自觉完成作业"。借用法学术语即我们对孩子完成作业的假定是"有罪推断"，也就藉此要求家长配合监督，除非家长签字，孩子就符合"不能自觉完成作业"这一假定。

这里又再次涉及我们为什么没有培养出大师？大师是精神巨匠，需要巨大的精神空间才能成长起来，而我们的教育提供足够可以生长大师的精神空间了吗？被信任是一个人基本的精神需要，信任也是最具力量的教育激励，试想，一个每天必须小心仔细、不断需要证明自己"自觉"的孩子，精神空间是不是太狭小了？

历史上著名的"管鲍之交"的故事，说明信任是成就人生的巨大力量。管仲是辅佐齐桓公称霸诸侯的宰相，他的成就得益于鲍叔（即鲍叔牙）的信任和帮助。管仲在青年时经常与鲍叔交往，鲍叔看出他是难得的贤才。那时候管仲家境贫困，常常欺骗鲍叔，鲍叔却一直很好地待他，不将这事声张出去。后来鲍叔为齐国的公子小白谋事，管仲为公子纠谋事。后来小白立为桓公的时候，公子纠被杀死，管仲也因此被囚禁。鲍叔就向桓公保荐管仲，管仲被录用以后，在齐国掌理政事，齐桓公因此而称霸，多次会合诸侯，匡救天下，都是管仲的谋略。

管仲说："当初我贫困的时候，曾经同鲍叔一道做买卖，分财利往往自己多得，而鲍叔不将我看成贪心汉，他知道我贫穷；我曾经替鲍叔出谋办事，结果事情给弄得更加困窘和无法收拾，而鲍叔不认为我愚笨，他知道时机有利和不利；我曾经三次做官又三次被国君斥退，鲍叔不拿我当无能之人看待，他知道我没遇上好时运；我曾经三次打仗三次退却，鲍叔不认为我是胆小鬼，他知道我家中还有老母；公子纠争王位失败之后，我的同事召忽为此自杀，而我被关在深牢中忍辱苟活，鲍叔不认为我无耻，他知道我不会为失小节而羞，却为功名不曾显耀于天下而耻；生我的是父母，了解我的是鲍叔啊！"管鲍之交的"四难"，道出信任一个人不容易的深刻道理，而鲍叔做到了，也才成就了管仲的历史伟绩。

5.成功的需要

孩子的成功对成人来说，意义似乎很单一，不管是评上"三好生"，考试获前三名，还是体育竞赛拿到名次，甚至做成了一件精美的手工，家长都只看成是实现自己教育期望的一个小目标，而不是孩子心理发展的一种需要，因此对孩子的成功常常因果颠倒，把成功看成目的，而不是促使孩子获得自信的一种方式。

我不止一次看见孩子兴奋地向父母报告成功的喜讯，孩子眼里洋溢着无比的自豪喜悦，可是家长大多都"演奏"三部曲，像舞台戏曲的程式化表演一般：

（开始）："嗯，好！不错不错。"

（然后）："注意不要骄傲呀！"

（最后）："下一次你该争取……"

这些貌似有理的教导，使我真有点"恨"这类家长："说这么多干什么呢？"

成功的体验对孩子来说是太重要了，它是孩子建立自信必不可少的条件。孩子得到成功，父母应该由衷地赞赏孩子，让孩子充分地体验成功，而且大多数时候只需要这一份体验就够了。这种体验是孩子的需要，它包含了一种自信，证明"我能做到"。至于"戒骄戒躁"，我认为提要求要看时机，还要看孩子是否有骄傲，有的孩子很少成功过，哪来的骄傲呢？

有家长谈到，孩子很难得到学习上的成功，因为每次名列前茅的都是几个优生，有的孩子为了得到表扬，只好拼命做清洁，让家长又心疼又心酸，怎么办呢？家长要秉持"好孩子不分第一第二"的教育理念，让孩子获得成功，不要非得"前几名""三好生"才叫成功，前几名毕竟只有几个，只要孩子在努力、有进步，就是孩子的成功，就应该让孩子获得成功体验。十几年努力下来，不管是不是前几名，孩子一定有相当的长进和成绩。所以家长应由衷地为孩子的每一点进步高兴，由衷地赞扬他们。

学校教育理念也一直在朝这个方向努力，我曾在一年级教室见一个教师亲切地搂着一个男孩连连夸奖："真乖！好厉害！你看你多能干！"那个孩子并不是做出了难题，他是全班最后一名，整整读了半学期的书，才能做完10以内的加减法。我很感动，我忘不了这位教师为孩子由衷高兴、由衷赞扬的圣洁面容，也时常忆起她卓越的教育思想。

还有一个小学改变"六一"儿童节评三好学生的惯例，要让儿童节属于每个儿童！在"六一"这天从大校门一直到教学楼都铺上红地毯，每一个孩子尽情展示自己最值得骄傲的制作、书法、美术、器乐、舞蹈、武术、服装，让孩子获取节日的快乐，获取成功体验。如果家长和教师都能如此肯定不在"前几名"的孩子，孩子们的精神发育该是怎样的蓬勃！

对人来讲，最深远的动力是希望、是自己具有某种重要性，人类天性中最深切的渴望是被人肯定，这种渴望具有重要的生存意义，对孩子的成长更富有价值。

有报刊曾讲到过一位青年人，父母离异，家庭破裂、学校开除，最后因抢劫杀人进了监狱。他在狱中给他的美术老师写了一封信，感谢她给了他一生中唯一得到的一次表扬：在全班表扬他画了一幅好画，让他自豪过，为自己自豪过一次。

为人之母、人之师，我尤其为这样的罪犯感到很深的痛，我深信某些孩子最终以监狱来标注人生的失败，原因之一在于他们从来没有或很少体验过成功的喜悦和欢乐，也就难以相信自己能走出成功的人生道路。他犯了罪，那么他的家庭教育该负担什么责任呢？

6.探索与创造的需要

世界对孩子来说是新的，所以他们总是好奇，而我们家长自以为对世界熟视无睹，所以对孩子的好奇不以为然，也就忽视了赞赏和支持。一个两岁的孩子，抓住墙纸"哗啦"一下撕出几尺的大口，他发现了这种"破坏"的结果，高兴地笑个不住，却被母亲瞪眼训了一顿，说以后"不准这样"！按常理讲，墙纸自然不能这样被孩子折腾，我要强调的是母亲要知道这是孩子的探索，而不是破坏，所以碰到这种情况，家长可以避免孩子再去撕掉墙纸，但不能因此阻止孩子的探索。

鲁迅先生曾对朋友讲过他儿子的一件事："这小孩非常淘气，有时弄得我头昏，他竟问我：'爸爸可不可以吃的？'我说：'要吃也可以，自然是不吃的好。'"鲁迅先生十分幽默，孩子稚态可掬，令人忍不住笑，而从中我们看出孩子具有探索一切的愿望，而这些愿望常被成人作为笑谈忽视了过去。

现在家庭教育常常提及爱迪生的探索发明，实际上我们仔细想想，好多孩子在童年时期都有过类似甚至超过爱迪生之好奇的探索活动。比如爱迪生在箩筐里孵鸡蛋，被称为他以后成为大发明家的童年特征。众所周知。其实我们到孩子们中间去查查，类似的举动随处可见，不同的是我们家长不及爱迪生的母亲，没能把孩子探索世界的好奇心保存下来，而且好多家长一点一点地，在不经意中把孩子探索的天赋削减一空，用无数现成的知识符号去代替孩子的探索。时间一长，孩子也就习惯于没有探索的学习，甚至怯于探索，不敢冒险，不敢尝试，只知道学习各种答案"是什么"，而很少去想"可能是什么""为什么"。

孩子的探索就是孩子的探索，并不是有的成人所希望的那样，带有明显的未来科学家的举止。有家长在孩子问到天上的星星怎样怎样时，就很欣喜地认为这是孩子的探索，因此耐心回答孩子提问，而孩子淘气式的"探索"，幼稚的"想试试"，家长就不以为然，认为是毫无意义的孩子举动。

然而最出色的发明也是从"我想试试"这里萌芽的，儿童爱迪生坐在筐里孵蛋不也是因为"我想试试"吗？家长在这个问题上不能刻舟求剑，指望孩子的探索随时都显出如爱因斯坦、乔布斯一般的深奥举动，孩子的探索活动往往是极简单的，然而再简单也是探索。联想到我们成人，有多少成人连最简单的探索都早已荡然无存，这是否与这些成人的家庭教育有关呢？

日常生活中满足孩子的探索思考是最好的启迪。一位父亲是物理教师，很注意启迪孩子的科学兴趣，如他做一个小实验"不会掉下来的乒乓球"，让孩子观察只要乒乓球不停地作圆周运动，就不会掉下来，孩子又惊又喜，深为震撼，兴趣大增，一遍遍试着操作，直到成功。这个孩子很有兴致地观察了很多物理现象，对物理几乎着了迷。可见生活中随处都有启迪探索思考的契机，数学现象、化学变化、天文之谜、地理奇观、历史渊源……如果说缺少什么，就是缺了家长的教育机智。

创造始终与探索是一体的，家长是否知道孩子除了需要学习，还需要创造呢？万物之中，人类最具创造的需要，也最具创造的天赋。现在我们的教育极力主张培养孩子的创造力。依我之见，从孩子接触世界的第一天起，我们成人只要不去取缔限制他们的创造活动，不把他们单单引向读书求生计的狭窄胡同，孩子发展起来的创造力其实是惊人的。遗憾的是，我们成人扼杀了多少孩子的创造潜力！

孩子的创造可以是很简单的活动，然而它对孩子的意义非同一般，为此孩子可以忍受成人无法理解的艰苦。比如机器人大赛，对参赛选手的要求就很高，机器人是一个复杂的系统，硬件连接起来后，还需要软件程序的支持才能运作，运行中还需要根据题目要求，随时对程序进行调整。

某次世界教育机器人大赛，主题为"史前时代"，比赛时间只有300秒，却要完成17项常规任务和一项附加任务：包括"移动巨石""宝石归位""摘果子""钻木取火""取陶罐""收集火种"等，准备和竞赛过程都很艰苦，需要一次次地调试、需要冥思苦想、需要经历好多失败，需要忍饥耐渴，但因为它能极大满足创造的需要，满足孩子不断去试试的愿望，孩子们从不以为苦。

心疼孩子的家长不忍心孩子吃苦，极有可能剥夺孩子创造的快乐，而孩子废寝忘食的创作，家长可能认为在做"无用功"。家长要懂得，孩子天生就是富于创造的，孩子并不稀罕舒舒服服坐在屋子里吃甜点，或规规矩矩跟父母上公园，他们甚至宁愿忍耐天寒地热，满身野草泥土，去从事自己的创造，因为这是一种需要。

家长给购置玩具也要考虑满足孩子创造的需要，不少父母为孩子选购玩具，只要经济许可，总是尽可能地挑选华贵的、自动的玩具，如果一般人买不起而自己能买，似乎玩具对孩子就更有价值。其实，家长挑玩具不能以价格为标准，尤其对孩子创造需要的满足更是如此。家长购买玩具应注重满足孩子创造的欲望，如组装玩具就比自动玩具强，可以拆卸，可以重新组合造型，而泥塑则可以让孩子完全发挥想象去创造。

有一位家长给孩子买的木制玩具有几大盒，又买了几十个各式历史、寓言、童话人物的泥人，擦净地板，让孩子在地上设计修筑他的"天宫""兵营""宫殿"，规模宏伟，占了半间屋，孩子忙着设计，专心致志，一摆弄就是半天，其乐无穷。

还有一位母亲做得也很不错，她给孩子很少买机械单一功能的玩具。一次孩子看见电动火车漂亮的大盒子，就缠着妈妈要买，妈妈告诉他说你都4岁了，这个不好玩，就只会一圈一圈地跑，孩子不相信，于是妈妈就给他买了。回到家里，孩子兴致勃勃地忙了好一阵，把火车、轨道都组装好了，按下开关，火车就沿着轨道开起来，孩子很兴奋，可是不到两小时，孩子就跑一边去了，妈妈问你怎么不玩了？孩子说"不好玩"。为什么不好玩？因为电动火车没多少变化，孩子只能被动地望着它，它也只能这样一圈一圈地跑。此后这孩子不再要这类玩具，迷上了妈妈给他买的可组装、可变化出一千多种形状的"乐高积木"①。

由此可见，家长埋怨孩子价格很贵的玩具只玩几天就丢在一边又要新的，责怪孩子浪费，不知节约，其实此乃父母之过，因为买的玩具不能满足孩子动手和创造的需要。有一项国际性的研究调查，世界各国儿童最喜欢玩的东西是什么，结论是"沙"，无一国家例外！这出乎很多人的意料。我想，可能玩沙最能满足孩子创造，孩子当然非常喜欢。

现在还有一个有利条件，就是有专业指导科技小制作、小发明的网站，教孩子如何制作3D模型，红外线检测模块，热气球、数码钟、牵线木偶、沙盘、书签，还有园艺造型、摄影等，内容丰富。创造性活动可以焕发孩子生机勃勃的活力，这也是抵御网络依赖最为强大的力量，这种力量来自孩子对创造的需要。

家长要鼓励孩子参加学校、社区的科技创新活动，参加制作、航模、沙雕，制作风筝、走马灯、剪窗花，废品利用的创新制作如矿泉水瓶、废塑料袋等。但家长要注意的是不能一心争名次，或代替孩子制作，可能给孩子争名夺利的示范，因小失大。

7. 不少需要是潜在的

孩子的好多需要是潜在的，并不一定用语言或其他形式直接表达出来。孩子饿了、渴了、疲倦了、生病了，一般都会直接诉诸父母，家长也不难发现这些需要。孩子回避危险、回避敌意（被欺负）的需要，家长也较容易了解到。然而有的需要孩子不大容易表露，也不知道如何表露，甚至孩子自己也没意识到的一种潜在需要。

第一，独处的需要。孩子需要丰富的环境，也需要独处，我们成人也是如此。现在的问题是孩子得到独处的机会和时间太少了，因为孩子几乎无法让成人对他们松懈一点。尤其眼下的独生子女，集中了父母、祖辈的精力于自己一身，哪儿有可能躲开成人去独自玩耍，独自"发呆"的福分呢？

---

① 乐高积木是一种儿童喜爱的玩具。这种塑胶积木一头有凸粒，另一头有可嵌入凸粒的孔，形状有1300多种，每一种形状都有12种不同的颜色，以红、黄、蓝、白、黑为主。它靠儿童自己动脑动手，拼插出变化无穷的造型，令人爱不释手，乐高积木的故乡在丹麦。

孩子的思考能力、想象力、探索能力的发展需要独处，需要不受干扰，这很重要。家长需要思考的时候，就直接要求孩子："请不要打扰我。"可孩子就不能提出"请不要打扰我玩耍""请不要打扰我发呆"。孩子的玩耍甚至一个人呆呆地出神，都是智力发展所需要的，但这种需要是潜在的。没有孩子向父母提要求"我需要一个人出神"。但是家长却必须懂得这一点，应该有意识地划出空间和时间让孩子独处，绝不打扰他们，摆弄玩具也行、沉默也行、看书也可、自言自语也可，发呆出神、"胡思乱想"都可以。任何创作、动脑是百分之百孤独的，它最需要的就是安静。

这里用得上老子[①] "无为而治"的思想方法。"无为而治"指统治者治理国家对百姓要少干预，少折腾，国家才能安定，才能发展。从大处讲，百姓经不起折腾，从家庭教育讲，孩子经不起折腾。有的家长一见孩子单独呆着就要找事，提要求，左盘右问，送书递水，甚至发难指责说："呆着没事为什么不看书？不复习？"这是极不明智之举。所以我希望家长懂得孩子们需要拥有自己的大脑，适时地高抬贵手，孩子们才可能有大巧若拙、大智若愚那样的大脑。

第二，超越性需要。什么是超越性需要呢？就是超越了物质的、现实的利益需要，对精神层面的真（追求真理）善（同情、诚意）美（审美情趣）的需要，对公正、秩序等价值的需要，这也是家长也许会忽视的。如果我们认为人只有物质需要，只有现实的、名利的需要，那就太低估了人类。其实人类本质上是一半现实一半不现实的，甚至后者更突出，比如有不少人拥有现实中根本花不完的钱，可为什么还在努力创业、做大，挣更多的钱？他们往往并不为了钱本身，而是为了更加证明自己，为了被人更加重视，为了尊严，为了被认同，这就是精神层面的需要了。这是人类很本质的需要。对群体做贡献也是超越性需要，灾害袭击时候，为什么国人纷纷伸出援手？因为这是人类的一种超越性的需要。

有家长见孩子"太不现实了"，不知道怎么办，老是对孩子强调"这不能当饭吃啊""这个不好找工作啊""你还是现实一点啊"，对此家长要

---

① 老子，姓李名耳，字聃，我国古代伟大的哲学家和思想家，道家学派创始人，著有《道德经》。

有相当的思量，人不能不现实，也不能太现实，太现实的孩子容易眼光短浅，规划短浅，走不远，成不了大事。心理学认为，人类与身俱来就有超越性的需要，如果缺失了超越性需要，一样地会患病。也就是说，不仅物质需要被剥夺可能引起疾病，而且超越性需要被剥夺同样如此[①]。如果孩子的恻隐之心、助人之心、追求理想、追求正义的超越性动机遭遇否定或剥夺，精神发育就会出现某种超越性缺失的病态。一位在改革大潮中艰苦创业、成就卓著的企业家说，卓越往往来自"并不现实"这一品质，来自能从长计议。在家庭教育的过程中，的确值得家长从长计议。

二、了解孩子的发展状况

家长了解孩子的发展，主要应了解孩子的重要素质发展如何：身体健康、心理健康、道德品行、学习能力、自我意识、情绪品质、自控力等。这里重点说说如何了解孩子的情绪品质、智力特点、自我意识的发展。

1. 了解孩子情绪品质如何

第一，情绪品质是从三个方面去判断：情绪强度、情绪稳定性、情绪指向。"情绪强度"是指情绪的强烈程度，如大喜大怒、欣喜若狂、暴跳如雷、怒发冲冠、喜极而泣等，就是情绪强度大；反之，笑不启齿、闷闷不乐则是情绪强度小。

由于独生、溺爱、很少吃苦、更少耐劳等原因，现在不少孩子耐性很差，动辄就情绪爆发、严重失控。一个小学高年级孩子，因为作业与家长冲突，家长不让步他就拿起菜刀冲到阳台上，说不答应他，他就砍自己的头，或者跳下去，情绪激烈程度让家长难以置信！对峙中叫来老师才将孩子唤回屋子里，好久才平复一点，之后几天家长都心惊胆颤，说不知道孩子怎么变成这个样子了，以后还怎么管教他？类似情绪极端的情况还不是个别。

"情绪稳定性"是指情绪持续的时间，包括积极情绪稳定和消极情绪

---

① [美]亚伯拉罕·马斯洛等著，林方译：《人的潜能和价值》，华夏出版社，1987。

稳定。积极情绪稳定就是我们一般说的乐观，心情始终比较积极开朗，即使伤心、发愁也持续不了多久；而消极情绪稳定就是我们说的老是高兴不起来，悲伤、难过、沮丧持续时间长，即使高兴、兴奋也持续不了一会儿。比如有个女孩因为考试差了被母亲打骂，事情过了几个月还沉浸其中，时常伤心；一个男生运动会摔倒跑在最后，之后经常总要去想到那种失败的羞耻，就属于消极情绪稳定。

有的孩子情绪稳定，起伏不大，而有的孩子则情绪变化明显，一天之内可以忧而喜、喜而忧、愁而悲、悲而复愁；有的孩子情绪强度大，急风暴雨一样的，而有的孩子很难大哭大闹，但小小一点不愉快可以持续几天还不能释怀。这些都是家长需要心里有数的。有位母亲告诉我她孩子情绪不稳定，如果班级换了一个任课教师，情绪都会波动不止，需几周时间才能平复如初，平日一次小测验没考好，也要纠结不安多日。她担心孩子这样很难经得起挫折，不知怎么办。我说你能意识到孩子的情绪品质，比起只注意到分数的家长，已经算是懂教育的好家长了，意识到这个问题，就是优化的开始。

"情绪指向"是指情绪表达的指向是内还是外。有孩子的情绪压在心里，并不习惯表露，有的则哭闹不已，表露外向；一般来说，外向的孩子容易疏散掉消极情绪，而内向的孩子则容易积压起来。例如有报道某大学生凶杀案件，引周围人吃惊，说这个人平日并没有多少脾气，话都不多说的，学习努力等。那么从情绪指向看一般属于情绪向内、积压，又没有得到疏导，积压、堆积起来一触而总爆发，这种爆发的杀伤力可能指向他人（他杀），也可能指向自己（自杀）。所以家长需要有这个心理学的观念，要敏锐注意到一些出问题的征兆。"消极情绪稳定"加上"内心积压"的孩子如果再加上"自卑"，心理出问题的可能性就很大，就属于心理疾病的高危人群。

家长要把孩子情绪品质作为很重要的事情来关注，一定要关注孩子的情绪发展如何，重视指导孩子如何处理愤怒、紧张，教孩子学会与人沟通，如何疏导消极情绪、不走极端，避免情绪的恶性爆发。

第二，孩子的情绪总是与他们的重要事件相联系，家长要具体指导。

儿童青少年的学习、同伴、情感、职业是他们的大事情，也是他们焦虑、苦恼甚至情绪障碍的主要起因。一项小学高年级学生情绪发展的调查显示，高年级孩子的苦恼主要来自：

学习焦虑：学习焦虑在几大起因中居第一位。如考试没考好（被打骂、恐惧、担心、不敢回家等），担心考不上重点中学、学习压力大、喘不过气，没考好被限制户外活动等；

安全感焦虑：安全感方面的焦虑是因为父亲或母亲病重、父母在外地打工，不能见面；父母离异，不管自己；父母怀疑自己，不信任自己等；

同伴焦虑：同伴关系方面的焦虑来自同学之间闹矛盾，被好朋友误会，解释也没能消除，经常被人欺负，被同学洒了墨水、全班哄堂大笑、感到屈辱万分，当班干部，得罪了同学，没评上"三好"等；

亲子焦虑：亲子关系方面的焦虑则是因为父母无缘无故地发脾气，妈妈心情不好就打骂自己，父母不讲道理等；

师生焦虑：被老师惩罚、告状，冷落，担心老师不喜欢自己了，老师偏袒，老师喜怒无常等；

自我认同焦虑：学习差、怎么努力都不行，自己是实心脚、赛跑总是最后一名，个子矮小、与低年级的学生一样高，比较胖、很自卑，自己忍不住老是要啃手指、克制不了，自己没有特长、相貌不好看，家里穷、很自卑等。

以上孩子的消极情绪，来自学习焦虑、人际焦虑（亲子、同伴、师生）占了80%以上，这是家长需要了解并给予指导的。这种指导非常重要，因为孩子到了高中、大学阶段，职业、情感两件大事情可能引起的消极情绪更为明显，每年都有高中生、大学生因为恋爱纠葛、学业不顺而情绪恶性爆发的案例，有的还危及了性命，估计这类孩子从小就缺少来自家庭的情绪指导，没有学会理性处理自己的愤怒、紧张，

2.了解自我意识的发展

前面谈到过自我意识问题，孩子要立足社会，须有良好的自我意识，自我意识包括与"自我"有关的自尊、自信、自控力、自我激励，还有与之相反的不良自我意识的自卑、自暴自弃等。这里重点提请家长注意几种

可能隐含着独立性发展不足的表现。

第一，太听话、过于顺从。听话、顺从并不是缺点，但孩子凡事都听话，事事顺从他人，从独立性角度看就不一定好了，在社会生存中，没有主见几乎等于无能，有的家长在孩子儿时极力强制他们顺从听话，不允许半点违拗，待孩子长大又埋怨孩子不能干，不敢打拼，连自己的职业、人际、婚恋都拿不定主意，那么家长想想，原因是不是在自己这里呢？

第二，过于谦让随和。一个女孩从来不与人争执什么，什么好玩的都让别人，有冲突自己退让，吃点心老师问她还想吃么？她甜甜地说"你说吧"。问她想去什么地方玩，也是"你说吧"。这种孩子的确很可爱，而且往往得到成人的格外疼爱和保护，但是孩子终究是要到社会上去的，没有独立判断和独立的勇气，如何立足于社会呢？

而下列类型的行为表现，包含着可贵的自我意识而家长容易忽视。

第一，"独立不羁"。父母、长辈要接纳孩子的独立不羁，一般都颇有点难，总感觉不如孩子听话那样让人顺心，然而此时家长却需要理性，不能打压，以免打压掉孩子可贵的自我意识。因为独立不羁包含着自我意识良好的潜在要素，虽然它并不等于独立能力，但需要家长珍惜、肯定、加以引导。

第二，"与众不同"。自我意识发展良好的孩子，其表现可能有些与众不同，他们往往专注于自己的兴趣所在，不大看重别人怎样看，大多数人怎样看，因而显得与众不同。这与故意的哗众取宠有本质的区别，家长要有甄别，家长不能一味要求孩子跟别人一样。

3. 自卑的征兆

自卑属于自我意识范畴，有心理学家说过，"一切不良性格的根源在于缺乏自信"。这是千真万确的，如果孩子缺乏自信，或有自卑倾向，就要千方百计予以纠正，防止自卑扭曲孩子的人格，而严重自卑的孩子需要及时进行心理辅导或心理治疗。家长如何判断孩子是否自卑呢？心理学家列举了一些自卑的征兆，可以帮助家长了解孩子自信心的发展。这些征兆如下。

一是对批评十分敏感，这是自卑心理的主要症状。孩子对任何批评都反感，记恨，而且回避自我批评。平日我们常见一些孩子"一点儿都不能批评"，稍稍几句带批评意见的话，孩子的情绪反应就极强烈，貌似骄傲，实则自卑。我曾在旅途中遇见一位精神近乎失常的母亲，她儿子在读大学时被同班一个同学用刀直捅心脏而死。她儿子是班干部，年轻气盛，出语刺人，一次会上批评了他的同学（行凶者），引起了对方强烈反感和仇恨，于是等候在道路口，刺死人之后逃离。行凶者平时沉默寡言，自卑，敏感多疑，而这位班干部认为"忠言逆耳"，直言奉上，没有考虑到人的自卑感是不能轻易去触碰、刺激的。

二是自卑的人认为所有的批评都与自己有关。自卑的人确信自己每一行动都被别人注意着，只要有人在议论什么，就猜疑是议论自己，所有的批评都明里暗里针对自己，因而回避人群，在人群中更觉得孤独。

三是对奉承的过度反应。由于自卑，认为自己不合格，尤其渴望得到承认和肯定，如果得到奉承，反应就很强烈，甚至可能故意去引出话题，期望得到夸奖。

四是轻视他人。这也是自卑心理的一个普遍倾向，贬低他人是自我赞扬的另一形式，喜欢议论他人的短处，实际也是自卑。总体来讲，自卑感几乎人人都多少有一点，但如果超出正常的度就不正常了。

三、如何了解孩子

1. 妨碍家长了解孩子的几种情况

家长为什么会不了解孩子，一是家长根本没重视去了解，二是家长主观、武断，也就无法真正了解孩子。还有一种原因则是家长缺乏基本知识，不知道要了解孩子哪些情况。对此我具体讲几点是什么妨碍了家长的了解。

第一，自认为了解孩子。有的家长自以为"知其子莫如其父，知其女莫如其母"，相信自己养大的孩子岂有不了解的？其实不一定。孩子小的时候，可能对家长都无甚掩饰，而且活动范围也在家长身边，心思也较为简单，因而家长可以一目了然。然而孩子进入小学、中学以后，独立意识开始强烈起来，有了他们独立的活动范围，离开父母的活动时间大大增加，那么了解孩子的方法途径，就要随这种变化有所改变，比如直观的了解减少，沟通就很重要。

第二，忽视沟通。亲子沟通是了解孩子的有效方法，尤其孩子在学校时间增加甚至住读的情况下，沟通就更显得重要。有些家长比较忽视，或有意无意地拒绝沟通，认为多余，认为孩子家哪有那么啰嗦？好好读书也就是了，除了孩子吃穿和读书成绩，家长也就不问其他。还有的家长每天除给孩子吃饭的钱，就忙于自己的事情，或者泡在牌局里不动弹，孩子告诉家长或高兴或苦恼的事，家长一律支开远远的："去去去，我知道了。"在心理上拒孩子千里之外，如何可能了解孩子呢？

第三，轻信、胡猜。家长不能了解孩子还因为轻信。据我了解，小学高年级大部分孩子倾向于对家长报喜不报忧，虽然程度不一，但家长要知道，从孩子那里了解的情况可能要打一点折扣。孩子报喜不报忧的心理比较复杂，其中有很善意的因素，不愿家长担心，也有惧怕家长惩罚的原因。而有的家长从孩子口中了解到的则完全是谎言，而家长却深信不疑。还有的家长则相反，太不相信孩子，对孩子说的话都要表示怀疑、胡乱推测，表面看来家长在认真了解孩子，实际上又从另一极端堵塞了了解的渠道。

第四，专断、侵权、不守信用。最后我强调一下了解孩子的一个前提：不能侵权。有部分家长缺乏尊重孩子的观念，行为也缺乏收敛，偷看孩子的日记，理直气壮地"揭露"孩子的秘密，翻看孩子的手机或私撬孩子的抽屉。

有位初中女生说："有时父母表示很愿意和我一起聊天，表面上看是朋友式的交流，其实是在刺探情报。开始我还未察觉，待他们责骂我时，就把我给他们说的话当把柄，这方面他们记忆力很强，过去很久的事情还要重提，新账老账一起算——如果真交朋友，就不该这样。"由此看，孩子对家长的专断和不守信用是够反感的，批评也十分尖锐。

每个人都有不希望被他人知道的私密，这种私密不仅是秘密本身，它联系着尊严，触碰了私密就亵渎了尊严，家长不能借"了解孩子"为理由，强迫孩子放弃尊严。即使家长必须要知道的事情，也要有合情合理的了解方式。否则最终也就堵死了了解孩子的通道。

2. 一般了解方法

了解孩子总的原则第一是客观，第二是正面，也就是尊重孩子、尊重事实。家庭教育与家庭生活一体，家长了解孩子的方法与学校有些差异，一般有如下几种：

第一，耐心听孩子说话。人与人之间沟通的一种好方法就是专心地听，家长也要学会耐心听孩子说话。孩子上学以后家长听孩子说话的时间大大减少，所以家长更要重视这一点。一个家长每天傍晚都到业余体校去接孩子一道回家，孩子已是五年级学生了，旁人觉得没必要。家长说，孩子每天在学校，家长几乎没时间说上话，一道回家就可以听孩子说学校的、班里的或孩子感兴趣的事，高兴的、不高兴的事都听，这一方法主要在听，家长要耐心地听，还要少发议论，若孩子没说几句家长就开始评判，那就了解不到什么。

第二，通过具体事件了解孩子。一个小学二年级男孩是班里的足球队长，他率领足球队打进了年级决赛，在决赛开始前他做赛前动员，许诺如果取得冠军他奖励每个队员一支自动铅笔。下午决赛他们真的赢得冠军，大家欢呼起来，可这个男孩子发愁了，到哪里去找这11支铅笔呢？回到家里他向妈妈和爸爸说要买11支铅笔，父母因为恰好工作上的事情还在不停打电话，没有细问，就说铅笔不用买那么多，还有两支用完了再买好吗？男孩子着急了，打电话向远在外地的爷爷求助，说我要11支铅笔，爷爷一听11这个数就知道尚无花钱习惯的孙儿要铅笔可能与足球有关，细问下来果知道了原委，立即去商店买了铅笔用最快的邮递寄过去。

作为家长应该从中得到什么启示呢？家长应该欣喜儿子才8岁，却能够组织团队，凝聚人心，鼓动士气，说明孩子有主见，也敢于做决定，之后也自己想办法解决难题，这是很可贵的大气、魄力、管理才能的端倪，缺少的只是经验；而需要反思的是，为什么孩子不直接告诉父母要铅笔的原因？说明儿子有担心，担心家长不支持，家长还需要提升教育敏感。

第三，向老师了解。孩子上学以后，大部分时间在学校，多个发展的关键期都在学龄阶段，因此老师比家长更了解孩子的发展细节，所以家长向老师了解孩子是必须的。

　　有的家长不大习惯这种方法，甚至孩子读书几年都不与教师联系，这其中可能因为家长觉得自己文化低，说不好；也可能孩子成绩差，担心去问老师自讨无趣；也有家长自视甚高，看不起老师，不屑向老师了解什么……凡此种种心态均阻塞了从老师那里了解孩子的通道，非常可惜。

　　第四，借助心理测试及其他评价方式。心理测试可以更科学、全面地了解孩子，无论性格倾向、智力水平还是特殊才能、人格特点，都可以通过心理测试得到相对更可靠的鉴定。由于人类心理结构至今没有揭示清楚，心理测验也不可能十分精确。但是与学校分数、教师的经验、观察等判断比较，心理测验的准确度、科学性是世界公认的。

　　曾有报道说一位家长在儿子测出智商"中等"以后，灰心丧气放弃了对儿子的智力启迪计划，接下来就对智测攻击一番，结论是"智力测试应该冷下去了"。这是一种无知，也是误导。因为那位家长放弃教育实属无知，并非智力测试之过，因为智力"中等"属于正常智力，人类智力水平分布 90% 都是中等智力，家长怎么反而放弃了教育呢？可见这笔账怎么也算不到智力测试头上。

　　我国人口素质总体还偏低，对孩子的了解不够，缺乏心理科学是重要原因，所以家长不能在这方面无知。家长要清楚，测试本身是工具，测试的目的是了解孩子，并非是要测出"天才"才去教育孩子，"天才"只占千分之三，如果因为结果是"中等"就放弃教育孩子，孩子还真的可能失去正常发展的机会。

第十五卷　家长的评价能力

　　家长的评价能力是指与家庭教育评价有关的能力：评价孩子、评价家庭环境、评价孩子的教师、评价自己的教育观念、方法、效果等。评价是一种教育导向，家长用评价对孩子进行指导，引导孩子符合社会规范，发展生存能力，促进孩子幼学壮行，完成社会化。

　　从家庭教育的角度去评价，除了评价孩子、评价家庭环境、还应该评价（孩子的）教师，评价学校教育，有了家长角度的评价才能构成家庭教育评价的完整。

一、评价孩子

　　家长评价孩子，是从孩子出生那一刻就开始的。然后孩子的呀呀学语、可掬稚态无不得到母亲疼爱的夸奖，待到长大成人父亲称赞"是个男子汉"，都是家庭教育的评价，包括父母一个不满的眼神、到只字不语的沉默，满面的笑容或一声叹息，也都包含着评价。家长的评价引导着孩子的成长，指导着孩子的价值取向、人格操守、兴趣爱好，所以家长多学习评价的基本知识，力求提高自己的评价能力。那么家长的评价能力包含哪些内容呢？

1. 评价须有基本知识

教育评价必须得掌握一些基本知识，虽然无需事事引经据典，但评价的基本取向还是要有的。比如评价 3 岁的孩子"自私"，就缺乏教育的基本知识。然而孩子大约 5 岁以后就需要逐渐"去自我中心"，这个时候的评价就可以用"不要自私"来评价，促进孩子"去自我中心"。

又比如学习是孩子自己的事情，家长的评价就要促进孩子努力读书学习，努力学习是自己的责任，该担的责任孩子承担起来了，不管眼下学习成绩如何，在努力做自己该做的事情就要肯定，家长就要表扬，这些都是家长要知道的基本知识。

中小学生家长评价得较多的是孩子的学习，家长评价孩子的学习就需要懂一点学习规律，才能有比较正确的评价。为此家长要懂得几个原则。

第一，终身性的结论不能下。有的孩子刚刚入小学，家长就评价孩子是读书的"材料"，或不是什么"材料"。孩子是不是读书的材料，绝非在起跑线上看得出来的。就上学而言，"不能输在起跑线上"这一类有点"外行"评价害处很大。

即使到了中学，也不能给出终身性的评价。在一次心理咨询中，一位母亲很焦急地说孩子"临近初三了，学习成绩最近几次都在下降，数学、物理很难上 90 分，我听说初二是数学的分化期，我孩子还真不是读书的料，被分化下来了？"她说还打了孩子一顿。我询问了有关的情况，她孩子小学、初一的成绩都在班里名列前茅，初二下期开始成绩不稳定，初三开始虽然孩子很努力，可数学、物理总是回不到以前稳定的 90 分以上。

的确，这位家长所说的分化期是存在的，中学初二下期前后，是数学的一个分化期，这个阶段是抽象思维发展的飞跃期，数学教材也增加了抽象思维的训练，抽象能力在学习成绩中显得越来越重要，如果孩子跟不上这一难度，成绩就会下降。

但分数下降不等于"不是读书的料"，因为这里面有多种可能，比如对学习难度还不适应，这是一道坎，一旦翻过去成绩也就上去了。从小学到高中，各个学科都有类似的坎，比如，从数字计算题到应用题、从整数计算到小数、分数计算、从造句到作文、从小学两门主课到中学多门主科、从汉语到外语、从机械记忆到理解记忆，幼小衔接、初小衔接、初中与高中的衔接，都是比较大的一道坎，需要孩子不断地去翻坎、去适应。

一般来说，适应能力差一点的孩子，都会因为跟不上而成绩下降，而多数孩子都会随之出现波动，只是有的波动大一些，有的波动小一些。家长懂得这一点，就会告诉孩子"还没有适应好""这个坎还没有翻过去"，就很具体、有用，而不是"笨""不是读书的材料"那样终身性的否定。家长切记，小孩子既经不起终身性评价的吹捧，也经不起终身性评价的贬低。

第二，评价孩子的学习要就事论事。我接触到的不少家长，评价孩子就事论事，琢磨具体原因，这就是有教育见识的家长。有一位家长告诉我，女儿开始学习立体几何时，感觉跟不上，虽然初中平面几何学得很好，但现在却深感吃力，于是孩子对自己怀疑起来，说女孩子是不是到高段就学不好数学了？这个时候家长说，你现在要做的就是去好好提高空间能力，不要下这些没用的结论，女儿经过努力，很快又赶了上去，这位家长就非常理性，评价就事论事。

此外，家长要知道，孩子的计算能力强不等于解应用题能力强，造句好不等于作文好，小学学习好不等于中学学习就好，这些都不是孩子"想跟上"就能跟上的，估计到孩子可能遇到的困难，家长才有可能帮助孩子在这些关口努力跟上去，至少不会乱批评。如果一看见孩子的学习成绩下降就气急败坏，乱评价一通，孩子本来已经很困难了，再遭父母一顿训斥，还怎么去过难关呢？

如果家长心中无数，随孩子的成绩一阵喜一阵忧，真的很难轻松，成绩上去了才高兴，下降一点就很发愁，而且不能等待。如此焦虑的心态，那么孩子12年的中小学时间，他们都能得到家长的鼓励和正确评价吗？但愿吧，但愿所有的孩子在学习困难的时候得到父母的心理支持，而不是着急生气的否定评价。为此，我总建议家长多学习，努力学习，力求评价科学一些，这样会使孩子少吃亏，少走弯路，除此别无良策。

2. 评价要有依据，不能随心所欲

有位家长非常有见解，比如对孩子的计算错误，第一次她并不追究，更不评价，也不问"为什么错了"。若是第二次、第三次再出类似的错，她才去分析是什么原因，是概念的？还是计算的？或其他原因的。一次孩子假期速算练习，100 道运算题，做完其中有四五道题全错，她什么也没说，重新抄了这四五题在内的十几道题递给孩子，轻轻地说："你再做一遍"，待一会孩子做完了交给她，一题也没错，全对。这位家长也就不再追问。

我想这恐怕是好多家长做不到的，一般总得评价成为"粗心""不专心""怎么搞的"，这位家长却有她的评价依据："智力活动存在一定的误差，谁也避免不了，第一次出错也可能就属于这种正常误差，如果因此而批评孩子不用功，概念没掌握好，粗心，那不合理。所以第一次出现错误不用太在意。如果是概念错误，粗心的毛病，那么以后会再出现的，那时再去分析追究也不迟。"这位家长的见解说起来并不复杂，但的确显示了她深厚的教育功力。

一位家长谈到她女儿考试的一件事。孩子读小学四年级，平日作文分数一直在 95 分上下，这次期中考试作文却只有 80 分。父亲一气之下打了女儿一巴掌，母亲也很生气："怎么学习这样下降？已经四年级了，还得了吗？"随后又下了一堆结论，听说女孩子到中学学习就不行了等，夫妻俩都不胜悲戚，女儿呜呜地哭，说不出任何辩解词来。幸好母亲冷静以后，觉得原因还没清楚，于是联系了老师，老师说："四年级了，要训练孩子独立审题、独立剪裁的作文能力，因此这次考试进一步'丢拐杖'，不'抱'着走，训练学生临场独立构思完成整篇作文。"结果全班平均分降了一大截，只有少数孩子稳住了没"摔倒"。了解到原因，家长知道是自己缺乏依据，而且离题太远。老师训练"丢拐杖"是好事，分数再低一些也是好的开始，怎么自己这样想当然地妄下结论？两位家长很自责。

类似无依据地冤枉孩子，还不是个别家庭。家长是成人，成人一般对同事、朋友、上司、下级说话都很谨慎，不轻易评价什么，可是对孩子就随便，对孩子有什么看法，不经考虑就随口说出来了。有家长形成习惯性的随口妄断："我敢肯定你……""你一定是……""你怎么也学着……"，很缺乏成人应有的理智和成熟。所以家长的评价都应该有依据，如果没有依据，就暂不评价。因为评价是一种指导和暗示，如果偶尔一次还无妨，经常信口开河、想当然地评价孩子就不好了。

3.切忌贬低性的评价

"切忌"对孩子使用贬低性的评价，就是家长一定不能对孩子总体上进行贬低和否定。我们成人常使用一些贬低性评价如：这个人不正派，这个人心术不正，这个人小聪明，这个人乏味，这个人人品不好、贱骨头等，这类评价都带有根本性的贬低、总体上的否定。因而成人使用时都很小心，忌讳当着本人这样说，同时更不愿听到别人对自己的总体否定和贬低。比如宁愿人说自己工作不负责任，不愿人说自己能力不行；宁愿人说自己打扮不够，不愿人说自己不漂亮；总之宁愿"聪明一世、糊涂一时"，不愿"聪明一时、糊涂一世"，更不愿意自己"朽木不可雕"。

我们成人尚且如此在乎总体评价，何况孩子呢？我问过好多孩子，他们最讨厌父母说什么？他们说最讨厌父母骂自己"笨"。一个孩子说："听起来太难受了！"因为"笨"意味着智力不行，能力差，而且很难改变，几乎是注定的。这一类评价家长随口说出很不在意，而孩子受到的打击就很沉重。所以家长评价孩子一定要就事论事，不能几句话就"上纲上线"。考试失败了就评价考试本身，不能贬低到"有没有出息"、"笨"与"不笨"的问题，当然考试得了高分，也不要弄到"聪明过人""必成大器"之类的评价上去。

孩子学习好坏的因素很多，正常情况下，中小学生学习困难的主要原因还不是智力低下，而是学习习惯、学习方法、学习动力的问题，还有营养问题、是否睡眠不足、运动不足、家庭学习环境太差（物质环境、心理环境）等。家长要学会具体分析，具体评价。学习方法不对，可以改进，信心不足可以提升，营养睡眠不足可以补充，这些都是有针对性的具体评价，能给孩子具体指点，给孩子信心。

有时我真弄不清家长随意贬低孩子是真的无知还是拿孩子出气。一次在一个家长办公室里，他孩子放学在一旁作业，做完了赶快交给他。他接过来一看就非常冒火："怎么搞的？这样简单的题都错？我看你读什么书？算了！长大了擦皮鞋去吧！"我岔开他的话建议说："问问孩子原因吧。饿了吗？今天有点累吗？"我对这位家长说："从早到晚一整天，到下午放学孩子可能很疲惫，而粗心错题一半以上的原因是疲倦，我们成人疲倦了都无法动脑，甚至头脑清醒还可能错题呢！让孩子休息一下再做作业就行了，怎么又扯到将来擦皮鞋的事？"

在我看来，家长这种评价不只是随心所欲，更有点不讲道理地贬低孩子，对孩子伤害很大，对纠正错题有什么用？评价要就事论事，错题是什么原因就评价什么原因，不能随心所欲、借题发挥到不着边际，对"笨""没出息"这一类贬低性的评价，家长要下决心给自己的口"打上封条"。

4. 避免感情色彩过重的评价

曾经听说过一句很经典的话，"自己的孩子乖丑乖丑的，别人的孩子丑乖丑乖的"，意思是自己的孩子再丑也是乖的，别人的孩子再乖也就那么回事。这话虽夸张了一点，可说明一个道理，家长评价孩子很容易带上感情色彩，虽然亲子情深，爱也是教育的基础，可教育却不单凭情感。

人的情感带有巨大的能量，亲子之情就更为强烈，因此它容易使家长偏离客观，评价孩子有"走样"。不少家长在口头上很注意保持谦虚，甚至非常谦虚，老说自己孩子"不行"，实际上对孩子的评价往往偏差不少，所以不止一个中小学教师告诉我说："现在的家长好像自我感觉都那么良好，都认为他的孩子素质不错，有灵性，在家里学什么都一学就会，总有点埋怨老师没有看到孩子的天赋，还有说孩子是天才的。"我想这其中大多不是教师夸张，致使家长评价与教师评价差距这么大的原因，应该是家长的感情色彩重一些。

我在智力测试中多次遇到类似情形。曾有一个6岁男孩由他爷爷和奶奶带来，测试前两个老人忍不住激动地把孩子已经识得的一千多个字指给我看，一页又一页，其中有不少僻字、难字。老人说："我们孙子至少是读科技大学少年班的，然后争取留学美国的一流大学。我们最了解他，我们还没见过比他聪明的孩子！"两位老人只有这一个孙子，掌上明珠，暮年承欢，加上孩子聪明过人，他们的爱之深切，我见状也真的很感动，可是智力测量是客观的，他们抱着认定天才的愿望而来，我又真替他们担心。

测试结果这个男孩的基本智力达到"最优秀"的水平，非常不错，但还没有达到"天才"（超常）的智力水平[①]。具体来说他的语言能力、记忆力很强，数的能力弱一些，总体智力水平未达到"超常"。

这里我想强调的主要不是测试结果，而是家长的理性。也就是说，即使孩子是绝顶聪明，大有"龙驹凤雏"之质，家长这种毫不掩饰的溢美之心、不留余地的评价，对孩子也绝无益处。孩子聪明是难得的好事，但做家长的还是得"悠着点"，要有教育理性。孩子一生的路很长，成才的因素很多，仅仅聪明是不够的，家长评价要瞻前顾后，留有余地，才是教育之常法，也是做人之常法。

爱子如命乃人之至情，但做了家长就得修炼理性的力量，不能任凭情感摆布，淹没孩子的人生之路。缺乏理性的家长，像孩子似的喜怒无常，孩子考试"栽"了，他们怒形于色，断言孩子"就这么点能耐"，可下一次考好了，分数高了，他们又如小孩一样喜笑颜开，相信孩子"一定有出有出息"。如此容易被激怒，又如此容易满足，严格说起来他们的成熟水平真还不够胜任家长，所以唯一的办法还是依靠家长努力学习，尽快成熟起来。

5.避免错误归因评价

"归因"是教育心理学中的一个用语，意思是把一件事或态度行为归为某个原因。比如孩子性格孤僻，原因是什么，一个人事业辉煌，原因是什么，某学生学习拔尖，原因是什么等。这在我们实际生活中很普遍了，只要寻找原因，就有一个归因。

小孩子学走路，不小心碰到书桌，碰痛了头哭起来，母亲跑过去用手拍打桌子说："桌子不乖！怎么碰着我们宝贝了！"孩子不哭了，也用小手打着桌子说："不乖！"这就是一种错误归因教育。小孩子走路不稳就是不

[①]　吴天敏修订《中国比内测验指导书》：根据该测试量表划分，智商由低到高分别为："弱智""次弱""正常""优秀""最优秀""超常"。

稳，并不是坏事，教小孩子以后小心就是了，却归罪于桌凳。看起来极小的一件事情，却反映了家长的错误归因导向。孩子成长以后，学习工作的成败也可能沿袭这种归因，习惯将成败归于外部的因素，老强调客观，如运气太坏、别人太强、条件太差、教师不公平等，而不习惯从自身找原因，如自己是否尽了最大努力？是否能力不够？是否积累不够等。"君子求诸己，小人求诸人"①，说的就是要多从自身去找原因，去归因，君子总是反省自己，对自己提要求，而小人总是责怪别人、推诿过失。

在我们周围就有这种人，总是满腹牢骚、怨天尤人，在我看来好多还是错误归因所致，也许他们刚刚学步母亲就有"桌子不乖"的教育，以至他们进入社会后，由于努力不够，付出艰辛不够，能力不够，在人生不顺时就依然习惯去责怪"桌子"。正确的归因评价是让孩子找到一种努力方向，引导孩子从主动的、内部的方向去找原因，孩子的不足才成为通过努力可以改变的不足，千万不能在归因评价时将孩子置于无能为力的境地。

对孩子的天分和终身成就的评估，家长还是谨慎而宽容的好，多一些智慧、多一些幽默为上策。如果孩子儿时聪明过人，家长应多想想"早慧可能早衰""少年得志乃人生不幸"一类的警句，以免把孩子的终身成就押在"早慧"二字上，忽视其他重要素质，如勤奋、谨慎、忍耐、谦虚等素质的发展，致使智慧早衰；如果孩子儿时显得笨拙（智商测试属先天愚型、弱智除外），家长不妨这样归因："我的孩子也许大智若愚。"因而殷切地期待着。

一个男孩学习很一般，就喜欢兵器一类的，父母很失望总忍不住叹气，外婆却道："叹什么气呀？说不定将来是个薛仁贵②哦！"毕竟老人阅历多，见多了儿时怎样、壮时又怎样的说不准的人和事，所以这样推测，提醒年轻父母不要把事情说绝对。这样的归因有很多好处，可以减少许多冲动和盲目，孩子会得到更多的发展、表现机会，就少受许多折腾和否定，得到更多来自家庭的激励和支持。

---

① 《论语·卫灵公》。
② 薛仁贵，名礼字仁贵，少贫，后从军跟随唐太宗、唐高宗在军事、政治上的立下赫赫功勋，关于他的传奇故事在民间广为流传。

6.孩子需要适当地不被评价

评价是孩子成长的需要，但这并不等于评价愈多愈好，而且很多时候孩子不需要被评价。有的家长因为担心就成天就把嘴搁在孩子身上，无分寸地对孩子几乎每个细节都要竭尽评价，唯恐孩子没有注意到是非成败，唯恐孩子失去自我审视，这种状况与家庭结构有关，现在的家庭一般六个成人一个孩子，即使有俩孩子，不说"十羊九牧童"，也算是"官多民少"。

家长对孩子关注过多，教育气氛就失去常态。家长设身处地去想想：平日你一抬手一投足，一笑一颦，一句话一件事，看一本书交一个朋友……身边总有一个权威式的人物将你评价一二句，你还能活么？"品头论足"是贬义词，何况时时处处被评头论足呢？所以，孩子应该适时地不被评价。对此我强调几点。

其一，从思维品质发展讲，孩子在家长身边的绝大部分时间，应该不被评价，包括孩子专心玩耍的时候、专注于某件活动或闲着的时候，家长最好不要去评价他们。因为孩子的思维发展需要独处，需要没有干扰的宁静，需要持续地思考或想象下去。即使是无意识的和无目的地思考和想象，都是极可贵的。

这种状态既用不着家长给予肯定，也用不着否定，只需要尽可能保持孩子有这样一个自然状态的空间和时间，孩子就幸福无比了。虽然现在脑科学对创造力还没有完全弄明白，如何培养也还未形成最佳途径，但"创造（创作）就是百分之百的孤独"已经成为共识，大量事实和经验也说明高创造的人往往都有独处的习惯和环境条件。城市生活本来就已经不利于孩子创造性思维的发展，再加上家长絮絮叨叨的评价，孩子思维发展的条件就很差了。"方寸之地"[1] 要有高质量的工作，的确经不起繁杂纷扰。

其二，孩子在学习用脑时，也最好不被评价。有的家长早不说话，晚不说话，孩子开始做作业他们就开始评价，随意打断孩子的思路。比如孩子正做作业，家长突然说一句："你就是粗心，小心一点呀！"或者有事无事走过去，指指点点："今天的字写得不错。"这些作法如果偶然一两次或

---

[1] 《列子·仲尼》："吾见子之心矣：方寸之地虚矣。"方寸之地，指心。

是有针对性还可以，常常如此就不妥当。随意打断孩子只是为了泛泛而谈地评价几句就毫无意义，而且最坏的后果是使孩子注意力分散，因此孩子学习时候，也需要不被评价。

其三，孩子疲惫的时候也最好不要指责评价。我曾在地铁上目睹一个放学后跟母亲一起的女孩子，母亲不停地数落着女孩，几乎贴着女孩的耳朵在训斥，旁若无人，好像堆积了一整天的怨怒汹涌而出，越说越是气势汹汹的，女孩子低了头，躲闪着母亲数落和周围人的眼光，而这位母亲还没有停下来的迹象。我有点"不离本行"，忍不住打断她的话，说孩子上一天的学，你也上一天的班，都很疲惫，少说点吧！这位母亲的确也是刚下班。人在疲惫的时候更容易心情恶劣，所以家长记住一个心理学方面的建议，在下午5~7点不讨论重要事情，也不指责孩子，这个原理，适合于大多数家庭维护良好的气氛。

其四，孩子的学习成绩进退升降，也并不一定需要家长评价。一般来说在有考试分数的这些关口，家长容易犯"非评不可"的毛病。其实我主张家长要有评价，但大部分评价不要说出来，自己心里明白就行了。孩子的进退起伏是正常现象，只要在一定的幅度和范围内，就不一定非要给一个评价。例如一张考卷拿下来，家长看看，只要不是大的起伏变动，就不一定非要评价一番，如果上一次95分，这次少了几分，也就差不多，不必一定要说个进步或退步，也不必把考试题逐一评价。

有的家长几乎能把孩子的考试题背下来，评价恨不能说上半日，有这种必要么？我看未必。孩子考差了，评价半日，考好了，又是半日，一次作业一次评价，一个作文逐句评价，出门游玩，父母要培养观察力，孩子说出句子来必定有评价；琴、棋、书、画，一年365天，该有多少评价！"无所措手足"孩子的手足还有地方放么？

也有父母"别具匠心"，喜欢创造出一种孩子被评价的生硬场景。例如在某风景区，一个家长要孩子描述景物，孩子不高兴，家长理直气壮地说："我带你来就是为了看看你当场观察、当场用词的能力怎样！"这种明白无误地把孩子置于一种预定的评价之中，孩子纵然"情满于山，意溢于海"，恐怕此时也意境全无，还有什么描述？家长想了解孩子临景发挥的能力，应该在家庭日常生活中视具体情况而定，不能这样生硬地制造评价环境。孩子在大自然中有无数感受，这种感受不一定需要说出来，更毋需非要一个评价。

二、再评价

"再评价"是教育评价中一个专业用语，指对某种评价进行评价，也就是对某种评价是否正确进行评价。家长的再评价，指对与孩子有关的评价给予再次评价，比如学校教师给孩子的评价，家长如何评价？对孩子的自我评价，家长如何评价？如果孩子说"我很笨"，家长如何再评价？再评价同样决定着家长对孩子的教育指导，因此对家长来说这种能力很重要。

1. 对教师给孩子评价的再评价

一位小学一年级的教师对家长说："你的孩子智力中下，全班只有他一个人不会拼音。"此时新生入学两周，那么家长该如何看待教师对自己孩子的评价？也就是家长如何再评价？一般讲，家长可能有两种评价：一种是否定教师的这个评价，因为给智力水平下结论是很谨慎的事情，不能仅仅依据不会拼音就随便做出结论，况且孩子刚入学不久，不会拼音的原因很多，不一定是"智力中下"。

第二种情况是家长认同老师的评价，缺乏自己的分析，也就认为自己的孩子"智力中下"，那么这种教育暗示作用会造成什么后果呢？应该是消极多于积极。所以，家长要力求具有教育主见，客观地有根据地评价学校给孩子的评价。

从整个社会来看，教师的重要性无可置疑，然而人无完人，教师也有各自的局限，也就是说教师应该具备什么素质是一回事，实际具备了多少又是一回事。尤其在我国教育规模庞大的现实条件下，教师的教育能力有高有低，加上工作量大，忙碌辛苦，进修自修提高的机会不足，日复一日埋头大量具体教学任务中，要求教师对每个孩子的评价都科学准确，有违情理，实际上教师也很难做到。

对于家长是否能正确再评价教师对孩子的评价这一点，我并不能很强调，因为我国家长的总体文化学历还偏低，总体上家长的教育能力低于中小学教师，这就给家长的再评价带来困难；但另一方面，教师一个班几十个孩子，而家长有利的条件是只研究自己的孩子，如果肯多学习，多努力，就能够与教师各取其长，相得益彰的。归纳起来家长要注意以下几个问题。

第一，对终身性评价不能认同。中小学教师的责任是培养、促进孩子发展，而不是算卦似地下结论，即使是口头而非书面，教师如果说孩子"低能""笨""白痴"甚至"基因如此"，或者"若有了出息，我手心煎鱼"一类咒语似的评价，家长不能认同；同理，夸奖孩子"天才""聪明绝顶""无人可比"一类评价，家长也只能一笑置之，因为给中小学孩子下终身定论是不科学的，俗话说"量山量水量不了人"，我们可以预测孩子的将来，但所预测的仅仅。是一种可能性，对成人尚且"盖棺"才能"定论"，何况孩子？

第二，性格评价应予重视。经过十多年的普及提高，现在的学校评语已经比较重视学生的心理健康，评语中对学生的情绪管理、自信心、独立性都有评价。那么哪些评价是家长需要注意的呢？性格评价要关注"情绪管理能力"如何、"紧张、忧虑、敏感性"如何、"自我意识"（自信还是自卑）如何、"适应性"如何、"乐群、共处"如何、"支配性或依赖性"如何等，都是专业性比较强的评价。家长如果有条件，可以学习一点心理健康、情绪管理一类的专业知识，就能专业地评价孩子的情绪品质，还可以弥补学校评语的某些不足。

例如有个孩子比较自卑，处处退缩、顺从，他也就不大可能去争强好斗、惹是生非，而教师因此评价"遵守纪律，团结同学"，这种作为优点的评价就掩盖了孩子的自卑，也就得不到纠正；又如一个孩子独立性强，支配性强，有主见，但方法幼稚，情绪强度大，好争辩，甚至对教师不服气，老师就可能评价为"不礼貌"，把性格特征作为品行来评价，这是不专业的，对此家长要有见解。

还有一些学生消极情绪成了主导，一点小事情就"不想活了"，或担心丢脸，老师一提问就忍不住发抖、面临考试就整晚恶梦，这一类高焦虑学生，学校的评语也还有关注不足的，就需家长重视并予以矫正；也有学生对教师的评价极端反感，爆发出强烈的敌意，我就见到过甚至去磨刀要拼命的中学生，或诅咒老师"没一个是好的""去死吧"。这类情况已经不是单纯的再评价问题了，需要家长及时遏制极端情绪，然后再处理具体问题。

2. 对孩子自我评价的再评价

孩子从小就学着评价自己，这一点每个家长都不陌生。一个两岁的小女孩吃药，药苦难受，孩子吃一勺，哭着说："我乖！"又吃一勺，还哭着说："我乖！"那副模样让人看了怜爱不已，这是孩子开始自我评价。以后慢慢长大了，喜欢用成人的话评价自己"叔叔说我有礼貌""他们说我聪明"等；到了小学就时常说"老师说我努力""他们说我能干"。整个中小学阶段，孩子的自我评价能力都处于发展之中，很大程度上还依赖着老师和家长对自己的评价，因此指导孩子的自我评价十分必要。

第一，要纠正孩子否定自己的评价。一个人如果缺乏自信心，一辈子也可能干不好一件事情，所以家长的很大精力要放在培养孩子自信心上面，要纠正孩子不相信自己的评价，而不是打击孩子的信心。一次在学校家长会散会后，一个男孩没考好，家长追问："为什么没考好？"

男孩说："老师说我笨。"

"你说你笨不笨？"

"我说我笨。"

家长冷笑道："你自己都说你笨，那还有什么说的？不是我说你笨呀，你给我记住！"我在一旁听得心都紧缩了。这位家长的话背后有多少合理成分我不知道，撇开那位老师说"笨"不评论，单讲孩子认为自己"笨"就该纠正。家长却雪上加霜，连挖苦带讽刺，让孩子好好记住自己"笨"，这是否算把孩子往深渊里推？遭遇失败是最容易否定自己、怀疑自己的时候，家长要特别给孩子心理支撑，要的就是不让孩子对自己失去信心。

第二，要纠正孩子错误倾向的评价。有的孩子评价自己喜欢强调客观，推卸责任；有的孩子则习惯省事，凡事都说"我不好"；有的孩子喜欢夸大事实肯定自己；有的孩子则掩盖过失肯定自己；有的孩子倾向自负；有的孩子倾向自卑，有的谦虚过分，有的言过其实。甚至，孩子有时否定自己，实际上是在期待家长肯定自己，比如孩子说"我这次考试肯定考不好"，内心却希望家长说"你肯定能考好",以得到鼓励增强信心。尤其大一点的孩子常常用曲折的方式来表达,不一定直接说出本来意思,这也是家长要知道的。

3.怎样评价孩子对家长的评价

关于孩子评价家长,有一段顺口溜这样说:儿子10岁时觉得父亲是英雄,20岁认为父亲是狗熊,到了40岁又觉得父亲是英雄。这大概可以代表孩子评价父母的变化特点,一般在初二至高三前后阶段,孩子很叛逆,对家长的评价非常挑剔、尖锐,甚至刻薄,翻开中学生写父母的作文,往往会有家长想也想不到的"坏评价"。

一个大学校长的孩子正在读高中,孩子说他"大学校长算什么?有什么了不起",气得这位家长完全不能理解。其实在这个年龄的青年人眼中,父亲就是帝王也不值什么的。要等到孩子进入社会、经历艰难奋斗,才知道父亲的业绩是自己好好努力未必能达到的,复又敬佩父亲。一个大学生雄心勃勃立志要做大企业家,他对做实业的父母说,你们挣那点钱不如不挣,看我的,然而他真正打拼过后,回过头才知道父母多么了不起,其实孩子就是这样从幼稚到成熟的,这是比较普遍的一个过程。

孩子的评价也可能是家长反省的镜子。一个家长说:"有时我埋怨社会不公平,不如西方国家,国人不讲文明,素质差,孩子就说'妈妈不爱国'。对这个评价我真还没有任何理由去反驳,虽然有些简单化。"还有一位家长说,"我们到父母那里,说了一会话,给了一些钱之后有事情就离开了,儿子就说:'爸爸妈妈没孝心!'然后他自己留下来陪爷爷奶奶",这是有些简单化但也很尖锐的评价,很能提醒家长反思什么是有孝道的表率。关于这个问题,孔子说过,"今之孝者,是谓能养,至于犬马皆能有养,不敬,何以别乎?"[①] 意思是说犬马都能得到养活,若没有对父母发自内心的爱与敬重,与养犬马有什么区别呢?孔子这话在现代也是一针见血的。

另一方面家长要坚持培养"长幼有序"的基本前提,亲子之间必须要"长幼有序",怎样对父母说话是要有规矩的,而且教会这个规矩是家长的

---

① 《论语·为政》。

责任。有时候我见一些孩子对家长的"评价"成了挑三拣四、抱怨不止，甚至大喊大叫，家长却一言不发，估计这些家长很少要求孩子说话有规矩。如我在游泳馆里曾遇见一桩事，母亲给一个八九岁的女孩吹头发，女孩从头到尾就抱怨妈妈"你怎么搞的嘛""你说我吹不好，我看你比我还笨"，诸如此类，真的如人所说现在"家长奴才化，儿童祖宗化"了，话虽有夸大，但孩子对父母大吼大叫的情形我感觉越来越常见。"养不教，父之过"，家长不要误以为"平等、民主"就是放任不管，务必教孩子说话有规矩，不能没大没小，不成样子。否则"没家教"就是对你这个家长的最大否定！

三、评价教师

1. 有风险的题目

评价教师一个比较有风险的题目。从来都是要求家长与学校教师一致，从来都是师道尊严，能够把教师摆到桌面上来评价吗？我听母亲讲过，我外祖爷是有名气的私塾先生，教出了好多个进士，名门望族都争相恭请。一次他把一个顽子捆在条凳上痛打，家长爱子如命，心疼难忍，拱双手求情说："可以打轻一点么？"外祖爷听了丢下竹条转身进屋，收拾行李径直走了。那人家后来无论怎么赔礼延请，自己重新痛笞儿子，我外祖爷也再没去那家。

可见，家长评价教师的历史背景并不轻松。虽然眼下教师的权威正在经受挑战，师道尊严显得有些模糊，但教师"传道、授业、解惑"的天职未曾改变，传递知识、指导人生、解答困惑是天然一体的职责，三者难以分割开。

我这里要重点提醒家长的是，重视教师对孩子成长的重要！在小学低年级，孩子一点点事情就要去告诉老师，没事情也有去和老师说一句话，得到老师的夸奖或点点头，就心满意足地跑开；课间有孩子要牵着老师的衣襟，或靠在老师身边……这个阶段的老师要当半个母亲，给孩子爱、安全感、教认字识数、教懂规矩，然后孩子就能适应学校、喜欢上学。

在中学阶段，孩子的社会性迅速发展，对未来有无限憧憬，理想、价值取向都在这一时期初步形成，开始心理断乳，要脱离成人走向独立。这个阶段很需要的是思维深刻、富于才气、具有强烈社会感的老师，他们能满足孩子旺盛的求知欲，唤起孩子们追求理想的青春热情、指点江山的胸怀与抱负。

我曾拜访过的一位著名学者，他说高中老师对他的影响，真正可用"还丹一粒，点石成金；至理名言，点凡成圣"来形容，对此我是绝对相信的。就是到了大学、研究生阶段，甚至毕业之后，职业生涯、恋爱对象都一定还要恩师"把关"。这也是"一日为师终身为父"的现代延续吧。

我当教师的几十年里，学生"特别希望老师多讲一些我们面对的学业、职业、情感、人际"。因为他们有多少梦想，就有多少困惑、多少彷徨！曾有一个学生在期末考试卷上，花了相当时间在试卷上写了满满的文字向我求助，讲述她处理宿舍同学关系的苦恼、愤懑，因此没做完题，只考了60多分。我很吃惊，责备她太冒险，平日不可以咨询吗？她说考试前一天发生了冲突，她迫不及待要写给我，顾不上分数了——孩子们的人生面临一个接一个的难题，何等需要教师的关注，需要指点、支撑，需要认同、激励！所谓"经师易得、人师难求"就是这个道理。教师是孩子成长过程中的"重要他人"[1]。

据联合国教科文有关机构的研究，用来区别教师能力强弱的52种教师评价标准中，只有14种与教师的知识和教学技能有关，而有38种在本质上是非知识技能的，如鼓励、爱、期待、希望、宽容、严肃、乐观、稳定、公平、满足感、成效感、对置感、不偏不倚、耐心、欣赏等，和与之相对的有敌对、嫉妒、绝望、狂怒、轻视、发泄、偏爱、冷漠、任性、烦躁、不顾后果、冲动、情绪强度大、不善言辞、积压、不好随时疏通等[2]。

这38种非知识技能的特征家长是否注意到了？这是评价教师能力的重要标准，除了专业知识技能，教师能力强弱更多的还是人格因素在起作用。

---

[1] "重要他人"是心理学和社会学都关注的概念，指在个体社会化以及心理人格形成的过程中具有重要影响的具体人物，重要他人可能是一个人的父母长辈、兄弟姐妹，也可能是老师、同学，甚至是萍水相逢的路人或不认识的人。

[2] 中央教科编译：《简明国际教育百科全书·人的发展》，教育科学出版社，1989。

评价教师是需要家长很慎重的事情，因为家长对孩子教师的态度，对孩子的影响非常大，这就不是小事情了。

2. 什么是好教师

"好教师"的标准确定并不难，如果从家长的角度看，好教师所具备的特点一般有业务强、严格、认真、负责任、有方法、有威信等特点，要比较严厉，更能管住孩子，这是家长的普遍期待。而从孩子的眼光去看什么是好教师，好教师特征主要有公平、和蔼、耐心、热情、理解、幽默、信任、宽容、端庄。学生喜欢的教师、学生赞赏的教师、学生佩服的教师，都是好教师。孩子的心灵最是无邪，他们对教师好与不好的感觉澄明而准确。

我曾经提问过好多家长对教师宽或严的希望，家长们几乎异口同声说："当然是严！"而孩子因为学习常有困难，就更希望老师有耐心、很和蔼，家长要考虑到这种差异，有时候孩子认为的"好"更重要。尤其在小学，小孩子喜欢教师才可能接受教师所希望的，孩子只是孩子，不喜欢教师连这门课的兴趣也大受影响。

如一个小学男孩，一直喜欢语文，作文也写得好，到高年级换了一个特级语文教师，孩子的语文作文反而一直下降，两年时间也没提起来，原因在于他不喜欢这个老师，不喜欢他太严厉；另一方面也有和蔼亲切的老师教学业务不足，到了高年级还是像母鸡式地爱着学生，学生能学到的东西就有限，这些都是家长可以评价识别的。

有教师的"好"，一时半会儿看不出来，如注重高效率的教师，注重课堂质量，作业少一些，家长就可能不满，认为教师不负责任，甚至可能到学校反映要求换"好老师"来教；有的教师注重能力发展，但能力形成比知识掌握慢得多，短时间显不出教师的"好"，家长就不认为是好教师，而欢迎那种提高成绩立竿见影的教师。要说现在学生负担重，与家长评价教师有点"外行"也有关，比较追求外在的忙碌。

因此有家长说，那怎么办？要等好几年才知道是不是好教师，到时候若不是又怎么办？孩子的学业不就完了吗？这的确是一件不好办的事情，所以一些家长情愿眼见为实，宁愿抓住眼下的东西，只要孩子分数高，教师就是好教师，但高分怎么来的就顾不上。比如小学一年级的期末考试，一个班二十多个满分，另一个班只有六个满分，家长能判断哪个老师更优秀吗？恐怕还不能，还需要具体分析，需要时间才能判断。正如赛跑，开始跑在前头不算冠军，最后跑在前头的人才是冠军，能培养出冠军的教练才是好教练，评价教师也同一道理。

那么什么是最好的教师呢？有两点可以肯定：最好的教师是在德、才、学、识几方面出色地影响了学生一生的教师。有的教师在课堂上影响学生，课后也就淡了；有的教师任教时影响学生，学生毕业后也就淡了；最好的教师则指导和影响着学生的一生。这是其一。其二，能使学生充满自信、不断努力的教师，是最好的教师。仅仅教出学生好成绩还不算最好的教师，要培养起学生自信、奋发去努力向上的品质，才能奠定学生人生成功的基础。能做到这一点的教师，是最好的教师。

3. "应当怎样"与"能够怎样"是两回事

一位家长是大学英语教师，他说："我孩子的英语教师糟透了，语音语法都有明显的错误，学校怎么这么不负责任？还算重点中学！"的确，教师担负系统的知识传授，首先应该保证传授知识的正确性，然而事实就是如此，所以我经常听到家长对教育质量的抱怨，甚至有家长"感到恐惧"。如何对待学校教育的不足，这里有一个思想方法问题——教育"应该怎样"是一回事，实际上"能够怎样"又是一回事。

从国家来讲，这些年政府为师资水平投入大量人力财力，国家培训、地方培训形成体系，收效明显。但因国家人口多，要普遍提高师资水平，除了国家重视，还需要时间，这就是我们家长面临的现实。教师专业出错本不应该，然而师资水平现实如此；孩子都应该有好教师来执教，家长都盼着孩子能碰上好教师，可是现实与期望总是存在距离，几乎所有家长都尝到了有教师水平不高的苦头。而偏远地区的校长回应家长的不满说："有人站在那里给你讲课就不错了，我何尝不希望都是好老师？"不管师资水平提升了多少，家长的标准也总是不断提升，这个问题始终存在。

我曾请教过一位家长，他孩子就读学校一般，但在全国化学竞赛中获一等奖，孩子优秀成绩从何而来？家长告诉我，他从小学就培养孩子独立钻研的习惯和能力，孩子也聪明，自己看了很多的书。除了功课，连参加竞赛准备复习，也是自己钻研为主，不懂就问。几年下来，孩子的学习占了主动，既依靠教师的教学，又跳出了局限，初中阶段他独立钻研了大量题型，不懂的就集中起来去请教一位外校的奥赛教师，这样就弥补了教师业务相对不足的限制。总之办法还是不少的。

这可以给家长一些启发：我们无法保证孩子遇到什么教师，但是可以培养孩子的独立学习能力，这与好教师的实质是一致的，因为最好的教师也就是"授之以渔"的教师，最重视学生要独立学习。这只是一种方式，意在提醒家长少埋怨、多努力，自己有条件自己补，没有条件送辅导班、请辅导老师都是有效途径。

如果教师的确不合格，家长可以正式反映给学校或主管部门。有一个高中语文教师，因为家庭纠纷无心教学，整个高一才布置写 3 篇作文，语文考第一名的学生他都不知道是谁，家长不得不联名上书，经学校慎重处理，撤换了教师。

4.有孩子的人更要与人为善

我从家长评价能力的角度谈到教师的不足，意在减少家长教育孩子的盲目性，提升专业性、客观性，而不是赞同家长对教师的不足大做文章。我常常遇到一些家长对教师有强烈的对立情绪，这是不妥当的，所以有必要提醒家长：有孩子的人，为人父母，尤其要与人为善。

我们知道教师的现实水平不够理想，将心比心，人无完人，家长自己的现实水平又理想么？按说，孩子的监护人应该具有为孩子健康发展提供足够教育、足够关心的能力，可是好多家长并没有做到，甚至还有严重失职的。这其中的原因很多，家长与教师一样都受到历史和现实的限制，并不完全是个人的错，完全把账算在个人头上，也就失去了公平和宽容。

有些文化高、地位高的家长，目下无尘，傲视中小学教师，口头上也说"尊重"，实际上总是挑三剔四，这不对那不行，瞧不起人，动辄"你应该怎样，应该怎样"，或认为自己懂一点"现代教育理念"，对教师的一点过失大做文章，上纲上线，盛气凌人，我以为是很不妥的。而且如果真懂教育理论，不会这样显"外行"，这也是要提醒高学历家长要注意的。

　　家长对学校的反感和不满，要有方法讲究，有理性的情绪方式，切忌敌意、挑剔、责其必到的做派。家长要记住，情绪稳定、积极乐观的家长，才能有建设性的家庭教育。家长的紧张焦虑、抱怨不休的这类强烈的负面情绪，足以抵消掉自己家庭教育的任何努力，"造物所忌，日刻日巧；万类相感，以诚以忠"，就是说的这个道理。

　　所以，我认为即使做人可以轻傲一点，但做父母绝不要轻傲。家长之所以为家长，是因为有了孩子，有了孩子的人整个心灵都带着慈化的善意。一个家长只要有人夸自己孩子几句，都会绽出灿烂的笑容，那是为人父母才有的笑容，而孩子的教师一年三百余天都在辛辛苦苦地教你的孩子学知识，家长怎么可以不深怀谢意呢？家长对教师要有评价，也可以有意见，也可以提要求，但一定要与人为善，不可有轻傲之言之举，更不可有恶意。

　　所以家长绝不可以在孩子面前随意贬低教师，有的家长对孩子的教师总是敌意十足，横竖都在挑剔，可以肯定这样做的负作用会远在家长的意料之外。有些事就事论事很难说清谁是谁非，但只要与人为善就无所谓对与不对。除了教师行为太劣损伤了孩子，对一般的不足家长还是宽容和理解为好。人都有不足，而好些不足是可以一笑置之的。

第十六卷　家长的协调能力

提示：冲突宜解不宜结（P262）/ 家长要学会好好说话（P264）/ 师生关系的深刻性（P274）/ 男孩子遇到女教师（P275）/

由于人际关系的多重性、复杂性，人际协调能力就成为社会生存的一种重要能力，而协调的目的是为了共处。例如一个管理者的职务，就要求协调多重关系：上下级关系、同级关系、公私之间、内外之间的协调，行政的、专业的、血缘的、婚姻的、情感的多重关系，加起来说得上是千头万绪，身为管理者如果缺乏协调能力，恐怕很难胜任职务的要求。一个家长，家庭管理、关系协调如夫妻、亲子、长幼、姻亲等内亲外戚的关系协调都必不可少，若是家长缺乏协调能力，生活也就难以轻松。所以中国传统文化认为，"欲治其国者，先齐其家"，意思是说，有想能治理国家，要先能管理好家庭，协调好家庭的各种关系。虽然现在核心家庭为主，可"齐家"的道理是一样的。

世上没有人能把人际关系协调到十全十美，但一个人若因人际困扰而失去生活的基本平衡，就可以说这个人缺乏协调能力；一个家庭若是因成员冲突频繁而失去家庭正常生活，就是家长缺乏协调能力。家长的协调能力具体讲，主要涉及亲子关系协调、亲师关系协调、指导孩子与同伴的协调，还有就是家长与家长之间的心理调整。

作为做人的艺术，协调能力绝非纯属功利，能够好好地与人共处，包含的是和谐之美、真诚之美、善意之美，是各美其美、美人之美、美美与共的高境界，中国文化推崇"庶几中庸，劳谦谨敕"[①]，意思是说做人要尽可能合乎中庸，不走极端，勤勉谦逊，谨慎检点，时时规诫自己，才是最好的。所以为人父母，要克服自身修炼不足，提升协调艺术。有人说，自己做好了，周围也就慢慢好起来，家长做好了，家庭教育也就具有了好的教育影响力。

一、亲子关系协调

1. 亲子冲突伴随一生

亲子之间要求与被要求的冲突、评价与被评价的冲突，观念、信仰、习俗、见解甚至习惯的冲突，伴随着家庭的整个历程，只是这些冲突或隐或显、或持久或短暂、或激烈或平缓，因内容不同、阶段不同、成员个性不同、表达方式不同罢了。小孩子两三岁时候，就开始"不服从"成人的要求，也就开始了与父母的冲突，家长也就开始为亲子冲突烦恼，有了所谓的"烦恼的两岁"，之后九岁十岁独立性开始迅速发展，有"九臭十难闻"的比喻，之后还有令家长几近崩溃的叛逆青春期……

随着年龄增长，孩子的行为习惯、学习成绩、职业选择、情感人际……都可能与家长发生冲突，其程度小到只有几句口角，大到可以人亡家破。究其原委，实在因亲子关系相互之间的依赖太深刻，纠结着双方人生太多太复杂的愿望与情愫，孩子长大成人本质上就是脱离母体的痛、也是母体遭受剥离的痛，尤其心理上的剥离，更可能引发激烈冲突，所以亲子关系的协调并不轻松。

古往今来，父子、父女、母子、母女之间因冲突无法调节而绝情的屡

---

① 《千字文》。

屡不鲜，王宝钏为执嫁薛仁贵而与父三击掌绝情；卓文君随司马相如私奔，临街当炉以耻其父；莎士比亚笔下的罗密欧与朱丽叶的悲剧……都是代际冲突的典型事例，令多少有情人为之动容。其他因政治见解、宗教信仰、道德观念、门户之见而起的冲突，则更为普遍。

某报刊曾报道过一桩杀害母亲案件始末，一个青年追求他深爱的女子，苦苦地追了几年，终于感动了女子，答应与青年交往。然而这位青年的母亲坚决反对，并找到那位女子"摊牌"，表示自己这个家族绝不容纳她，女子于是离去。这位青年绝望之极，勒死母亲，束手待罪……最近这些年，年轻人为职业、为人际、为情感与父母激烈冲突而选择凶杀、殉情、离家出走或长期冷战的，不时见诸媒体报道，各类调解冲突的节目中，亲子冲突的比例还不小，法庭上亲子对簿公堂的也算是常见，可见亲子冲突的频繁。

我国"80后"一代独生子女如今已陆续进入职场、立业成家，与父母之间的冲突似乎更为明显，从填报志愿到找工作，从恋爱对象到买房、带孩子，不少父母认为的底线早已下降到不能再降，孩子仍旧不依不饶、尖锐对立。我接触到的个案里，与父母断绝往来、换掉手机让父母找不到、让父母伤痛欲绝甚至"死的心都有"的事例不是个别，而一意孤行、让父母失望怨恨的更不在少数。有一位伤心的母亲对我说："这一代人太自私了！根本不考虑父母！只考虑他们自己。"例如一对小夫妻有了孩子，取名却完全不征求双方父母的意见，而双方父母、叔叔伯伯、姨妈舅舅都兴致勃勃地考虑了好久，等着建议商量的时候，得知已经取好了名上了户口，父母很生气责备孩子不懂事，小夫妻却说我们的孩子我们取名。于是又是一场冲突。

客观说，自己的孩子自己取名，应该很有道理，然而这对年轻人没有懂得长辈取名的含义，取名是厚望、是祝福，而且高的辈分意味着长寿、智慧，能得到高辈老人祝福，是新生儿的福气，这一点小夫妻缺了礼数，还丢了长辈的祝福，的确没必要我行我素。另一方面从家长的角度说，我认为还是沟通不够，对孩子了解不够或平日迁就太多，孩子才可能完全不征求长辈的意见，"自我中心"地处理一家人的事情。

从社会因素来说，与这些年只有一个子女有关，独生子女不止"十羊九牧童"，而是一羊俩牧童，甚至一羊六牧童，长辈的情感对象、价值希望的指向过于集中，超出了正常范围，孩子难以应承，发生冲突的可能性也就增加到许多。例如这对小夫妻感觉上面这么多长辈的意见难以统一，弄得不好还影响他们之间的和睦，于是一概不问、快刀乱麻，反而妥当，也未可知?

2. 亲子关系如何协调

家长要有一个基本观念，孩子在逐渐长大，教育方式要适应孩子的年龄特点，不能像对小学儿童那样对待已经读中学的孩子，也不能将读高中的孩子当成孩童一样，否则冲突很难免，所以亲子冲突有不少都因家长对孩子迅速发展的独立性心理准备不足。例如一位母亲，孩子读高中了，因早上不吃鸡蛋，母亲拿着鸡蛋赶到学校，竟直接走进正在早自习的教室大声说:"哎呀! 你怎么不吃鸡蛋就走了? "把鸡蛋塞给儿子，还想说什么，全班同学忍不住大笑起来，儿子压制着愤怒地站起来把母亲请出教室，之后与母亲发生了激烈的冲突，说太伤害自己的自尊了。我听了这事也感到匪夷所思，怎么还有这样不懂中学生的母亲呢?

家长要注意的是，亲子间有的冲突在所难免，可有的为琐事的冲突又太频繁，大都因家长求全责备、小题大做、缺乏教育规约而引起。我在一些家庭里常常看见父母子女争执起来，又并不为什么大事情，不外乎作业是先玩后做还是先做后玩之类，孩子放学后要先玩了再写作业，母亲要求先写后玩，于是争执相当时间;又如家长答应星期天带孩子上公园，可星期天早起一看，雨下个不停，于是家长说"不去了"，孩子又哭又闹，说父母说话不算话，于是又是一场冲突，家长指责孩子不讲道理，孩子说家长不守信用，各执一端，最后家长火冒三丈，打孩子一顿，平息了冲突。可又已经为下一次冲突埋下了起因。反复如此，会成为家庭的习惯模式，亲子冲突更为频繁，家长很闹心，孩子也困扰其中。

常言道"怨仇宜解不宜结"，亲子关系往往谈不上"仇"，可同样需要宜解不宜积。家长对冲突矛盾是"解"还是"积"，也是教育能力高低的体现。"积"就是家长可以用权威把怨恨、紧张和不满压下去，然而压了下去也就积了起来，一次次地堆积起来，得不到释放，成为以后冲突的根源。日常好多亲子对峙表面看似乎为某一句话、某一点儿小事，实际上是多时积累的不满，得到一个机会可以发泄而致。那么如何使冲突宜解呢？我认为有几点可以考虑。

第一，家庭教育定有规约，可以减少掉大部分冲突。家长和孩子之间要有共同的约定及规定，孩子做到，父母也做到。比如在孩子小时候就告诉他，爸爸、妈妈和你都凡事讲道理，谁对就服从谁，而且说到做到。如果孩子不讲道理，无论怎么哭闹都没用。

孩子的许多要求是随心所欲的、好奇的、自己不能掌控结果的，这不是孩子的错，如果遵循一条约定：讲道理，父母讲道理，孩子也要慢慢学着讲道理，解决矛盾也就有章可循。孩子有什么要求都可以提出来，好好地说，说错了也没关系，家长若不同意，也讲明原因，家长若没道理，就放弃主张。一个家庭不可能百分之百地做到依理而行，但是如果没有讲道理的约定，冲突就会反复叠加、愈演愈烈。

所以，家庭成员都遵循共同约定，有章可循，亲子冲突就会减少一大半。如像前面所举的那个上公园的事例，如果家长与孩子有约定，讲道理，就不会弄到闹一通、打一顿。下雨上不上公园家长可以有两种处理：一是讲清楚雨太大，去公园淋湿了会生病，去公园只能以后补上；二是如果雨不太大，就不妨带孩子去公园，这样既不失信于孩子，也可以让孩子知道雨天到公园不好玩，甚至没地方可坐，以后下雨孩子可能也就不想到公园了。这样处理家长就不会被动到非得靠高压才能平息冲突，家长和孩子之间才可能获得协调和有章可循，用老百姓的话说，才有长期过日子的"常法"。

其他如天气凉孩子要吃冰棍，不必要的东西孩子非要买等一类问题，在约定"讲道理"的家庭，一般都不致引起激烈冲突。家长必须记住：如果要求孩子讲道理而自己随心所欲，教育效果会事倍功半，冲突会愈加频繁。

第二，亲子相处的时间很长，如果没有相当的宽容和松弛度，冲突必然频繁，因而家长要给孩子适度的时间、空间和自主，自己做主处理事情的条件。例如前面谈到的完成作业的问题：先玩后做还是先做后玩，依我看，家长一开始就培养孩子自己去处理，就未必会成为一个问题，先做后做不是完成作业的关键，做作业的效率才是关键。

有的家长夸奖孩子"很听话，都是做完作业才玩"，这是好的，我却认为让孩子具有管理时间的能力更妥当，如果孩子在学校连续用脑已很疲劳，回家后先玩一会儿再做作业，又有什么不可以呢？有位母亲，女儿刚上小学时回家问她："妈妈，作业先做还是等会儿做？"她说："你自己试试看，先做好还是先玩好，但是要记得，做作业就专心做，不能边做边玩。如果你觉得安排不好就告诉妈妈，妈妈帮帮你，好吗？"我认为这样就更妥当，既可以消除孩子的逆反心理，又可以消除依附心理，给孩子足够的自主余地，学着自己管理时间。

即使有时孩子玩得久了一点，作业拖得晚了，家长也不用收回成命说"昨天你玩得太久，今天必须先做作业再玩！"提醒孩子以后注意掌控时间。孩子毕竟是孩子，需要不断鼓励和指导，让他们开始上学就开始学着自己筹划安排，这个着眼点是更重要的。

家长还要记住防止孩子把精力用来与家长讨价还价。有的家长把孩子的作息时间全捏在自己手里，不给孩子一点自主，弄得孩子只能与家长作对，讨价还价，少玩一分钟也要大吵大闹。有一个孩子做作业中途休息，家长放他下楼玩15分钟，孩子赶快冲下楼去，一会儿家长在阳台上大声把他叫回来，说时间到了，孩子上楼一看，还有一分多钟才到15分，于是孩子借此不依，非要下楼去补玩这一分钟。家长气得不行，说这孩子太贪玩了！一分钟作业也不愿多做，差点又是一阵激烈的冲突。

其实，这种冲突是家长逼出来的，家长不允许孩子多玩一分钟，孩子才会不愿少玩一分钟。我们成人下班回家，也并不希望重复严格的作息规定，何况孩子呢？作业不是一天两天，而是要持续十多年，孩子学习的关键在效率，家长死抠时间，也容易使孩子在时间上做表面文章，应付家长，这就失去了规定孩子学习时间的原本意义，也是家长自找的冲突烦恼，更为严重的后果是，讨价还价成了孩子的习惯性态度，教育的损失就大了。

3. 家长要学会好好说话

不知道为什么，现在我经常听到或接触到的个案，亲子之间说话总有些火药味，总离不了挑剔的、指责的、埋怨的或回敬的口吻来说一个事情。

比如一次我听到的母女对话，那是下午放学路上，母亲问："哎，你说的昨天那个测验试卷发下来了没有？"孩子没好气地说："还没有，你以为这样快哟？又不是我一个人的试卷！"

我想这孩子怎么这样说话？好好地说"还没发下来"就行了，却夹枪带棒地回敬她母亲这一大堆话。这时候母亲说话了："你以为我想看你的试卷哦？那天老师说了家长不要只看分数要看错在哪里，我才问你。反正以后老了也靠不了你，考多考少随便你，我才懒得看。"于是我大约知道孩子为什么那样说话了。

我在高年级的作文里曾看到一个孩子写她和妈妈说话的情景，她说妈妈总是大声呵斥，小时候她不敢回嘴，到高年级她就学会了以超过妈妈声调去回敬，如果妈妈还要大声呵斥，她就用尖锐刺耳的声音弄得全家都不得安宁，家里经常都充斥着浓浓的火药味，她很苦恼，有时候根本看不进书，情绪很坏。家长们想想，是孩子愿意这样吗。

人与人之间对话的方式基本是固定的，对不同的人对话模式不同。例如有孩子在学校很有礼貌，说话很懂事得体，走出校门见到母亲说话就立刻换了说话模式，爱理不理或者大喊大叫。那么这种说话模式是怎样建立起来的呢？一是家长说话方式示范给孩子，孩子效仿学到的，二是家长宠的，不提要求不规训所致。这其中家长不好好跟孩子说话是主要原因。所以家长要学会好好说话。

也许有家长认为跟孩子说话还用学吗？其实真的需要学，不好好说话，除了给孩子不好好说话的示范，还可能隔断与孩子的沟通。据调查，小学三、四年级的家长已有相当一部分在诉苦，说孩子什么也不告诉自己，甚至有家长动怒追问，也不一定能得到实话。有家长说："我知道孩子说的有一大半都是敷衍我，孩子真正想的什么我也不知道，甚至他说今天老师讲了什么，我也不能确定是真是假。"家长十分被动，非常苦恼。

父母是孩子最亲的人，从小孩子对父母是无话不说，诉说所有高兴的或不高兴的事情，为什么小学还没读完就不对父母说实话了呢？设身处地想一下，我们成人与谁讲话，如果话不投机，或被挖苦一顿，你还会再说什么吗？若家长总是指责的、挑剔的、数落的、敌意的甚至暴怒的说话方式，孩子还愿意告诉你什么吗？要不了多长时间孩子就不愿再对家长说真话，仔细追究起来，是家长还没学会怎样与孩子说话，割断了沟通的可能。那么家长怎样好好说话呢？

（1）要理智、不失仪

孩子上学后，在学习方面、同伴交往、师生关系方面会有各种不适应，有孩子能掌控的，也有孩子畏难的，有进步也有退步，有成功的事情也有失败的伤心，所以家长要有理智、客观心态，听到孩子报告好消息就好好说话，听到孩子说没考好就气势汹汹地说话，这样说话的结果就是孩子只敢报喜不敢报忧，甚至最终什么也不愿说给家长。

古时候要求做母亲的要"有母仪"，要"容止若思，言辞安定"①，意思是做母亲的仪态举止要庄重，看上去若有所思、很有内涵，而言语措辞要稳重，安静沉稳。中国文化认为"修己以敬，安之以人"，自己内心安静沉稳才有仪容举止的端庄，仪静端庄的母亲才能"安人"，让孩子不急躁、有分寸。所以做家长尤其做母亲的要学会好好说话，做言辞安定、仪静体闲的母亲。

另外家长对孩子说的话要守信用，孩子信任才对家长说的话，家长不能用来与跟孩子算账。比如孩子讲了实话，家长不能以后批评孩子时说"上次是你亲口说的"怎样怎样，就很不理智。失去孩子的信任不需几次，只一两次就够了，家长要特别检点自己，讲理智，讲信用，珍惜孩子对自己的信任。

家长学会理智、沉稳，就能克服唠叨，一般来说，紧张的家长容易唠叨，缺乏主见的家长容易唠叨，琐碎的家长容易唠叨，所以家长要找到克服唠叨的办法，关于这个问题，在部分有详细分析，这里只简略提及。

（2）要正面、不挑剔

家长"好好说话"，是跟孩子说话的心理位置、语气措辞都要恰当，心理位置就是家长心中与人说话的位置，是居高临下的态势、长者教诲的态势、朋友劝告的态势，还是敌对的挑战态势、厌恶的挑剔态势等。这涉及

---

① 出自《千字文》，原文出自《礼记·曲礼》："毋不敬，俨若思，安定辞。"

孩子在小学一年级阶段，家庭教育的模式哪一种类型最适宜的问题。

教育关系可以分为权威型、专制型、民主型、放任型几种类型，教育心理学认为，孩子在中小学阶段，家庭教育关系还是"权威型"最为适宜，权威型不等于专制，也不等于民主，权威型的教养模式最有利于儿童成长。因为教育是需要权威的，没有权威就没有教育，父母在孩子的心目中可以信赖、值得尊重，这本身就是一种强大的教育力量，相信一个人，通过这个人可以相信整个世界，孩子认同权威，才能按照要求努力去做到。

如果家长丧失权威，孩子就会无所适从，不知道怎样看待自己、看待他人、看待社会，那么孩子的成长可能很混乱，危机重重。所以，家长跟孩子说话的心理位置，应该是正面的、权威的，既不是居高临下的，也不是朋友式的，更不是敌对的或挑剔的。有的家长说话的声音不大，然而敌意十足，平静的声音也可能令孩子不寒而栗。所以心理位置很重要。正面的教诲对一年级孩子来说就是恰当的。

在说话语气方面，家长跟孩子说话的语气要恰当，那就是温和地说话，即使孩子做得不好，家长也要温和地坚持。前面我们说到习惯培养的时候就强调了这一点，"温和地坚持"，这既是家长的态度，也是方法。

另一方面，温和不能丢了正面的权威的心理位置，要克服另一个极端"孩子祖宗化"的说话方式。现在有少部分家庭教育出现了"孩子祖宗化"的倾向，家长成了奴才，跟孩子说话不像是家长倒像是奴才，凡事小心翼翼，生怕得罪了孩子，唯唯诺诺、惟命是从，孩子不像孩子，倒像是老祖宗了。

有的家长给孩子说话近乎献媚，例如在校门口接孩子放学，"哎呀！我们乖儿放学了"，很夸张地迎上前去，满脸讨好似地陪着笑脸，而孩子爱理不理、不屑搭理，或者开始吆三喝四地指使家长。我在候机、候车时不止一次看到，也就六七岁的小孩子跷着脚在玩手机，家长几乎半跪着在和孩子说什么事，孩子根本不看家长一眼，哼哼唧唧的祖宗模样。于是我就要管管闲事说："妈妈跟你说话，你是不是该好好坐好了呢？"经陌生人这样温和地提醒孩子基本反而能立即纠正自己。

我接触的咨询案例中，好多孩子的问题行为往往源于家长权威的缺失，与父母大吵大闹、父母说话孩子很不耐烦地随意打断，都源自家长教育权威的丧失，因此无法形成良好的对话模式。家长要明白，父母就是父母，老师是老师、朋友是朋友，不能简单混同起来。良师和益友都不是生养的责任，而父母既然生养，就要教育规训，"养不教，父之过"，就是这个道理。父母权威缺失在小学一年级还不多，但家长预防权威缺失的认识却需要从一年级开始。

（3）要鼓励，不抱怨

有个孩子高兴地对家长说："我今天单元测验96分，以前没这么高。"而家长立即板着脸说："单元测验算什么，要期末96分才算能干。"孩子顿时扫兴万分。这也是家长没有分享孩子的兴奋，没有鼓励性地说话，无意中反倒有点破坏了孩子的积极性，如果家长分享地、鼓励地说，"啊？这么能干？加油！"期末考试有没有高分倒在其次。

有的家长做得比较高明，对孩子的讲述表现出极大的兴趣，对孩子获得进步的喜悦总是由衷地去分享，并大加鼓励，这样的收益是多重的，既鼓励了孩子学习兴趣，又鼓励了孩子与父母说话的信心和兴趣，锻炼了语言表达、词汇积累，多好的说话方式！

随着孩子逐渐长大，跟孩子说话从内容到方式要有调整，适合孩子的不同阶段的心理特点。

（4）要倾听、不打断

好好说话，包括好好倾听孩子说话。有的家长只关心考试分数，其余的就不大想听，甚至一概不听。孩子在学校会有各种喜悦、苦恼和困难，最初总是告诉父母，而有的家长认为哪有时间听小孩子的话，所以孩子告诉什么总是"去去去！""去做作业！"多几次这样，孩子也无法再对父母诉说什么。还有的家长只顾自己玩乐，每天给孩子几元钱吃饭，自己泡在牌局里，孩子没有任何机会可能对父母说什么。

家长要学会乐于倾听孩子诉说一切，孩子的话往往条理差，内容简单，甚至幼稚可笑，但家长认真在听，耐着性子听，就是一种积极关注。这种关注是告诉孩子家长重视他的想法，懂得他的困难，这种积极关注能形成一种建设性的亲子沟通，有效消除孩子的紧张、孤独造成的不良情绪。有位家长工作忙，但总是尽可能在上学时多与孩子走一段，听孩子说这说那，说的事情都不重要，但这种倾听很重要，对一年级孩子尤其重要。

（5）要讲究"无声语言"

无声语言是指肢体语言、也叫"非词语语言"，包括手势、表情、姿势、体征等。据考证，人类在远古很漫长时期的交流、传递主要依靠非词语语言，200万年前旧石器时代已经有手势语等肢体语言系统[1]，而人类使用有声语言符号的历史只有5万年左右。即使在现代，有声语言非常发达了，但是据研究，人类65%的交流信号仍然是肢体语言的[2]，在成员相互熟悉的家庭生活世界里，肢体语言更为普遍。

所以家长"好好说话"包括恰当的身体语言，眼神、表情、手势、身体姿势等，有孩子说，"只要看一眼妈妈那凶神一样的眼神，就知道我已到了地狱门口"，还有孩子说"开口骂我还好一点，要是爸爸阴着脸不说话，那才是我的世界末日，不知道会发生什么可怕的事情"。有的孩子形容家长发怒的样子，"就像魔鬼要把人撕成碎片"一样的表情。诸如此类极端的身体语言，都是为人父母要力戒的。

归纳起来，心理学上关于对孩子好好说话有一个专业术语，叫做"形成良好应答关系"，包括良好的语言应答和情感应答。比如孩子回家告诉家长一件学校的事情，家长询问孩子"什么？"这同样一句话，可以是关切、温和地问"什么？"让孩子很安全、放心，但也可能是反感、审讯式地问"什么？""你做了什么？"让孩子害怕、不寒而栗。

有家长说自己"是个粗人"，文化低，说话粗鲁，很难学会文雅的词语，意思是没办法好好说话。其实每个文化阶层都有自己整套的对话词汇和情感应答，我当知青七年，听了多少"粗鲁的话"，是处于社会的权力、财富、声誉底层人们的粗话，可是我读到的亲子应答依旧是常态的，火塘边有最温婉动人的亲子应答，屋檐下也有冷漠的暴力相加，与文化高层家庭的亲子应答没有差异。所以家长要反思一下自己是否好好说话了，一是语言应答，二是情感应答，是否恰当。

---

[1] 游汝昌：《社会语言学》，复旦大学出版，2004。
[2] 赵石屏：《如何上好心理健康辅导活动课》，载《课程·教材·教法》，2001.10。

4. 亲子紧张的破坏力

由于亲子的血缘联系不可替换、不可解除，才使得父母子女的相互依赖如此深刻，在依赖与被依赖之间，要求与被要求之间，又时常有冲突带来的紧张，这种家庭紧张的破坏力，破坏家庭精神环境、破坏孩子积极的智力活动，副作用相当大。

人的生存的确很不容易，作为家长又多了一重压力：来自孩子学业的压力，很多家长实在无法轻松，家长不能替代孩子去解决学业问题，也不能替代学校去亲自教给孩子知识，只能对孩子施加影响、施加压力，据调查，在亲子冲突中因学习而导致的冲突，占亲子冲突首位。不少家庭都持续地弥漫着紧张和焦虑，如果家长不注意降低这种紧张，会严重扰乱家庭正常生活气氛，更扰乱孩子读书用功的环境。所以家长要做到，有冲突力求尽快恢复正常气氛，这是一种情况。

另有一种情况是有的家长有点问题，总喜欢随心所欲使孩子紧张，而且他们不高兴看见孩子轻松自在，非要弄得孩子噤若寒蝉，在自己面前唯唯诺诺、拘束谨慎才心安理得，孩子时刻都在奋发努力才符合自己的愿望。我曾见过一个母亲，大发脾气，训斥女儿（大概七八岁）不听话，小女孩赶快放弃了自己的要求，请求母亲不生气了，可母亲抽抽泣泣越发伤心，大声数落小女孩以前的种种不是。可怜的孩子不敢一言，自己也哭了，可一见母亲停止了抽泣，赶快跑过去给母亲擦眼泪，递开水，母亲才渐渐平息下来，我被深深地刺痛了。

我不知道如何去设想这个小女孩可怜的心境，她才七八岁，顾不得自己的委屈去迎合这个无能的母亲，不难估计，她内心是多么紧张，多么害怕和恐惧！从心理学角度讲，这位母亲已经有"虐待狂"倾向，喜欢折磨孩子，非要弄得孩子紧张自己才能平静，而且她自己并不一定意识到自己这种虐待倾向。

那么我们去试想：经常处于这种紧张、恐惧体验之中的孩子，能指望他进行积极的智力活动吗？能主动地去探索好奇什么吗？能获得快乐开朗的性格吗？大多数家长都不是虐待狂，但一定要懂得频繁、持续的紧张状态，会在很深程度上压制孩子向上的生命力，对此家长必须反省自己，审查自己的心理素质。

5.威信是一种教育力量

威信就是一种教育力量，家长的威信在于孩子的尊重、信赖和基于此的意志服从，威信是最具内在控制力的教育力量，没有教育威信就没有教育，所以家长要有威信，要珍惜威信、保持威信。

家长的威信来自孩子的生存依赖，情感依赖，家长含辛茹苦操劳养家，给孩子温暖的爱和安全感，获得孩子发自内心的尊敬、佩服，正如一个小学生所写的："爸爸负责一家人的生活，我们能有饭吃，有房住，全靠他辛苦工作。爸爸真了不起！"

在大多数儿童的心目中，父母都是最了不起的，这个阶段家长要获得威信、获得尊敬并不难，难的是孩子逐渐长大，独立性迅速发展，家长保持威信就不是轻而易举的了。我看现在即使十来岁小学生的家长，要维持威信已经比较吃力。一个小学高年级孩子在写父母的作文里说"哎！现在我得花不少精力认真对付他们"，还有孩子说"我妈妈很笨，不会挣钱，又不会收拾屋子、做饭，弄得爸爸太辛苦又没办法，我将来一定不要这样"，可见我们家长是很容易丧失威信的。

有一项研究认为，在专制型、放任型和权威型三种家庭教育模式中，最为有效的教育模式是权威型的，权威型家长强调孩子的权利与责任要平衡，二者都要兼顾；放任型的家长则放任儿童无责任，而权利太过；专制型的父母则剥夺儿童权利太过，而要求责任太多。所以，家庭教育必须要有家长的威信，威信就是一种认同，一种信任，有认同也才有遵从，有信任才有教育。信任是一种力量，好多时候因为信任一个人，可以信任整个世界。

家长的威信是调节亲子矛盾、消除亲子紧张的重要保证，家长一旦丧失了威信，往往使亲子冲突更为频繁，而且难以收拾。反之，家长威信的破灭对孩子的打击极为沉重，孩子对社会的信任和人生向往，很多都源于对父母的崇敬。而父母威信的丧失，孩子心目中那么珍贵的信赖和崇敬，转瞬之间变得毫无价值。有个中学生品学兼优，父亲是干部，职位较高，工作勤谨，可是涉案经济触犯法律，锒铛入狱，孩子的学习一落千丈，几近崩溃，他说我不知道怎样面对，我从小就努力要像爸爸那样……孩子遭遇的如此重创，往往比我们成人预料的还要惨重。

还有些家长因为惧怕威信丧失，就教导孩子从小就听话，非常听话，一直长大成人，学业职业、婚姻恋爱都听父母的，这种威信也算一种威信，亲子冲突少有发生，但却是以牺牲孩子的独立性和自主能力为代价，孩子一旦需要独自面对人生难题，就应对不了。比如职场的人际协调、比如婚恋，都是必须孩子自己独立面对的。从心理学的角度讲，青少年成长中的危机，迟早是要自己去应对的。父母的庇护只能有一时的无惊无险，可那只是延后了的危机。

另有一些家长不计较"威信"，为了不起冲突，对孩子有求必应，"放下架子"，甘心为子女驱使，表面上看也协调了要求与被要求的矛盾，然而家长失去威信，势必造成有朝一日更为剧烈的冲突，尤其在家长对孩子有所要求，如赡养、照料时，家长没有了威信，悲剧就在所难免。

6. 不同阶段的"以变求适"

"不同阶段"指孩子发育成长的不同阶段。不同阶段的亲子协调要以变求适，也就是不同阶段家长的要求和方法需要适应孩子的年龄特点。有时孩子不听话，变得出人意料的固执就与年龄特点有关。随着年龄增长，孩子重视同伴超过重视长辈，家长不理解这一点，也是亲子冲突的重要根源。例如一群高年级男孩邀约着星期天到公园野餐，因是自发组织的，孩子们特别兴高采烈，可其中一个男孩回家告诉父母，父母不答应，说"我们带你去更好玩的地方"，孩子不肯，说："我已经答应分工出卤菜，怎么能不去呢？"父母说："出什么菜都无所谓，主要是我们不放心。要不我们与你一道去？"孩子急得跺脚，父母就是不让步。

第二天一群孩子约齐了在门口等着，可这个男孩的父母还是不同意，其他孩子不满地走了，说："真没出息！"男孩听了放声大哭，母亲却说："他们说你什么没用，爸妈说你有出息就行了，老师说你有出息才有出息。"男孩不依，于是又爆发了一场冲突。

这位母亲的话对吗？当然不对！作为现代教育者，这个家长是很无知的呢，因为男孩同伴的评价比父母老师的评价重要很多倍，这是孩子最看重的，而母亲却以为儿子仍然是三五岁的稚童，只要妈妈说一声"乖"就心满意足，诸如此类。

孩子在小学高年级独立性开始迅速发展，他们重视同伴的意见超过家长、老师，对父母教师会有"闭锁"倾向，这是他们长大成人的需要，他们需要相互支撑，获得力量，摆脱对成人的依赖，才能成长起来，这是孩子极为重要的成长途径，家长务必懂得，就可以大大减少亲子之间的紧张和冲突。

一位家长很是气恼，因为读大学的女儿喜欢一个男生，却怎么也不肯告诉父母，只让同龄好朋友参考，于是家长指责孩子："我养你20年反而不及你的同学？哪怕说一点给我也可以参考。"而孩子的想法是要等自己确定关系了再征求家长意见，这位家长更生气，说没有我们的看法你能自己确定关系吗？弄得家长和孩子冲突起来，都很气闷，类似情况说明家长还将女儿当成事事都要告诉妈妈的小女孩。

此外，注意保持亲子之间的适当距离，也是亲子协调的重要原则和方法。家长须知"距离"具有的若干重要作用。人都需要空间，有的家长认为爱就是亲密无间，事无巨细都亲自过问，孩子的行为、动机、兴趣全都要自己知道才放心，这样孩子就失去了自主的空间，引起孩子极大反感，激烈冲突势在难免。

例如有家长伤心地诉苦："我为他可以说是肝脑涂地呀，可是他不听话，还对我大喊大叫。"这位家长的孩子读高中，可她规定孩子太细，下一点小雨，孩子不想带伞，非带不可，孩子饭后不想吃水果，非吃不行，而且要讲一大堆道理；孩子则说："她怨我大喊大叫，我没发疯就算我理智。"可见，如果家长懂得"距离"的作用，就不会是这样劳而无功。其实，人与人之间任何关系都应当有适当距离，夫妻之间，朋友之间，同事之间都是如此。保持适当距离，才是常法，才是长处之道。

二、家长与孩子教师的协调

1. 家庭教育的局限

自古有"易子而教"的说法，原因在于一则如果家长苛求孩子，或者孩子一时做不到，会伤害亲子情深；二则由于亲子关系的多重性，使教育难度大大增加，历史上不少著名的政治家、军事家，指挥千军万马，有"撒豆成兵，挥剑成河"的雄才大略，对子女却束手无策。即使是教师也不一定能胜任，有的优秀教师就教不好自己的孩子，因为家长在血缘的层次上有着几乎难以克服的局限，故"易子而教"可以避免血缘的局限性，所以古代贵族子弟到 10 岁左右，就学"外傅"，教学的老师叫外傅，10 岁也称为"外傅之年"。现在我们家长都把孩子送到学校求学，都不自己教语文算术，也就是求学外傅。

学校与家庭各自具有独特的教育功能，相互不能替代，所以在现代也要"家校合作"，家长的教育无论如何出色，也缺少学校才有的同伴群体，缺少在班集体中成长的条件，家长文化学历再高，也不可能自己给孩子系统传授知识，这是家庭教育的局限。有的家长不懂得这一点，与老师有一点儿冲突，就力图让孩子在心理上与教师和班级隔立起来，说"我们不稀罕班里什么""老师算什么，你最多在他手里还有几年""你以后少管班里的事情"等，这说明家长还没有懂得自己的局限，没有重视如何与学校的教育功能互补。

2. 为什么要尊师？

这里又说到家长与孩子的教师之间关系的话题，有学生曾经问我，"赵老师我信任您才问您这个问题：我交钱买东西，并不需要尊敬商贩，学生交钱换取知识，为什么要尊敬老师呢？"我说这是一个好问题，即师生关系是契约关系吗？师生关系有契约的成分，但更多的还不是。"契约"是中立、客观的交换，而教育的本质却不是交换，教育是传递、关怀、期待、激励、宽容、等待，孩子要长大成人，仅仅交钱换知识就够了么？教师教书与教人天然是一个整体，教师是孩子成长过程中的"重要他人"，自然应该有尊重。至少现在是这样的，以后学生交钱是否可以只是买知识，我以为很难。

试想，如果哪一天家长碰到一个处处"客观""中立"，只教书不教人的教师，凡事按照契约办事，不喜欢学生，也不厌恶学生、没有赞赏也没有责备，除了讲课传递知识，没有关怀、没有期待、没有鼓励，甚至记不住学生的姓名、相貌……试想这种履行契约、满足了学生拿钱"买知识"并不用去尊敬的教师，会是家长所希望的吗？

中国古时候供奉的尊者是"天地君亲师"，"天地君亲"指天地、君主（天子）和双亲，都是自然法则赋予，而"师"与之并论，足见"师"的地位与其他职业不同，"师"的实质地位，是人类除了繁衍延续，还必须有生存经验、知识、技能需要传递下去、保证下一代的生存。而"师"则为这种传递的承担者，故而与"天地君亲"自然法则并列，尊重教师就是尊重人类自身的这种必不可少的传递。故有"一日为师终身为父"之说。

有的家长不尊重教师，似乎因为教师有这样那样的过失和弱点，这不成其为理，因为任何人都不十全，事实上也求不了这个"全"，这是家长应该有的理性。家长有权利也有必要评价和选择教师，然而切勿忘记从内心感激孩子成长中很重要的人，常言"滴水之恩"都要报答，何况教孩子的教师呢？如果不知理解，不知感激，却为人父母，其情其理何在呢？

对于家长和教师之间发生的分歧或矛盾，我要提醒家长，无论家长和教师之间发生什么矛盾冲突，绝对不能把孩子置于家长和教师紧张对峙的气氛之中，孩子只是孩子，很难评判二者的是非，他们只希望家长与教师好好的，一旦失去这种感觉，孩子会恐慌。无论什么意见分歧，种种的剑拔弩张，唇枪舌剑在成人之间发生并不少见，但是一方是家长、一方是教师，把孩子夹在中间就太残酷了，绝不可取。这是家长基本的协调能力吧。

3. 男孩子遇上女教师

在回答不少小学生家长的咨询时，我总有点习惯地询问："你孩子是男孩还是女孩？"言下之意，男孩与女孩在小学阶段的教育尤其不能笼统而论。

小学的男孩子一般少不了如下特点：坐不住、不专心、贪玩、粗心、马虎、不自觉等，因此总少不了受教师的训斥，尤其女教师为主的小学校，男孩子的"得意"是很罕见的，这使得家长十分头痛，感到教育孩子怎么如此困难！儿子保证了一百次"我改正"，终于还是不改，也改不了。女教师具有女性的天性，倾向于顺从、柔和、安静，追求完美，而小学男孩子与这些德性几乎不相干，做家长的如果指望改造儿子具有这些美德而得到女教师的宠爱，那几乎是不可能的。

我曾在一个小学看见选出来的大队委照片，七个之中有两个男孩子，我心想这个学校还可以，很容忍男孩子的"缺点"，待凑近仔细看，一个劳动委员，一个体育委员！大队长、学习委员、宣传委员等"要害"部门的职位都是女孩子，小学"女性文化"特征可见一斑。现在可能有点改变，听一些小学校长说这些重要岗位上的男孩子比以前要多些，但总体不如女孩子，且不够稳定。如一个男生学习成绩好，体育也好，又有组织能力，可是两年内"三上三下"，因为总要犯一些错误，如打架，老师只好将他"罢官"，待表现好了再复职，如是者三。在我看来，这原本就是男孩子的正常特性。

然而对于家长来说，这是一个很实际又很棘手的问题。家长要了解，现阶段小学教育的教学与评价（考试选拔），相对而言对男孩子是不利的，换句话说男孩子的家长在小学阶段，更需要做好教师对孩子不满的心理准备，这是要面对的事实。

造成这种男女儿童在小学阶段的差异，不止一个原因。从生理发育看，男孩子的认知发展，特别是语言能力的发展一般比女孩子晚 1～1.5 年，而入学年龄是统一划齐的，因此一进学校，男孩子实际上比女孩子"小"1～1.5 岁，也就幼稚好多。

小学阶段占主体的：识字、拼音、造句、看图说话，叙述、复述、回答提问等学习内容，都依靠语言能力，小女孩的伶牙俐齿有几个男孩可望企及？学习成绩难免差掉一大截，加上男孩的注意力，自控力同样比女孩发展得晚，比较贪玩，坐不住，因而总不及女孩子那样学习得心应手、从容自如。所以小学阶段男孩子不及女孩子，学习难以占优势，但是家长要懂得这不是男孩子的错。

其次，女孩一般温顺、服从、依赖，害怕批评，不喜欢冲突、冒险、叛逆，因而专心、用功、认真、服从，学习成绩也就优于男孩，很容易获得肯定。在女教师为主的小学，女孩子学习优异加上温顺而受宠，几乎成为了一种女性文化现象，充斥着小学教育，这当然也不是女孩子的错。对此家长如何对待、怎样处理呢？

从总体上讲，小学的男孩基本在女教师五、六年的管教之下，会磨去不少独立不羁的个性和探索的勇气，甚至可能多少有些女性化。小学男孩子考试分数一般不如女孩子，这是让男孩子家长最头痛的一个要害。一部分家长为了孩子进入重点中学，顾惜不上儿子其他发展，依靠家长威力配合教师将孩子压得服贴一点，听话一点、能坐得住用功、细心认真，目的就是为了"升学"这一关。

我想，这样的代价是否太大了？至少我认为是如此。只要不是孩子顽劣成性，恶习难改，我希望家长要给自己儿子的个性正常发展留下一点余地，牺牲男孩子的天性去博得女性文化的认可，令人痛惜。我常常在小学的教育讲座以及与教师的交谈中，请小学教师们对男孩子尽可能地"高抬贵手"，认同他们的天性，因材施教。

"小儿子遇到女教师"的性别文化不相容的苦涩，男孩子的家长体味最深，男孩子的家长与教师的协调难度也就大得多。孩子不听话，教师不满意，状告家长，家长往往痛揍儿子一顿，之后又潸然泪下。要么压服儿子，要么向教师发难，要么避而不见教师，弄得有些焦头烂额。

我以为没有必要到这个程度，家长应该考虑：儿子如果一般情况正常，那么就不要逼着儿子争夺高分数或前三名。家长力求把握到一个分寸：注重儿子的习惯养成、能力培养，不能要求立竿见影，学习成绩能在"中"与"上"之间波动就不错了，淘气的程度控制在教师允许的范围，不能压得太死板，磨掉了男孩子的天性，包括男孩子打架一类的事，也不能仅仅用"好坏"来评价。

掌握这个分寸难度很大，然而从家长角度讲，除此似乎别无良策。有一位母亲，她的儿子智商"优秀"，想象奇特，画画相当好，六岁半读书却对学校的规矩"一片混沌"，完全不知道何谓"认真学习"，也不知教师评价对于他的意义。他曾自豪地纠正他母亲的话，说："我不是差生！老师说我是差生里面最好的一个！"那副可爱劲儿，让人哭笑不得，即使与同龄男孩子相比，他也属于"没睡醒"的晚熟类型。

我对这位母亲说："你要指望他能主动去适应一套学习规范，在几年内是不行的，用高压强硬地将他打磨'规矩'，也许可以奏效，但孩子丰富的想象力，宝贵的童心也可能丧失，代价又太大。不如维持中等成绩，到高年级再突一下。"这可以算是下策罢，世上无可奈何的事很多，这样的建议虽然亦属无奈，但至少可以保证孩子走得更远一些。

家庭教育具有的优势，可以在日常生活中培养男孩子的性别意识、阳刚气质、冒险精神。家长要注意第一不压制儿子的"刚性"，第二要经常提醒儿子"男子汉"的内涵；第三让儿子多进行体育锻炼，磨炼体魄和毅力；第四要像西点军校培养最优秀的男子汉那样鼓励孩子的冒险精神，尤其是父亲要把儿子的角色成长作为重要事情来认真对待，同时要做出表率，成为儿子的好榜样。

现在学校教育也逐渐意识到这个问题，根据教师反映，现在不少男孩子"体质差""小气""爱哭""要女生照顾"等女性化倾向明显，甚至有男生因为体育不达标，竟向老师要求体育标准与女生一致，理由是男女应该平等，让人哭笑不得。对此有学校专门设计了"培养男子汉"的课程和作业，要求男生不轻易哭泣、掉眼泪，男生不在背后打小报告，男生要谦让女生，尤其不能辱骂女生，男生应主动抢着做搬桌凳等体力活，男生应有保护女生的意识[1] 等，这就是很有见解的教育，让我很感欣慰，因为这个问题已经让我忧心很长时间。

我是一个女性，也听到中国女性呼唤"男子汉"，在我周围，有知识无胆识、有学位无创造、有怨气无勇气的男性的确不少，这是否与我们的小学教育有关呢？一点点地削掉男孩子的独立、冒险、刚毅、勇猛，是否也包括我们儿子们的家长呢？

这值得我们反思。为了我们中国有更多"金戈铁马、气吞万里如虎"的男子汉，我宁愿在小学里看到多多的淘气包、大呼小叫猛烈奔跑的男孩，而不忍心目睹被驯服得规规矩矩的小学究，淹没在女教师的夸奖之中。

---

① 《重庆晚报》，2013.1.27。

三、家长与家长之间的心理协调

一般来说家长与家长之间本不存在多少关联，也就不存在协调问题，但有一种心理平衡需要提及，即家长与家长之间如何实现心理平衡，尤其母亲与母亲之间，平衡更值得一提。一个家长气愤愤地对我说："我儿子的作文在《少年报》刊登出来，班里另外几位家长挖苦说'一篇作文还想有轰动效应？哼！当了作家才算数呢！'"

这只是一例。现在家长重视孩子的发展，希望孩子名列前茅，这无可非议。然而如果因此而形成家长之间的心理畸形关系，嫉妒、讽刺、不适当的攀比，就有必要予以调节和纠正，力求避免这一类多少显得俗气的庸人自扰。

家长的嫉妒制造了家长之间的心理冲突，家长自己也逃不掉笼罩在无形的困扰之中，继而在无形中转为对孩子的压力，如果家长仔细想想的确没什么道理。一位家长对儿子说："好多人在等着看我们家的笑话，你要考不上重点中学，那些人才高兴呢，我在这个地方还能呆吗？"无疑，这种压力相当大，对于孩子来说，实在是额外的心理负担，面对家长说的"那些人"，孩子又是何等局促。这类激励的确不高明。

我注意到一些咨询的家长，常常流露出对其他家长的不满，要么挑剔、要么嫉妒、要么评头论足，应该说这样的心态不大健康。有时候听家长理论起来，我也弄不清家长与家长之间的这些瓜葛，究竟是为了孩子，还是为自己？

尤其做母亲的又更容易犯这些毛病，女性的心理复杂，微妙而又变幻不定，嫉妒又往往因自己所爱的对象而起，而且非常强烈，如果自己的孩子被别人超过，母亲容易失去心理平衡，如果母亲将自己的全部价值押在孩子身上，那么嫉妒就是双重的嫉妒，其消极作用更为明显，包括学历较高的母亲。女性的生物特点规定了母亲对孩子的关注和庇护比男性要多得多，但不能过度，"过犹不及"，危害是等同的。

常言道："慈母败子"，我想这除了在物质上宠坏孩子，还应包括母亲因为爱子如命，而放肆自己的狭隘情感和病态情感，孩子笼罩其中无法获得健康心理的缘故罢。家长克服这种弱点的唯一途径就是注重自身的修养和检点，胸襟坦荡一些，自然大度一些，少一些虚荣，多一些厚道，心理平衡就不难实现。

总起来说，中国文化非常重视通过"中庸之道"消除人际之间的潜在的冲突隐患，极力主张"和为贵"，以教化人性、和顺家庭、稳定社会。这也应该成为我们家长协调所有关系的宗旨。"中庸"的境界非常高，用孔子的话来说，天下国家做到平均是可能的，辞掉高官厚禄是可能的，脚踩锋利的刀刃也是可能的，而要达到中庸的境界几乎不可能①，比喻中庸的智慧很难企及，但需要努力去接近它。

"和"是最有利于人类生存的状态，故而"为贵"，很宝贵，但是因为人与人又在多种利益冲突之中，能够真正达到"和"很不容易。在家庭教育中，培养孩子"和为贵"的能力，除了讲道理，还需要家长的身教，孩子才能领会"和为贵"的境界，比如"和"不等于怯懦，"和"不等于无主见，不等于凡事顺从，故而家长"和为贵"的境界和能力，"和为贵"的"道"与"理"，通过"示范与效仿"传递给子女，才是最有效的。

---

① 《中庸·右八章》："天下国家可均也，爵禄可辞也，白刃可蹈也，中庸不可能也。"

第十七卷　家长的自制能力

自制力，即自控力，是一个人对自己的节制、控制能力。自制是意志品质的重要构成，这种意志不仅是克服外在阻碍的意志，更是控制自己、战胜自己的意志，而且战胜自己是更困难的。故有"人贵能胜己，非能胜人"的说法。

自制并不单独针对家长，任何人都需要自我约束、自我家长的自制之所以更显得重要，因为它直接关系到孩子，家长是凡人，人生艰辛，喜怒哀乐，凡人都躲不掉，为人父母就更不容易。孩子的种种"不是"激起家长的怒气，家长自身的不顺心也会引起不少烦恼，如何处理这些情绪，避免处理不当伤害孩子，是家长的重要能力，同时也是重要的示范和身教。

一、孩子只是孩子

家长的自制力基于合理的教育认知，比如有家长见孩子出错就发火，如果懂得孩子只是孩子，具有所有孩子成长中的都会有的幼稚、不成熟、不懂事，就能将这些不足"合理化"，就具有了教育耐心，不会冲动失控。

1. 大喜大怒都不足取

父母与孩子相处的时间很长，要有家庭生活的常态才是长久相处之法，而常态就是生活状态，就是凡事不极端。例如"喜怒哀乐"人皆有之，常态在于情绪表达有分寸、不损害家庭关系。亲子关系相互依赖极为深刻，情感情绪交织其中，为人父母，哪能不喜不忧？从古至今，可怜天下父母痴心一片，操劳一世，付出半生，多少深爱、多少担忧、多少期待、多少失落，都在做父母的拳拳天性之中，的确算得上是人世间最深沉的、也是最美的喜与忧了。然而喜怒超出了边界就不好，尤其对孩子，家长没有分寸的喜悦和愤怒都有害。

家长大怒，孩子无疑会很恐惧，因为小孩子的安全感主要来自父母的爱和关怀。恐惧对孩子的精神发育是一种严重摧残，暴躁的家长怒气冲冲的时候，孩子感觉像面对魔鬼一样，有的家长虽未咆哮如雷，那阴森森的眼神足以使孩子不寒而颤。有一种父母，别的本事不大，让孩子惊恐万状却成了习惯性方法，似乎只有孩子的恐惧才能证明他们有威信和能力。

天使与魔鬼有时候只有一线之隔，最爱孩子的家长却可以暴怒到夺走孩子的生命。前不久有报道一个父亲用皮带"教训"6岁的儿子致其身亡，目击者现场看到"皮带都抽断了"。据这位父亲还说他自己小时候也经常挨打，他爸爸也用皮带抽，也是"打得很狠"……我在想，这种魔鬼一样的家长，是从哪里来的呢？

极端情绪都是家庭教育要摒弃的。大怒不足取，喜悦过分也是不足取的。比如孩子获得某种成功，某种荣誉，家长就喜气洋洋，忍不住逢人便告诉一番，从头到尾，不厌其烦，毫无分寸，就失了作为父母之仪范。有个孩子在市级作文竞赛中得了二等奖，她母亲忍不住转弯抹角地终于让同事邻居无人不知，如此"大喜"，其情虽可感，也的确添了可厌。中国传统文化要求为人之母要"有母仪""言辞安定"，也就是做母亲的尤其要有举止言行、喜怒哀乐的分寸，怎样表达欣喜也是要有讲究的。

家庭教育还需要克服喜怒无常。喜怒无常就是情绪极不稳定，而且无缘无故地变化，欢欣喜悦、情绪高涨的时候，对孩子异乎寻常地亲切，然而很难稳定，稍不遂意便勃然大怒，尔后转瞬又归于平静。孩子不知道家长为什么发怒，也不知道家长为什么复又不发怒，弄得没法适应，无所措手足，最终家长得到的是孩子的蔑视。有孩子说自己的母亲"她无缘无故就打骂，我连为什么都不明白，有时真的是我的错她又一点气没有，还笑嘻嘻地，神经病！"足见喜怒无常的家长在孩子心目中已经失掉了尊敬。

2. 恐惧摧残孩子的心智

恐惧对孩子的影响无论从哪个角度去讲，都是百害而无一益。有的家长为了使孩子服贴，采用让孩子感到恐惧的手段强使孩子顺从，为了孩子学习成绩不下降，只要稍考差了一点，家长除了不给饭吃，还轮番"审讯"，甚至痛笞，千方百计让孩子恐惧以戒下次再犯。

还有的家长教育无方，让孩子恐惧却方法不少，有一个家长因孩子不睡觉，很生气，把房间的灯关掉，还说有鬼怪专门抓不睡觉的孩子，吓得小孩子瑟瑟发抖，不顾天黑开门跑出去在路灯下大哭；还有家长一旦孩子不听话就拽着孩子往派出所去，说要像关犯人一样关起来，弄得孩子惊恐万状；还有孩子没有好好游泳，家长竟然揪住孩子的头往水里按，说不游泳就淹死，诸如此类。看着孩子提心吊胆，战战兢兢的样子，家长认为就是要这种效果，还堂堂正正地言辩："孩子总得怕点什么，没有惧怕怎么行！"

的确，孩子应该有规矩，总得凭着什么来约束自己，但决不应该是恐惧。苏联教育家曾提出一个标准检验教师是否合格，他说如果教师走到学生跟前发现学生脸上有恐惧的表情，那就说明事情不妙，说明自己教育不合格，我觉得这同样适合于家长，因为恐惧对孩子的损害极大。

第一，恐惧使孩子胆怯、懦弱、不敢进取。不少孩子学习困难，就是因为恐惧出错，恐惧失败而不敢进取，不敢试探。这其中有一点，很少被家长们意识到，孩子避免失败的愿望比争取成功的愿望更强烈，为了防止最小的可能的失败，他们宁愿降低努力的水平，只希望达到父母规定的那个标准就行了，所谓"不求有功、但求无过"。

有的家长在咨询时总问：别的孩子为什么那么喜欢看书，自愿要去钻研好多难题，而自己的孩子却只完成指定的学习？我认为原因固然复杂，但家长造成的恐惧使孩子失去主动进取是重要原因之一。恐惧感会中止孩子有勇气再去做更多的努力和追求，因为更多的追求和探索会有更多的失败和差错。

所以，从心理学上讲，要培养起孩子不惧失败、不断追求更高成就的动机，需要一个条件，就是允许失败，如果不允许失败，那么孩子只能降低目标，回避失败。因为目标越低难度越低，难度越低，失败越少；反之目标越高难度越大，失败的可能就越多，孩子恐惧失败，又怎敢去追求更高目标呢？

第二，恐惧会麻痹人的正常大脑活动。人的感知觉、记忆、思维、语言以及脑子里已存在的东西都会因恐惧而麻痹或遗忘，更谈不上发挥创造。

有的孩子做作业、看书时，家长如狼似虎般地守在一旁，稍有差错就是呵斥，甚至一巴掌就打过去。我不知道谁可以在这种情境中刻苦钻研、思考问题？又怎么可能不做错题？平常我们说一个人被恐惧"吓傻了""吓呆了""吓得说不出一句话"，孩子就更是如此。好多孩子考试或失水准，与恐惧情绪有很大关系。

第三，恐惧使孩子行为发展不正常。比如孩子离家出走，究其原因固然很多，但有一主要原因是恐惧。孩子做错了事，考试成绩很糟糕，他不敢去想象回到家里父母的暴怒，只得不顾一切离家出走。此外，孩子的欺骗行为也往往由恐惧诱发，时间长了就成为痼疾。例如孩子撒谎成性，使得家长不敢再相信孩子，究其缘由很可能起因于家长对孩子往往特别严，不允许孩子有半点错，发现错误从没放过。如一位家长说"打也打过，骂也骂过，软硬都没用。很少有像我们这样严的"，结果孩子还是不服管教。

然而"不放过任何错误"，可能就是孩子撒谎的根由。孩子面临恐惧而又孤立无援，下意识中逃避恐惧，保护自己，不得已只能撒谎，以致最后撒谎成了习惯。希望家长懂得这一点，常常反思可能错在自己。

心理环境恶劣、持续的家庭紧张是儿童反社会行为的基础。据研究，在产生道德不良的家庭中，存在着普遍的不健康的情绪气氛，也就是家庭紧张，这种家庭紧张主要表现为敌意、憎恨、怨气，经常的责骂、争吵，引起经常的情绪障碍。儿童在这种环境中，得不到安全感、爱、温和，儿童变得充满敌意和恐惧，加上情绪的不成熟，构成了反社会行为、道德不良的基础。

古时有谏臣，必有明主。魏征敢于犯颜直谏，因为唐太宗从谏如流。如果天子动辄就杀掉进谏的大臣，那么无论怎样要求大臣直言，谁还敢说真话呢？"匪面命之，言提其耳"[1]，意思是说教导孩子的热心恳切，不光面训，几乎是提着耳朵在讲道理了，没想到适得其反。所以，孩子涂改考卷分数，孩子装病，孩子不说实话……这些缺点，好多都是家长制造恐惧给逼出来的。家长当反躬自问。

家长大概以为无论怎样大怒大喜、喜怒无常，孩子还是"我的"，不会失去的，因而无所顾忌。天下没有不可能失去的东西，在实际上已经失去孩子信任、敬重的父母还少见吗？做了父母就要纠正极不成熟的情绪品质，严重的则属于心理疾病，需要治疗，需要去专业治疗机构咨询，求得诊断与治疗。

3. 失败中学得大将气度

孩子成长经历多种人生课题和多种困难，必然会有过失，有失败，尤其在一些家长非常看重的人生重要关口，孩子的过失和失败更使得家长无法控制自己的强烈情绪。小者，期中、期末考试失利、评优落选、班干部当选票数不够、各种竞赛名落孙山；大者，升学失败，未能升入重点中学、未能进入大学、名牌大学；其他如人际关系困难、婚恋不成、求职碰壁等，都可能引起家长的失望、不满甚至勃然大怒。然而，在孩子遭到失败的关口，最能见出家长的教育水平和气度，孩子也只能在失败中才能磨炼出坚强和韧性，磨炼出"承受能力""抗挫能力"和金戈铁马、气吞万里的"大

---

[1] 《诗·大雅》。

将风度"。

美国作家海明威有一名言"人生来不是为了被打败的"。努力在人生"重压之下表现出的优雅风度",就是大将风度。我们成人追求人生,付出努力,获得成功,都是从失败中踏行而来,失败中才能学到大将气度,却为什么接受不了孩子的失败呢?孩子失败时候,家长的气度在于战胜自己,帮助孩子承受住失败,要求孩子在失败中进取,孩子也就能学着在失败中磨出"人生来不是为了被打败的"气度,才能在艰苦的人生奋斗中自强不息,充满着生命活力,不断进取,不断追求更高成就。

二、成人之所以叫做"成人"

"成人"是与未成人的孩子相对而言,成人与孩子最本质的差异就是已经长大成人,成人的主要标志就是要能承担责任,对社会、对家庭、对孩子、对自己都要承担起责任,所以已经成人的主要任务不是"成长"而是"意识到责任"①,以成熟的心智对待种种艰辛和不如意,有成熟的心智懂得"贵能胜己"。

1. 人生事不如意十之八九

一个家长在社会中生存奋斗,承担种种责任,几十年风雨兼程,有多少不顺心的事情!好多家长训斥打骂孩子,并不因为孩子有什么过错,而是家长自己遇事不顺,憋着气回家,借题发挥拿孩子出气,这对孩子是不公平的,也表明家长很不成熟。

对于人生的艰辛,《简·爱》②的主人公说过一句话:"人生来就是为了含辛茹苦的。"我常常以这句话作为面对人生的基点,也建议家长能以此面对人生艰辛,如果我们家长不具备这种基本态度,要乐观坚强,克服失望哀怨,不泄愤于孩子就很难做到。

爱因斯坦也曾说过:"我们人类总是以为自己生活很安全,很自在,可是一旦正常进程被中断,我们就会认识到自己像是海上遇难的人,只知道

① 中央教科编译.《简明国际教育百科全书·人的发展》.教育科学出版社,1989。
② 英国女作家夏洛蒂·勃朗特著。

抱着一块无济于事的木板……只要我们全面地接受这一点，那么生活就会变得轻松，我们也不再会感到失望了。"①

有的家长对人生抱怨太多，总认为只有自己才生活得这样沉重，别人都活得轻松，比自己愉快，比自己运气好，比自己的家庭和谐，别人遇到的上司好，同事好，唯自己难遇好人，因而愈加"愤世嫉俗"，不能自制，弄得全家鸡犬不宁。

"人生事不如意者十有八九"，你承认也是如此，不愿承认也是如此。有家长问怎样才能控制住自己不大发脾气，制住怒火？我半开玩笑地说："上帝把亚当夏娃逐出伊甸园，并诅咒人类从此必须艰辛耕作才能生存，我们岂能逃脱？"并建议家长们若觉得自己活得太难，不妨去医院看看癌患病房，瘫痪病房，大概就不会有那么多失落和怨怒，更不会转泄到孩子身上。一位对孩子总是不满意的家长，去医院探望同事的孩子，那个孩子不慎颈椎受伤，摊在病床上一动不能动，医生说很可能高位截瘫。这位家长回到家里，紧紧抱住孩子说，你好好地就好，能考多少分就考多少分，只要好好地就好……虽然说不用这样完全放手，但家长能够改善思维方法却是极为重要的。

因此，改善自己的思维方式，不追求表面人生，家长就会智慧得多、理智得多，也幸福得多。我在这些年养育孩子的过程之中，才深深体味到，家长的自制实际是一种成熟和健全，只有心理成熟和人格健全的人，才能坚强、自制以保护孩子成长，把人生的艰辛嚼碎了自己吞下，支撑起孩子安全、温暖、阳光的世界。

2. 还未长大成人的父母

衡量一个人是否"成人"，心智成熟与否，不能凭年龄，也不能凭学历、职业或结婚证明书，成熟的标志是能担起责任，是建立一个人的生活，拥有不论生活艰险或顺利都能坚持到底的能力。我曾接触过一些常对孩子发脾气的家长，究其原委也不是什么了不得的事，而是家长表现出的心态与他们的家长资格不相一致，显出极不成熟。从生理上讲他们已经有了下一

---

① ［美］海伦·杜长斯等，《爱因斯坦谈人生》．商务印书馆，1992。

代，但从社会成熟、心理成熟上讲，他们的确还没有长大成为成人，凡事幼稚而笨拙、冲动不理智，尚未脱离儿童"自我中心"式的思维方式。

有些家长虽已为人父母，依赖心理还很重，缺乏目标、缺乏主见，还没有意识到这个家庭需要自己挑起责任，以为自己仍然可以像孩子似的生活在他人的庇护之下，小儿女心态十足，怨丈夫（或妻子）不能干、怨孩子不争气，未能使自己满意，动辄就发脾气、哭哭闹闹，拿孩子出气，在面临一系列人生难题和责任时，束手无策，又笨又懒，甚至精神崩溃。以婚姻危机来说，一些家长把婚姻看成是利己的安乐窝，而不是责任，一旦婚姻遇险，家长就只顾得了自己，离异已经是孩子的不幸，遇到这类没长大成人的父母，孩子就更是灾难深重。其实这类父母由于未能具备成人的能力，即使将婚姻维持下去，孩子也会成为他们转嫁情感危机、经济危机和生活中一切危机的无辜羔羊。

自制是一种精神力量，家长具备这种力量，就不允许自己放任消极心态，就能克服怨天尤人，不因失控而殃及孩子。因为我们是成人，更因为我们是家长，为了孩子，我们必须自制、严以律己，一个人注重严以律己，时间长了，也就修炼成为一种可贵的精神力量。

三、人贵能胜己

古人云："所贵乎刚者，贵其能胜己也，非以其能胜人也。"意思是说，刚强之所以可贵，贵在能够战胜自己，而不是因为能战胜别人。家长缺乏理性、冲动失控、自制力差的原因比较复杂：遗传、童年经验、挫折、自卑、疲劳，缺乏方法等。

1.家长早期经验的畸形影响

"早期经验"是心理学的一个名词，也叫童年经验，指人在出生后的早期阶段受到的、对之后一生产生重大影响的刺激，这个刺激主要是体验，意思是一个人在童年生活经历中形成的看待世界、看待他人、看待事物的潜在意识、观念和行为方式。家长的童年经历，会刻印在意识深处，并随时在有意无意间表现出来，而消极的、负面的体验会成为畸形的影响力。

　　家长早期负面的经验影响有几种情况，一是家长在童年时期缺乏母爱，缺乏亲子依恋，没有温暖、慈爱，体验到的是冷漠、孤独、恐惧、担忧甚至饥饿、疼痛，因此消极情绪堆积并容易爆发，或情感单薄、冷漠孤僻，缺乏自制的情感基础。

　　二是家长在童年时期由于父母专制、缺少宽容、尊重，心理空间狭小，精神发育不足，也成为成年后情绪失控的基础。由于过于严厉的环境，使成长的心态和认识混乱，情绪不稳定、攻击性强、无责任感、也很难有宽厚谅解，成年以后遇到问题，这些缺陷就暴露出来，孩子首当其冲成了家长情绪爆发的对象。

　　三是家长的父母自身缺乏自制，直接提供了随意发泄情绪的表率。小时经常挨打的孩子长大做了父母以后，好多都"依照画葫芦"，并且不认为打骂孩子是家长缺乏自制；动不动就被父母作为出气筒的孩子，长大成人以后很可能也习惯用孩子来发泄怒气。曾有家长问我打过孩子没有？我说"从没打过"，他半信半疑道："怎么可能呢？你就没有生过气么？生气时连打的念头都没有么？"我说："生过气的，但的确没有打孩子的念头。"

　　这是实话。我想这其中很主要的一个原因是我从没挨过打，我常常追忆我的父母教育的卓越，一幕又一幕。我常常体味，反复琢磨，想赶上还来不及呢，生气时自然不会有打孩子的念头。心理学家指出，童年时期记录在人脑中的父母的言行举止、身教示范等"父母印迹"，是孩子的经历、经验，会永久不衰地记录在每个人的"心理"磁带上，然后在一生的过程中不断"自动播放"[①]，影响持续而深远。所以有不少打骂孩子的家长并没有意识到自己是在"依样画葫芦"，所以，这些家长只要有意识地检讨一下自己，克服效仿而成的习惯，这并不是很困难的。

　　家长的童年经验不一定必然持续到成年不变。有家长告诉我，她母亲暴躁异常，她从小饱受了母亲愤怒时像要撕碎她才解恨的恐惧摧残，至今寒颤犹存，因此"我决不能让我的孩子再遭受那种恐怖，太可怕了"。所以童年经验的逆向借鉴，使家长具有了良好的教育反思能力。

---

① 赵石屏:《家庭德育论》，人民教育出版社，2013。

2. 无助感的困扰

家长生气、生孩子的气，有时也是因为深感自己无能为力而生自己的气，这种自我否定的心理，往往比别人否定自己更难受。一般来讲人在无能为力的时候才发火，家长拿孩子没办法的时候，就容易发火。

深感无助的一种情形是家长教育孩子真的无能为力，据某省城乡家庭教育调查，家长感到教育孩子的最大困难是缺乏知识和没有时间，约 34% 的家长认为没有精力和时间、26% 的家长认为自己无力辅导孩子，13% 的家长虽然文化高，但不懂教育，缺乏教育心理知识，因而常有束手无策之感。那么家长怎么应对这些难题呢？

比如家长认为自己时间不够而深感无助，其实家庭教育的特点与学校不同，家庭教育是在日常生活中因时、因地、因机而教，并不用每天花费专门的时间系统教育孩子，家长对孩子人生态度、品德行为、待人待己、勤奋朴实等重大内容的教育，都不是花时间专门讲道理的，如果家庭教育想安排一套系统时间，那么别说家长没时间，孩子又哪来的时间？

至于家长文化低的困难，这是社会发展水平的限制，并非家长之过。现在我国高等教育毛入学率达到大众化水平，但还是有大部分人不能接受高等教育，所以辅导孩子学习，自己文化不够，一般可采取"借用知识"的办法来弥补，如上辅导班、聘请家庭教师等。而且文化不够的家长要相信，家长文化高并不是孩子学习好的决定性条件，现实中很多学习好的孩子，父母都并不是高文化学历的。

另一种情况是家长错误地认为自己无能，造成恼人的自我困扰。比如孩子出差错的问题，家长假设了一个前提，孩子学习不应该出错，出错就不正常，不错才是正常。其实正确的前提是：孩子出错是正常的，不出错是不可能的，这是任何天才家长也左右不了的事实。前提错了，要求孩子不出错，孩子真的做不到，家长就自责，认为自己教育无能，这不是自己找的无助感吗？家长在观念上把孩子出差错合理化，就会大大降低无能为力的失落。

最后谈谈家长之所以感到无能为力，还与心身疲劳有关。现代生活的疲劳十分普遍，心理疲劳、生理疲劳、职业倦怠等。在孩子尚未长成的阶段，家长身肩数任，几乎无人不累。我自己在工作任务紧张，需要全力以赴的时候，孩子病了或提出什么要求必须我去花相当多精力时间，我就有一种力不胜任的感觉，感到做人太不容易。不少家长每天像"打仗"一样地赶上班，工作一天之后又折腾回家，前后十多个小时，疲劳不堪，情绪就可能十分沮丧，感到自己多么无能！

消除疲劳不是件轻而易举的事，加强自身心理修养，改善思维方式可以奏效。比如对生计，要看远一点，要争取社会生存的主动，增强自己的社会生存能力，该放弃的一些次要的、眼前的目标就一定要决断。"人无远虑，必有近忧"，不能让琐碎的事无限制地膨胀，捆住了自己。有的家长料理家务过于"细线条"，常言道"数米而炊，难成大事"，家长尽找些零零碎碎的事，乍一看似乎节约了开支，但抽不出精力为长远一点的利益作准备，因而始终改变不了疲于应付生计的状况，要消除疲劳就几乎是空想。

3. 找到适合自己的具体方法

家长缺乏自制的方法，缺乏自我控制的训练，情绪冲动起来自己拿自己也没办法，事后又悔之不及，所以家长要针对自己的特点找到自制办法，可以大大增强自制能力。曾有一位男士告诉我，他知道自己发火的特点：来得快去得也快，如果发火时批评孩子，就会越说越气，一发不可收拾。于是他给自己规定，生气想训孩子时，就坚决走出家门去，任凭自己在外面乱转一通，或碰上熟人侃一气，或与朋友喝点小酒，然后回家，火气也就没了，可以心平气和地处理事情，孩子免遭一顿冤气。有位母亲也是这样，知道自己情绪不够稳定，有时无缘无故突然烦躁起来，过一会儿又复归平静，于是她心绪坏时就不与孩子多谈什么，独自呆一会儿，去商店买点东西，找点事做就岔过去了。

还有家长情绪来得并不猛烈，但持续时间长，一点不满就唠叨不止，事隔几天甚至几年，还可以重新抖落出来指责孩子，那么这种家长应该给自己定下一条铁的规矩，批评孩子只在当时，绝不重提第二次，就可以有效地自制。如果家长的情绪容易转移，不妨利用这个特点使自己多一点业余兴趣，多培养闲情逸致，提高闲暇水平，有助于转移怨气。

还有些具体方法可以采用，例如家庭内一切事务商议，包括教育孩子，都不在下午 5—7 点这段时间进行，以避免情绪失控，因为此时家庭成员工作、学习一天都很疲劳。家长记住这一条，照着去办，就会避免掉许多失控的可能性。现在市面上这一类指导用书较为流行，也有不少是可取的，方法比较具体，家长可以参考。

近年兴起的咨询服务，为我们在熟悉狭窄的小圈子之外，开辟了一个调节情绪的空间。拿起话筒，或走进咨询室，或打开电视手机，看看调节类节目，与那些陌生而又热情真诚的人一起，听听他们的问题，看他们如何解决，那么自己多半会逐渐归于平复。专业角度的调节对驱散烦恼很有效，对各种情绪特点的家长，都比较适用。

一言以蔽之，家长活了几十年，"没看见过也听说过"，总得寻几句对自己有效的座右铭帮助自己"会想"。"会想"似乎多少有点自欺，然而人类有理智就是"会想"。事实就是这样。

第十八卷　指点学习的能力

提示：点石可以成金（P294）/ 学会独处（P296）/ 注重过程，不纠缠结果（P297）/ 感觉学习（P300）/ "中等紧张度" 最好（P304）/ 信息碎片化（P305）/ 必要的 "不知道"（P306）/

常言道 "点石成金"。在学习方面，"点" 即指点，"指点" 与 "指导" 的意思相近，不同的是 "指导" 对人的指引导向系统一些，而 "指点" 则在比较关键的问题上 "点到为止"，并不系统地讲解。比如孩子写作文，在某一点上卡住了，得 "点" 他一下，在这一点上给予指点，我认为 "指点" 更符合家庭的教育特点，尤其是辅导孩子的学习，家长更多的是指点，而不是系统指导，"点石可以成金"，所以我用了 "指点能力"。为什么呢？

在我国历史上，私塾和家学曾是儿童学习知识技能的主要途径，而现代儿童的知识学习主要依赖学校的系统传授，学校的班级授课代替了其他教学形式，孩子学知识技能都依靠学校，学校成为系统传授知识技能的专门机构，其地位和重要作用至今无可动摇。我们试去设想如果现在没有了学校，世界该是什么样子？不仅如此，目前世界上大多数国家已经教育立法，要求每个适龄儿童上学读书，如果家长剥夺孩子受教育的权利则触犯了"法"。因此现今绝大多数家长即使满腹学问，都要孩子送去学校上学，而自己只是指点孩子学习。

一、点石可以成金

有位家长是大学教师，精心培养着自己聪明的女儿，效果十分满意，孩子学习好，围棋下得也不错。这位父亲无不遗憾地对我说："我要再全面一点就好了，比如绘画、钢琴、书法、游泳、文学、历史……"可怜天下父母心！我接着他的话茬儿问："如果那样你女儿肯定是个全才了？"他说："当然会发展得更理想。"

这就是为人父母才有的那种拳拳之心了，然而教育需要时间，还需要孩子有时间学，家长在教育艺术上可以是位"天才"，但不可能是一位"全才"，如果我们来讨论这位父亲的观点，有几点值得思索。

第一，家长是社会成员，在社会分工愈来愈细化、愈来愈专业化的现代，谁也不可能习得"十八般武艺"，精通各行；

第二，教育并非万能，有培养不一定就有相应的效果，家长精通六艺，孩子不一定有家长期待的呼应，这其中原因很复杂，不仅仅涉及教育，比如遗传作用就不小，孩子长于抽象思维，学书画就可能受到限制，家长精于抽象思维，而孩子却可能长于形象思维，教育培养的结果可能就是"有心栽花花不发"，并不如家长所愿。

第三，如果父母具备了某种专长就要求孩子学什么专长，恐怕孩子也未必能学好，也失去了家庭教育的常态。如果家长希望自己是全才，于是什么都学，孩子学琴自己也读谱记指法，孩子的数学语文课本依次琢磨，孩子游泳自己也下水学做动作，孩子学画自己又捧着《色彩学》，那么家长还有作为家长的常态吗？家庭教育还有常态吗？

家庭的教育是生活状态的，太刻意制造教育就失去了常态，效果还并不好，也不可持续。其实家长才艺俱精对孩子最深远的益处，是造就出高文化品质的家庭环境和身教示范，真正的文化传递更多地是在家庭中完成的，中国文化几千年延绵至今，要归功于我们祖先独步古今的"家文化"，这倒是值得家长们用自己的文情才华认真营造的。

二、指点孩子独立学习

独立学习是一种高水平的学习能力,独立学习能力只有在独立思考、独立钻研、独立完成作业的过程中才能形成,而且愈是高学位的竞争,愈需要独立学习能力,追求社会成功,更需要终身不懈地独立学习。对此家长要注意几点。

1. 指点孩子独立学习

这一点文化学历高的家长、做教师的家长尤其要注意。文化学历高的家长,容易对孩子的学习辅导过于包办,由于自己有知识,孩子稍稍不懂立即给予讲解,有知识原本是好事情,但辅导过多孩子就不会独立学习,对此家长要有意识,指点的目的是为了最终放开手,不是为了背着抱着丢不开。

有的孩子越辅导越依赖性强,学习到高阶段就会显得笨拙吃力。曾有一个小学生,姥姥是退休小学教师,可谓"专业"对口,孩子得天独厚,姥姥每天辅导,从不间断,孩子学习很顺利。到五年级姥姥病了,孩子的父母才发现没有姥姥辅导,孩子无法完成家庭作业,以前有一点不懂姥姥立即解答,几年下来,独立思考的能力完全没有形成。

所以家长指点孩子功课不能老是给孩子当"拐杖",要让孩子自己走路,家长指点孩子也不能局限于辅导掌握具体知识,而必须指点孩子怎样掌握学习方法,怎样举一反三。比如讲数学题,孩子懂了,高高兴兴离去时,家长不要忘了加上一句话:"你注意看看这道题的类型,以后遇到这种类型就自己做呀。"

这样"点"孩子一下很重要,孩子就慢慢学着注意进行比较、归类,下次有同类型的题,就坚持力求孩子独立完成。这样就可以培养孩子举一反三的思维习惯和能力,指点就"点"到了关键上。

父母热心帮助孩子学习并不总是必要的,有时甚至是多余。一个小学生日记写道:"我到家一开始作业,妈妈就马上问我'会做吗?'一会儿又走过来瞧瞧说：'有什么不懂吗？'我心里真烦，但又忍着，心情也就不好。"另一个学生写道："我作业的时候妈妈总是守着我，其实没必要，有时守了半天也只签一个名字。"有的家长过问作业太细，孩子懂不懂都要忍不住多讲一些，弄得孩子更疲惫，还没有可能独立思考。所以家庭对孩子的学习一定要以指点为主。

爱因斯坦告诉人们："发展独立思考和独立判断的一般能力，应当始终放在首位，而不应当把获得专业知识放在首位。""智慧并不产生于学历，而是来自对知识的终身不懈的追求。"[①] 我想，这是对为什么要注重独立学习能力培养的最好解释。

2.培养孩子学会独处

在今天的网络时代，人类千百年来与人联系的方式，被微博、短信、微信改变，手机给了人们随地随地进行联系的可能，能够独处的人越来越少，青少年更是如此。现代技术已经成为人类身体器官的延伸，在现代青少年眼里，放弃使用电脑、手机，就等同于截肢。曾经有研究连线迷狂的心理学家提过一个问题，假设你现在必须在"切掉一根手指"和"余生放弃使用计算机"之间做一个选择，你会选择什么？结果有1/3的人宁愿放弃一根手指！

2010年在美国某大学进行了一项"24小时不上线"的研究，200名大学本科学生被要求24小时之内放弃使用所有的媒介设备，包括电视、电脑、手机、报纸等，之后要求以书面形式报告他们的感受。平均每人写了5千字的文字陈述。结果发现，对不能看电视报纸几乎没有人抱怨，绝大多数人都是对不能发短信、打电话、查看最新消息、发邮件、上Facebook[②]感到极为沮丧。一个学生写道："我感到全世界就剩下我一个人，我被放逐到一个荒岛上，这实在令人难以忍受"。

网络连线的狂迷要付出什么样的代价？那就是丧失独处的能力，据某发达国家一个营运总监提供的数据，其用户主页上朋友链接的平均数在

---

① 许良英译，《爱因斯坦文集（第3卷）》，商务印书馆，1979。
② Facebook，美国知名社交服务网站，为高中、大学学生、公司职员等不同的社会团体提供一个网络互通服务。

2010年已经达到130人，人们还在不停地添加自己的朋友链接。其实一个人不可能处理超过自己极限的大量社交联系，因为大脑中处理交往和语言的神经系统无法负担不断增加的链接。那么，如此疲于应付的大脑又如何有效完成学业？因此家庭教育不得不要思考如何降低"现代连线"的副作用，增加孩子独处的时间和空间，培养孩子独立思考的能力，独处的能力。

第一，孩子多大的时候开始使用手机？这使我想起安徒生童话《海的女儿》，深居海底的美人鱼家族有一个规定，小人鱼在满15岁的时候，才准许浮到海面上去，坐在月光底下，看大海上面的世界，看巨大的船只在身边驶过去，还可以看到树林和城市。15岁是人类孩子开始读高中的年龄，而现在很多小学生开始使用手机、上网，显然大大提前了广泛接触社会的年龄。所以，我还是认为中学开始使用比较适合，孩子太小，单单从辐射的危害讲，小学生也不宜使用手机。

美国的第一家庭——美国总统和妻子就给孩子规定，14岁以前不准使用电子品，包括电脑、手机，原因是14岁以前孩子没有能力掌控电子品，反而很可能被控制，浪费掉大量宝贵的求学时间和精力，除了对孩子视力、心肺、运动系统的健康有害，更重要的是破坏孩子的独处能力。

第二，创造需要百分之百的孤独状态。某著名音乐人说，好的音乐创作是百分之百的孤独状态才有可能的，其实不光音乐，说得夸大一点，所有的宝贵灵感都是要从这孤独中来，需要大脑的孤独状态的。大到诺贝尔奖文学家的创作，小到学生写一篇作文，大到航空航天创新的冥思苦想，小到孩子解一道数学难题，都需要独立面对、苦苦求索。现在由于互联网络又加上了移动，形成越来越浩瀚的连线，即便如此，真正解决问题，还是需要大脑百分之百的独立状态才能进行。所以，无论怎样的连线都只是外在方式，人类解决新问题始终需要的还是独立思考。

三、注重过程，不纠缠结果

指点孩子学习，要关注孩子的学习过程。有的家长极为关心孩子考试成绩，看见是高分数就笑逐颜开，看见低分数脸色就不好看了，于是纠缠于分数："怎么搞的？丢了这多分？"从常理说，关心分数也属常理，可是家长不要忽视过程，忽视过程就会"只知其一，不知其二"。

一般来说孩子做题出错，都有原因，但是并非所有原因都要弄清楚，孩子更难全弄明白自己为什么会错，这是一方面，另一方面，家长要知道大多数情况下，原因都存在于学习过程之中，所以关注过程更重要，不仅从过程中去寻找出错的原因，还要培养孩子驾驭过程的能力。那么家长怎样注重过程呢？

第一，对孩子的学习过程提出要求。家长要求过程比要求结果更科学，效果更好，孩子也能做到。比如同样是面临考试，一个家长对孩子说"你要考 100 分"，另一个家长对孩子说"发挥你的最好水平，超水平发挥就更棒了"。这两种要求实际上差异很大，前者要求结果，后者要求过程，前者结果不可控，后者发挥出最好水平则可控；对孩子来说，能否取得 100 分无法掌控，而发挥最好水平却是可以做到的；前者给孩子压力，后者使孩子少去心理负担；前者强调结果，可能助长孩子取巧心理，猜题押题以获高分数，后者注意过程，注重能力，充分调动起孩子的内在能动性。

有一位家长从不轻易表扬孩子的高分数，比如测验，孩子作文分数高，她就要询问：测验前老师"押题"没有？押中了没有？以便知道孩子是临场审题发挥写出的作文，还是记熟了在考试时依样写上去的作文，如果孩子独立构思临场限时完成的作文，分数低一些也要给予奖励，因为过程比结果重要。

第二，指点学习细节。一位家长告诉我她的孩子学到分数乘除法老出错，她担心才小学高年级就这么多的错，怎么得了呢？她孩子的智力我测试过，数学能力应该不错，于是我要了孩子作业本仔细看了计算过程，发现原因出在书写格式上，分数算式挤在一行空间里已经拥挤，再约分划线，就成了密密麻麻的一片，约分后再计算的时候就常常漏掉乘数，造成结果错误。我告诉孩子分数算式怎样书写才能整齐端正，一目了然，才能克服以前那样的出错，并叮嘱书写格式一定要规范，否则格式不清首先自己乱了自己，怎么计算正确呢？那以后孩子规范了格式，计算差错也就少了大半。

第三，从教师的批改去了解过程。从专业角度来说，教师比家长更清楚知识点，教师的批改显示的是孩子学习过程中的问题，如果家长只看分数，只看结果，也就忽视了过程。尤其有的教师批改很仔细，那么家长从中得到的信息就更准确。

我在中小学经常读到教师"诲人不倦"的批阅，这些批阅引领着孩子们一步步攀登在人类知识的无限风光之中。一个高中语文教师，她自己就是一个"扫眉才子"，[①]她批改学生作文的专业态度让人肃然起敬，一篇作文的批改少则几十字，多则几百字，字字精当，还很注意指导学生跳出教材范围的阅读。比如学生励志的作文，她眉批："这里你用《报任安书》里的句子最恰当。"在批改一个学生写辛弃疾[②]的议论文时写道："辛弃疾可以用'书剑'来概括，你去查查'书剑飘零'？"而景物描写她注重拓展学生的阅读量，仲秋时节，她要求学生把写月亮的名诗词汇集起来，春深似海的季节，她告诉学生："描写暮春的句子不光是《与陈伯之书》[③]……"我羡慕学生能得到这样的作文批改，真是好有福气啊！"文章千古事，得失寸心知。"家长遇到这样的好教师就不是单单了解，而是尽可能好好去拜读老师的批改了。

第四，如果偶尔出现失误，家长可以连过程也不一定非要计较。有一位家长说起孩子的一次数学测验错了 4 题，真是前所未有！这位家长虽纳闷还是对孩子说："难免的，没什么，以后注意一下。"孩子说："嗨！妈妈你不知道，第一遍做完只对了一道题，全靠我速度快，还有时间检查了两遍，改正了好多呢。"家长问其他同学情况，孩子说大多数比她分数高，家长也没再问。以后测验孩子又恢复了原状（孩子在班里算是数学尖子），然而这位家长说"至今我也不知道她为什么会'只做对了一道题'。"

---

① 扫眉才子指有才华的女子，也称女才子。
② 辛弃疾，南宋词人，字幼安，号稼轩。21 岁参加抗金义军，著名军事将领，文学成就卓著，南宋豪放派词人，人称"词中之龙"，与苏轼合称"苏辛"，著有词集《稼轩长短句》。"书剑飘零"形容他离乡背井、漂流在外、久游未归、亦文亦武的一生。
③ ［南朝·梁］丘迟《与陈伯之书》的名句"暮春三月，江南草长，杂花生树，群莺乱飞。"

四、容易忽视的学习指点

1.感觉学习

人的大脑通过视觉、听觉、触觉、味觉、体觉（如身体失重那种感觉）等感觉器官接受信息传至大脑，大脑进行加工、分析后做出有效的反应，这个过程叫感觉－动作学习。感觉学习是儿童青少年智力发展的起端学习，与符号学习不同，主要是通过感觉器官来学习。

第一，语感靠"读经"积累。语感就是语言感觉，为什么"熟读唐诗三百首，不会吟诗也会吟"？熟读了为什么就会作诗文了？因为熟读背诵就是从感觉学习开始，熟读是学习的基础，是语文的童子功，只有反复诵读，才能有语文的整体感觉，才有语感，语文的韵味、声律、意境等都在其中，在大脑里形成对语文的整体把握。"观千曲而后晓声，观千剑而后识器"，"读书破万卷，下笔如有神"，就是这个道理。缺乏感觉学习，孩子对语文没有感觉，最终肯定学不好语文，说不好话，写不清楚一件事。

有学者指出，"人应该全面学习，然而现今孩子一进学校，就被 3 套符号系统包围着：汉语拼音、汉字、阿拉伯数字，多则十几年，少则九年。"[①]关键是效果还并不好。比如语文，孩子每天学语文，学了 12 年，可是母语水平很不理想，读到大学连字也没写好的人不在少数，这是一个大问题。好多语文教师认为，缺乏语感是主要原因，若没有几百篇语言经典垫底，无论怎么也是学不好语文的。

学习语文一定要有数量和熟读的要求，这绝不是死读书，而是最基本、最重要的"童子功"，"文革"开始我们丢弃了"读万卷书"，这样的结果已经显现，那就是国人的语言苍白，说不好话，应了孔子两千多年前嘱咐后人的"不学诗，无以言"。

即使新闻科班出身的主持人，如果没有诗词文赋垫底，也是连话都说不好的。某年除夕临近而大雪封山，阻挡了无数人回家过年的归程，在铲

---

① 陈建翔，《论人的全面学习》，载《光明日报》，1988.8.16。

雪抢修终于通畅的现场，电视主持人拿着话筒激动地大声说"他们终于可以……可以回家进行过春节了！"——这年青人怎么当上职业说话人的？记者以说话为职业，临场最能见到语言积累的功底：那么多"风雪夜归"的诗词："柴门闻犬吠，风雪夜归人"，那么多"孤独异乡人"的似箭归心：雪拥关隘、雨阻归途、孤岭遥望……即便不指望锦心绣口、七步成句，能说出一二句也好吧？"进行过春节"深深刺痛了我。这位年青记者可能没有家学传承，中小学也没有读经课程，读大学也没有好好学，才有了令我至今依旧"如鲠在喉"的"进行过春节"的叹息和痛。

为什么要读古诗古文？因为它们"一言可以道尽千古"，所以现在的"读经热"我是非常赞成的，单单为了能把话说得好一点，也需要遵循老祖宗所说的"不学诗，无以言"。让我们的孩子多多背诵古诗名篇名句，他们长大以后能够把话说好。

第二，美感、无意识和直觉。人的各种潜在素质：身体的、精神的、感性的以及直觉、无意识、美感都应该通过学习得到发展，符号学习只是学习的一部分，然而好多东西无法用符号标示，甚至用语言也是说不清的。例如音乐、美术、语文这些课程学习，都有相当部分属于感觉、感性领域的学习，例如人们用"美得让人窒息"来形容美的感受，用"绕梁三日，不绝于缕"[①]"三月不知肉味"[②]来音乐之美，更只有用"此中有真意，欲辩已忘言"[③]来说明自己对美的感觉，言语已经不能抵达。

我们常常看见殷切的父母，让孩子看一幅名画，或读一篇优美的散文，或听音乐会，之后立即要求孩子"说说从中学到了什么？"更有甚者马上与孩子的理想志向联系起来：你应该……怎样怎样去做。本来此时孩子的内心，往往有非常难得、可贵的感受，一经如此说教，十有八九会踪影全无！这样的教育就显得很笨拙。

又如孩子读名著，如果家长逐篇系统地讲解，我认为失之过繁。家长最好不多讲，孩子能看懂多少看多少，能感觉到什么就感觉什么，孩子要

---

① 《列子·汤问》。

② 《论语·述而》。

③ [晋]陶渊明《饮酒诗》（之一）。

提问也可以，没问题也无所谓。家长可以问问"喜欢哪一篇？""为什么喜欢？"孩子往往会说："不知道，说不出来。"说不出来也是一种感觉，感觉是学习的构成，也是学习的基础，有了相当积累，学习才能上得去。

指点孩子感觉学习，只要感觉到就行了，用不着家长多发议论。孩子的感觉或许幼稚，并不深刻，但都无关紧要，孩子还要长大，只要不断地积累，内心世界就会丰富起来。现在很多孩子迫于应试，感觉积累很单薄，学业、事业要往上走就会智力支撑不够。现实中有些儿时好动、顽皮的孩子，长大后却很出色，与他们丰富的感觉积累密不可分，感觉学习是智慧发展的基础与起端，与思维能力发展一脉相承。

2.动作学习

动作学习也就是动作方面的学习，如学习某体育项目如田径、球类，学习某项技能陶艺、车工、刺绣等，这里希望家长重视两个问题，一是从智力发展的角度看，现今我们家庭教育还比较轻视孩子动手，这与学校考试内容有关，基本不考动手能力，也与中国文化轻视动手、轻视技能的历史渊源有关。几千年来推崇"耕读传家""诗礼传家"，推崇"唯有读书高"的价值取向。历史上有著名的"四民分业"——士、农、工、商，士为首，农为其次，而"工"泛指工匠技艺，排在"士""农"之后，说明耕读文化的渊源久远。直到现在还有"头脑简单、四肢发达"这个贬义词，所以不少家长也无意间把动手能力排除在智力发展之外，忽视了孩子的动手训练。

人的智慧是出自手指尖的，心理学家皮亚杰认为，人类智慧的发展要追溯到动作，科技发展到今天，即使世界最高端的科学创新也需要动手操作的加入。在发达国家的一些学校，运用依据智力结构设计的特殊操作练习，促进学生能力发展的实验已获得成功。所以我们家长的教育观念要跟上，要在孩子动作学习方面多提供条件，除了中小学生的机器人大赛一类家长应该积极支持，平日生活中的各种需要动手的事情，也要支持孩子多做。

二是从做事做人的角度看，学习的起点是先学"做"，中国传统教育主张儿童教育首先是"教以事"，教孩子学会做事，从小事琐事做起，学好"洒扫、应对、进退之节"，之后才是"礼、乐、射、御、书、数之文"，然后再"教之以穷理、正心、修己、治人之道"。[①] 可见古代教育很重视动手做事，做人重要，做事同样重要。

有的家长不重视学好"洒扫应对"，认为"书读好了，以后还用做家务吗？雇佣人做就行了"，这是狭隘地理解了"动作学习"。孩子会做家务，能自理是必须的，但其价值远不止这一层，要让孩子懂得做事情的重要性，事情是做出来的，大事更是做出来的。为什么人是一口两耳两眼四肢？从某种意义上来推断，造物主原本就是要人少说、多听多看、更要多做，肯去做、好好地去做，一件事一件事地做，就有成功的人生。

3. 优化考试心理

指点孩子的学习，需要单独说一下优化考试心理问题，这是家长容易忽视的。以高考来说，12年的学习不外乎两个准备，一是知识的准备，从小学一年级到高三的全部课程学习；二是心理准备，也就是形成良好的考试心理。二者之中，孩子的知识准备往往尽可能地充分，家长也很重视，但心理准备则不足，甚至没有意识到这是需要准备的。因此读书12年，考试12年，考试的心理状态很糟糕，甚至畏惧至深，谈虎色变，包括成绩好的孩子，也未必培养起了恰当的考试心理，要么太紧张，要么太不紧张。我不止一次见过临考"感觉太好"而失了水准、与北大清华失之交臂的孩子，也遇到不少因"感觉不好"与清华北大失之交臂的孩子。究其原因，都与心理准备不足有关，所以家长要注意几点。

第一，优化考试感觉。考试感觉是一种心理状态，这种状态很难用符号去精确地表达，即使用语言，也只能是描述，如"还可以""把握不大""感觉不好"等，也没法用抽象的、逻辑的方法去调整。类似心理状态对考试影响非常大，需要重视平日怎样去优化。

优化考试心理要在平日的考试里去培养，具体来说，一次考试之后，不光要反思暴露出来的知识薄弱点，还一定要仔细审视自己考试的状态。考得好的那一次，自己的状态怎样？感觉怎样？如果特别好，那么这种感

---

① ［宋］朱熹：《朱子全书》，上海古籍出版社，1987。

觉和状态是怎样来的？反之考得不好也如此，这样就逐渐找到好的考试感觉，而且能培养出好的考试感觉。

一个孩子刚上初中，面临中学的第一次期末考试，考的科目比小学多，6科要考3天，她对家长说"感觉不好，恐怕要考糟糕"，家长说"你考了才知道，试试你这种感觉灵不灵？"孩子考试3天，家长并没有特别关心，而是"让她去磨感觉"。结果考下来总分班里第一。家长笑着说"你的感觉不灵啊！"孩子则信心十足说自己"有了一点儿中学考试的感觉"。

如果家长要孩子把感觉说清楚，行吗？而且家长也无法代替孩子去感觉。事情就是这样，家长只能指点孩子在考试中去感觉，这是很多家长、包括教师比较忽视的感觉培养，然而这是必须的优化。我曾在高考现场见第一科语文考试结束后，一个女生因为感觉考得不好，哭到几乎晕倒，这就是考试感觉的恶性失控，后面还有几科考试，大部分分数还在下午和第二天，这样的考试心理如何能行？可见平日没有进行考试的心理准备和训练，以致如此。

第二，中等紧张最好。心理学上有一个"耶克斯－多德森"定律[1]，指最有利于学习取得高效的紧张度是中等紧张，不能太紧张，也不能不紧张，中等紧张最好。这里的"紧张"并不单指我们平时说的情绪紧张，而是指大脑和身体的集中程度、敏锐程度，中等紧张就是全神贯注、高度敏锐的状态。有的人介绍考试成功的经验，为了突出"考试不紧张"，说自己是唱着歌去考场，考上北大或清华的，这就很不科学。一则太简单化，二则也绝不能提倡，因为轻松状态很不利于考试，大脑要处于敏锐状态才最好，中等紧张才能有敏锐状态，才能有全神贯注。

太紧张和太不紧张都不是考试的好状态。例如有学生面临考试紧张到通夜失眠，手拿着笔发抖，不能集中思考答题，就是太紧张；反之如果某某大学"非我莫属"的心态，就是太不紧张。心情松弛是很危险的考试心态，因为人在松弛状态下，不可能集中注意力指向试卷的信息，对信息的

---

[1] 心理学家耶克斯和多德森（Yerkes & Dodson，1908）研究表明，各种活动都存在一个最佳的动机水平。动机不足或过分强烈，都会使工作效率下降。中等程度的动机激起水平最有利于学习效果的提高。

敏锐度大大降低，速度也会降低，每科丢掉几分，总分的排位就迅速后退，尤其在分数高端的竞争更是如此，几分之差甚至一分之差就丢了第一志愿。有个孩子高中三年期间每次考试都没有低于往年北大清华的录取线，然而正因为这个原因，孩子就有"如此而已"、如"囊中探物"的心态，不自觉放松了状态，所以他唯独一次分数低于北大清华分数线的考试就是高考，教训有点深刻。

第三，耶克森－多德森定律。大脑活动还有一条心理定律，即耶克森－多德森定律"越是复杂的大脑活动，需要参与的情绪度越低"，什么意思呢？就是像高考这一类重大考试，需要的是大脑搜寻试卷信息的高度敏锐、高度专注和高速的思考、书写，而情绪的参与度则越低越好，高兴的、不高兴的情绪都越低越好。

例如有的学生拿到试卷一看，有一道题是刚复习过的，大喜过望，提笔就做，审题不细，出考场才发现这道题并非那一道题，有一点小变化，结果痛失分数，这就是"欣喜"情绪的参与度多了，干扰了试卷信息获得的准确；反之，紧张、沮丧一类消极情绪参与到考试里，会极大干扰、压制思考，降低敏锐度。有学生进了考场就紧张地想"这是决定我命运的时刻"，心里发慌，花了好些时间才能够思考答题，肯定要影响正常发挥。

所以最佳的考试状态是高度专注的敏锐状态，也就是中等紧张。这种状态并不是在考试的时候给自己大脑下指令"我要中等紧张"就可以实现，而是需要在平日的考试中去培养起来，所以每一次考试都是优化考试心理的契机，都是良好考试心理的练习和准备。

五、信息过多的恶果

我主张家庭教育"指点"孩子的学习，突出这个"点"字，是因为要提醒家长，不能用大量的知识信息一层一层把孩子包裹起来，让孩子几乎不能动弹，不能思考。

1.防止信息过量

一次我在动物园观赏一只东北虎，其虽为笼中兽却依然威风凛凛，浑身的皮毛色彩花纹，无一不透出森林之王让人叹服的壮美和威慑山林的力量。我实不忍离去，坐在不远的靠椅上，久久注视着它，想象着它在大森林里百兽震恐的虎威。

这时一个母亲大声念着关于"东北虎"的介绍，属什么科、产于何地、特点是什么。她拉过儿子（大约小学二三年级学生）说："你记一下，这也是知识。"儿子一脸不情愿，勉强望着牌子。我"三句话难离本行"，对这位母亲说："我看你很重视教育。"她笑了一笑说："知识是积累起来的，学一点就多一点。"我委婉地建议："他不高兴看说明，你就让他先看老虎，这只老虎太漂亮了，其实不看介绍说明也没关系，以后他查阅有关东北虎的资料，不也好吗？"这位家长很感激，但仍然流露出对儿子"不肯随时积累知识"的不满。

这位母亲的话是对的，"知识靠积累，学一点就多一点"。可问题在于学一点并不一定就学进脑子里去，孩子被零碎的信息填塞，很难吸收，更不能积累起来，就如孩子长身体也靠一年年的日积月累，但并不等于吃一点就长一点，要吸收了才能长身体。

这只是一件偶遇的小事，但是可以看出不少家长不是指点孩子学习、积累知识，而是把大量知识信息硬塞给孩子。如培养观察力，家长就担心失去任何一个可观察的机会，只要有场景就让孩子"仔细观察"，写有科普知识的地方就赶快让孩子"记住"，还有就是中小学生的参考书可谓铺天盖地，家长也来者不拒。这样不经筛选的信息就是一地碎片，孩子掌握不了主次轻重，失去学习节奏，致使孩子大脑里的信息杂乱无章，思考也失去条理性。

信息多而杂乱的恶果一是直接损害孩子思考的条理性和独立性，使孩子看似所知甚多，却又一知半解，形成浅尝辄止的不良思维品质；二是信息过多会使孩子精疲力尽，反而对知识信息"麻木"，就像人已经吃得很饱，任何山珍海味，也不再有兴趣一样。我们一些孩子厌学，也有这个原因。家长须知，要写出好作文、好文字的基本功，是多读经典名著，读第一流的作品，尤其中学生，没有经典的古今中外名著、诗词古文垫底，是不可能写出好作文来的。

2. 必要的"不知道"很有必要

现今的网络已经使得人类传递的总信息量增长了无数倍，有人说我们已经进入"信息碎片化"时代，信息碎片化时代已经不是信息成了碎片，无法吸收，而是人们的思维方式也随之也"碎片化"了：快餐式的、条目式的、海量的，浮躁的、浅尝辄止的。海量信息让人不断丢失目标。不少学生原本是上网搜寻资料的，打开网页被新闻吸引，新闻旁边又是大量链接，点击链接后发现新片……如此这般，已经越走越远，忘记了当初为什么打开网络。

从大脑的思维水平讲，越是复杂的内容，越是需要高度集中注意力指向目标，家长一定要懂得：不断丢失目标的思维能力，不能解决复杂的问题。每天都浮光掠影地阅读各种各样的信息，然而并没有记住什么，而注意力更加涣散。所以有学者指出，现代人的特点之一是注意力匮乏[①]，因为信息消耗的是接收者的注意力，当分散的、琐碎的、相互没有关联的信息大量聚集，必然地意味着注意力匮乏。除了注意力匮乏、失去专注，还使得青少年失去阅读的耐心、失去耐心等待。

互联网的优势和好处是肯定的，然而即使我们成人也是需要屏蔽若干来自网络的信息，才能保持正常的大脑状态、工作状态和家庭生活状态，何况孩子！从儿童青少年的思考力角度看，家长指导孩子"屏蔽"网络信息就显得非常必需，也就是指导孩子通过有意识地屏蔽，让自己必要地"不知道"。必要的"不知道"是一种有效的保护，保护大脑处理信息所需的足够容量。

---

① 赫伯特·西蒙（Herbent Simon，1916—2001），经济组织决策管理大师，美国管理学家和社会科学家，诺贝尔经济学奖获得者。1971 年，赫伯特·西蒙就对现代人的注意力匮乏症做出了最好的诊断：信息消耗的是接收者的注意力，信息的聚敛必然意味着注意力匮乏。

第十九卷　保护孩子的能力

提示：安全健康的守护神（P308）/ 抵御不良文化刺激（P310）/ 疏导焦虑（P314）/ 创造的本质是与众不同（P319）/ 让孩子喜欢"试试看"（P324）/ 保护创造力艰辛所在（P325）

父母保护孩子应该说不存在多大问题，人类护犊的天性原本就十分强烈，但由于种种原因，使得家长对孩子的保护意识和能力不足。除了社会病态、生物病态因素，大多数家长对孩子保护不够，是因为缺乏相关的教育观念，缺乏长远眼光，因而保护不力。这里重点谈谈保护孩子的几个问题：安全、身体保护、疏导焦虑、创造力保护及特长的保护。

一、保护孩子的安全

1.安全保护

现在孩子的安全越来越让人不放心，每天在若干个小学幼儿园的大门外，接孩子的家长黑压压地站一地，说明家长重视孩子的安全，反过来也说明我们的孩子现在很不安全，甚至刚刚出生的婴儿，也可能被盗走，让家长防不胜防。对此家长的唯一办法就是操心，认真操心孩子的安全，因为安全事故看起来发生在一瞬间，实际上已经隐患了不短的时间，只不过家长没有意识到，没有防范。

在日常保护方面。家长的房屋陈设首先要考虑到孩子的安全，如电器、煤气、火炉、刀具的安放位置，必须安全妥当，有个家长用完菜刀顺手放在小桌上，三岁的儿子走过小桌时顺手摸了一下桌子，食指就被划断只剩下皮还连着，好在离大医院很近，及时断肢再接，没有落下残疾，这个家长之后逢带小孩的就说千万小心，一次也不要图方便，养成铁定的习惯，利器一定要放到孩子绝对够不着的地方。

孩子的日常用品必须安全无污染，高层房屋的护栏等必须万无一失，房屋装修的时候，要把与安全放在第一位，其他方面省一点，不能使用存在污染环境的劣质材料。某省血液肿瘤研究所对收治的一千五百多例儿童白血病患者调查发现，其中70%儿童患者的家庭在一至二年内装修过[①]，这个数字真正让人心惊！

孩子的人身安全最令人担心，但孩子又必须离开家长独立活动，所以除了家长给予孩子悉心的保护，还要注意培养孩子自我保护的观念和能力。家长提醒孩子注意交通安全，最好每天孩子出门时都叮嘱一句："注意汽车！"时间长了，孩子就会对周围是否有车辆活动保持一种警惕，交通事故不能出几次，只一次就可能丧生或致残。现在儿童死亡原因中，第一位还是意外事故死亡，家长要特别重视。

此外家长不能把孩子单独留在家里，因为孩子没有保护自己的意识和能力。孩子玩耍的场地也容易出危险，危房危墙、沙堆塌陷、锈腐的铁门、松动的栏杆、断节的电线、施工的工地等，随时都可能危及孩子的安全。家长要叮嘱孩子远离这一类场地，对有的危险地带，则必须禁止孩子靠近。

从每年丢失的儿童看，父母忙于生计顾不上孩子是一大原因，所以忙于工作的家长尤其要安顿好孩子，不能存侥幸心理，宁愿在保护上花一点时间，而绝不不情愿花好多时间去寻找丢失的孩子，还要忍受地狱一样

---

① 赵琳，《儿童白血病装修是祸首》，载《哈尔滨日报》，2010.6.13。

的煎熬。

女孩子的家长总是要多一层担心，所以家长平日要对女儿进行充分的自我保护教育，从幼儿期就应开始，要讲得简单一点，经常地重复叮嘱，让孩子对陌生人保持基本警惕，包括对熟悉的异性要保持距离，还要有对付突然事件的心理准备和能力，否则孩子遇事惊惶失措，对安全更为不利。

保护女孩子包括培养女儿恰当的矜持，必须的端庄，要培养起两性关系的严肃态度。我曾经在医院大门扶起一个晕厥靠在墙角的女孩子，她想用伞遮住惨白的面容，我把手里的一盒牛奶给她喝了她才努力站起身来说"没事，刚才人流了出来"，我问男友呢？她说已为他人流几次，我说妈妈呢？她说他们不知道……在社会不良风气的背景下，泛滥的邪恶欲望最终伤害最深的大都是女性，这并非是青春必须要付出的代价，做家长的尤其做母亲的要保护女儿。

2. 抵御不良文化刺激

现代家长面临的难题之一，就是来自低俗文化的不良刺激大大增加。不良刺激指不健康的刺激和过多的刺激，对此家长要有清醒，在威胁到孩子心理健康、精神发育这些大原则的时候，都需要家长毫不犹豫地挺身而出。

由于社会不良刺激和影响防不胜防，拜金盛行，享乐腐败，娱乐至上，暴力色情……充斥在孩子周围，使家长真有无力抵挡之感。主流文化价值在"娱乐至上"的风潮中，反倒显得边缘化了，如果孩子只知道娱乐、选秀，不知道科学、人文，更搞不清什么是美，精神发育就很难健全，更遑论"修齐治平""家国天下"。

对这个问题，我认为除了社会治理角度的保护，家长必须全力保护孩子，培养起孩子自身强有力的免疫力和合理态度。用我们人体来做比方，人体的周围细菌病毒无处不在，然而人却有办法防止细菌病毒侵入人体：保证营养、积极锻炼、健全体魄、提高抵御能力，家长保护孩子也同此一理。家长要有主动状态，不能认为抵挡不了，自己先就认了输，又如何去保护孩子呢？

家长保护孩子不受社会坏影响，有三大措施，一是告诉孩子什么是低俗的，从认知层面明白是非；二是优化家庭文化环境，对中小学生来讲，家庭影响大于社会影响，这是重要防线；三是提高孩子自身的抵御能力，任何坏影响都要通过孩子的弱点才能起作用，家长要以坚决的态度让孩子从免疫系统筑起警戒线，鼓励孩子勤奋向上，崇尚简朴，不慕虚荣，以追求享乐为耻。优质的、丰富的精神世界，可以最有效地抵御不良文化刺激的侵蚀。

来自文化评价的不良刺激对孩子的影响也相当大，社会文化评价的力量几乎可以左右孩子的自我评价，处理不好就伤害孩子心身发育。例如对女性的审美标准就比较苛刻，历史上的细腰、缠足到现代的瘦身，都是把女性放在审美的聚光灯下去挑剔、审视，随处都是打量的眼光，其中包括我们家长。这给许多女孩子带来极大的惶惑，如果有同学稍稍多盯了她们片刻，她们就会惊慌"我又胖了吗？是什么地方不对劲了"，终日惶惑不安。

健康生活包括健美体态，但不等于失去评判的分寸，损害到孩子的健康心理，导致孩子形成体相障碍。有的家长见孩子稍稍有点胖了，立即限食，而且在精神上施加压力："女孩子胖了没人喜欢。"弄得孩子饿着肚子还自卑。更有甚者，家长用挑剔的、厌恶的眼光在孩子身上扫来扫去地"审查"，显出极端缺乏尊重孩子的涵养，甚至当着朋友同事的面，毫无顾忌地评价孩子"这么一个矮个子怎么办啊！""皮肤黑，穿什么衣服都不好看"……这就有点"肆无忌惮"了！太缺乏保护孩子的认识。

有一位家长，女儿身高低于一般同龄孩子，家长为此也焦心，但她总是对孩子说："每个人情况不同，妈妈就是到高中才一下子长高起来，把大家吓一大跳。"女儿听了很开心，总是快快乐乐的，憧憬着到了高中自己也会一夜之间蹿出高个儿，吓大家一跳！这位母亲说："孩子以后真是矮个子，还是要让她保有自信乐观。"家长有了这样的主见，就能很好地保护孩子。

说到这个问题，顺便我想提醒家长一句：我们都为人父母，谁也不敢担保自己的孩子不遇到什么事，所以孩子符合社会文化标准，不要得意而失态，更要忌讳去挑剔别人孩子的不足，包括收敛自己挑剔的眼神。还是那句话"罔谈彼短，靡恃己长"①，要有爱护所有幼小的广博爱心，"幼吾幼及人之幼"，做母亲的更要富于深沉博大的母爱，如果为人父母却对别人孩子的不足幸灾乐祸，挖苦刻薄，我以为是天理不容的。在这个问题上，为人父母者一定要"心存敬畏"。

3. 保护孩子的童年快乐

家长要相信，要使孩子能对付艰难世事的最佳途径是让他们面对世事，对付艰难世事的最佳准备之一，是他们拥有一个快乐的童年时代，这是需要家长予以保护才能有的。

保护孩子童年的欢乐，并不是给孩子衣来伸手、饭来张口、百依百顺的"满意"，而是给精神世界充实带给的快乐，给孩子拥有自然成长的快乐，健康向上的快乐。孩子童年的欢乐并不来自成人世界，而是来自孩子们自己的世界，孩子的世界只属于孩子，家长只能给予保护而决不要去干扰或取代。

我母亲是她家乡历史上第一个女大学生，毕业于西南联大，母亲常说起她童年的开心玩耍，好像整个小学都是懵懂的、萌萌的。在小学毕业考中学时，母亲站在另一个院子的窗外看其他学生考试，竟忘了自己也要考试的，结果为此比同班同学晚了一年上中学，我听了真的惊奇万分，而母亲说着这些总是很开心地笑。

20世纪60年代时候嘉陵江上第一座大桥建成了，好高好高，一个10岁的男孩在家里拿了几张白纸，独自步行十多里公路，走到大桥上把白纸撕碎成小纸片撒下去，桥很高，雪白的纸片飘飘洒洒翻飞起舞，最后落到江面，顺水流去。男孩子看够了，就往回走，这时已经又饿又渴，身上没有一分钱，于是掏出心爱的小刀片，递给一个卖茶水的老头儿，想换水喝，老头儿不肯，他只好又继续走，回家天已黑了，大人们吓得不轻。事后问他那么远去干吗，他说想知道从桥上撒下纸片是什么样子。

现在都市的孩子早没有了这样的福气，家庭教育也已经顾不上考虑这种体验的价值，然而家长不要小看了这些儿时的体验，保护孩子拥有自在

---

① 《千字文》。

的童年、遐想和玩耍，就是真正的智力启迪。后来这个男孩高考物理几乎满分，再后来成为了中科院院士。这并非是说到桥上撒了纸片就成院士，我强调的是童年自在遐想、探索这种快乐体验的宝贵价值。

现在有家长也带孩子远足、旅游，以便启发孩子的智力，这原本是好的，但毛病在于从头到尾控制指挥着孩子的头脑和眼睛："你仔细看看，山是什么样的？树怎样描写……"使孩子的大脑不得安宁，哪里还可能有好奇？有自在的大脑状态呢？家长去换位想想，如果自己的思路老是被人牵制着，还能"思接千载，神游万里"吗？

童年的快乐是一种简单的快乐，这种简单就是无邪的、自在的、好奇的，需要家长好好保护。孩子们天生具有极其美丽的想象力，那是儿童世界才有的图画，我们成人大多数已失灵性，不得进入其中。我们能做的事情一是保护儿童大脑里的这个美丽世界，让这个美丽世界陪伴儿童的成长；二是满足孩子总希望去进行的尝试，多赞成孩子"想试试"，哪怕是成人看来毫无实际价值的举动；三是力求保护孩子的赤子之心，无邪心灵，这一点很难，可是它比什么都宝贵。

4. 保护儿童远离危险、灾难

《中华人民共和国未成年人保护法》第三十八条规定："任何组织或者个人招用未满十六周岁的未成年人，国家另有规定除外。不得安排其从事过重、有毒、有害等危害未成年人身心健康的劳动或危险作业。"这里主要指招收的十六周岁以上未满十八周岁的未成年人做工。那么，在突发的危险事件面前，孩子应该怎样做才恰当？比如森林起火，固然有损失，可孩子去救火，烧死在火堆里，是否欠妥当呢？就依损失而言，孩子重要还是树林重要？何况孩子没有能力去扑灭森林大火，也没有能力从水中拖出溺水者。

我当过中小学教师，我曾目睹过因孩子救孩子、手拉手死在水底的小孩遗体。两个孩子母亲的悲哀哭泣是我有了孩子以后才有了理解，而对这个问题的思考，却是从那时开始。

任何物种都以保存后代、延续生命为第一需要，我们人类为何赞成孩子慷慨赴死？纵然牺牲个人是为了保存全体，那也是成人的责任和义务。孩子的生命除受法律保护外，还应受到成人的加倍保护，成人的责任就是让孩子安全成长直至长大成人。正如我们住房起火了，家长首先想到的不是把孩子救出去，反把在安全的孩子驱进火海去抢救财物，这算什么呢？这种家长恐怕没有吧？

家长应该告诉孩子，遇到紧急情况要善于保护自己，遇到有人溺水，或火灾，要立即呼救，看见有人触电，应拉断开关电源等，不能鼓励孩子贸然冲陷。孩子不具备抢救的能力，更缺乏保护自己的能力，保护孩子是我们成人的天职，教育孩子见义勇为应该是孩子具备了"勇为"能力的时候，就如同我们教育孩子"天下兴亡匹夫有责"，而扛枪保卫国家却必须在孩子长大以后，而不是把孩子推上前线去。

成人保护孩子，是要把孩子的生命视为第一重要，整个社会责任应该由我们成人来承担。现在有的做法很有些令人诧异：成人不讲环境卫生，孩子站岗纠正；成人见死不救，让孩子冲锋陷阵；更而甚者儿童食品、儿童服装、儿童玩具问题成堆，而真凶就是成人……我们成人的素质如何，也许由此可见一斑。

多年前一个少年由成人组织起来去扑救集体财产被烧死在树林里，我写了这个问题在这本书的第一版里，表明我们成人极不成熟。这些年过去了，我们中国的成人保护儿童又是怎样的呢？虽然有了这些年的长足进步，但远远不够。之前几大正规企业的奶品被曝光有严重问题，让天下母亲震惊、愤怒，然而她们束手无策！那天我做了一个梦，梦里听到一个小孩遥远的声音在问："妈妈，爸爸呢？"这句飘渺梦境的稚子之语，让人苍凉之至——当邪恶一起向最柔弱的婴儿下手，孩子们的父亲在哪里？谁来保护孩子？可见我们成人依然还待成熟，保护孩子的任务还有那么重，而道路还有那么远！

二、疏导焦虑保护心理健康

持续高焦虑会导致心理疾病、身体疾病，甚至可能有性命之忧，而我国中小学生的焦虑水平持续增高这一现实，考验着家长的教育能力，也凸显出家庭教育疏导孩子焦虑的任务。由于心理健康问题的专业性比较强，所以我说得仔细一些。

1. 要了解孩子为什么焦虑

家长要学会了解孩子的焦虑源，也就是为什么事情焦虑。一般来说，中小学生的焦虑不外乎学习焦虑、人际焦虑、身体焦虑等，而学习焦虑是最普遍的，人际焦虑、身体焦虑比例也不小。据中国科学院心理研究所调查，目前学习焦虑发生最主要的起因是升学压力、学习内容的难度、学习内容数量过大，还有教师、家长与学生因为学习成绩而引起的冲突所致的焦虑，致使不少中小学生焦虑程度超出正常水平，成为心理健康的严重威胁，有的已威胁到性命安全，家长要高度关注。

曾有一种"小皇帝"的说法，形容独生子女"要什么就有什么"，然而事实上真的要什么就有什么吗？我曾主持项目调查小学生的情绪健康问题，选取的是高年级几个班的孩子，要他们用简笔画画出"我的苦恼"，并到讲台讲述自己画的含意[①]，是什么苦恼，焦虑又因何而起。最终归纳起来主要如下几类：学习焦虑、缺乏安全感、与同伴失和、亲子冲突、师生关系、体相障碍等。

据调查，焦虑源看，因为学习压力而苦恼的约32%，同伴关系约25%，亲子关系约18%，师生关系约10%，自我接纳约10%，其他约5%；从焦虑程度看，画面展示的焦虑程度让人心惊，例如学习焦虑：

画面之一：一颗鲜红的心脏，一支利箭直穿而过，心尖在滴着鲜血，旁边写着"79"分。

画面之二：自己全身都埋在土里，地面只露一个头，动弹不得，天上有几架飞机，正对着自己的头，投下一连串炸弹，自己绝望的表情。孩子讲述这是自己想到考试时的感觉，无力无助、沉重万分。

画面之三：一串黑色的脚印，旁边写着"85"分，学生讲述：考差了，拖着沉重的脚步回家，等着挨打、挨骂，甚至不给饭吃、挨饿。

画面之四：一座大山，山上插满了尖刀，自己在山的这一边，山的那一边是"100分"，学生道：我觉得这座尖刀山自己爬不过去，总是考不好。

---

① 赵石屏：《如何上好心理健康辅导活动课》，载《课程·教材·教法》，2001.10。

画面之五：一块大石头，一把刀，旁边写着："数学"，学生声音低沉的讲述：我的数学考得很差，我的心像石头在砸、像刀在劈一样。

……

孩子们强烈的负面情绪色彩的画面反映出学习焦虑的普遍性和程度的严重性，让人心惊。人际焦虑、自我接纳的焦虑也普遍存在，一个当中队委的孩子画她的"两根杠"，画了三张选票，她是中队委，可是选三好生全班投票她只有三票，她说"我被全班抛弃"，想不通为什么，非常苦恼。

可见现在的孩子虽然无衣食之忧，然而心理需求、精神需求家长却重视不够，也反映出家长过度关注分数、严厉的惩罚，是孩子学习焦虑持续上升的家庭缘由，这对家长是一个警示。

2. 疏导焦虑的原则和方法

家长疏导孩子的焦虑，一是教给积极的情绪认知，二是交给疏导焦虑的具体方法。

第一，教给孩子积极的情绪认知。情绪认知就是怎样看待情绪，比如苦恼，苦恼堆积起来就成了焦虑，疏导孩子的焦虑，家长首先要将"有苦恼"合理化，让孩子懂得成长中不断有苦恼是正常的，积极解决烦恼才能使我们长大，这样能培养起孩子对学习压力、人际适应的积极态度。一个孩子比赛输了很苦恼，家长告诉孩子，输了很难受，但光难受没用，记住"输了重来"就是了，之后这个孩子学会了遭遇挫折时，习惯大声喊出来"输了，重来！"情绪非常积极正面，这个家长就教给孩子的情绪认知就是积极的、富于建设性的。

第二，要教给孩子具体方法疏导孩子的焦虑，家长教给孩子具体方法，帮助孩子总结一些有效途径，例如：

·增强自信，用努力向上代替自卑；

·用转移来忘掉苦恼；

·学会寻求帮助来消除苦恼，如向同伴倾诉、寻求心理辅导等；

·用坚强的意志控制自己，咬紧牙关战胜软弱；

·学会沟通、协议，让父母了解自己的想法；

·"不欺善"、"不怕恶"，要学会合理反抗；

·学会宽容，会减少很多不必要的苦恼；

·用哭一场来化解、宣泄掉苦恼等。

事实证明，有了积极的情绪认知，这些具体方法孩子们很快就能掌握，一旦学会情绪管理，消除了焦虑，孩子们自信心大大增加。跟踪调查显示，好多经过指导的孩子进入中学以后，都能使用这些具体方法去应对学习困难，同理，对他们以后人生的职场挫折、人际困扰都是极有价值的。

第三，家长要懂一些心理学原则。心理疏导的专业性比较强，与思想品德教育的方法原则有不同。心理疏导是解决情绪问题，主要方法是沟通、理解，而不是批评，即使孩子错了，还是不使用批评，所以心理咨询的原则是"咨询室里无批评""无条件积极关注"[1] 这是家长不大熟悉的，需要学习。例如一个男孩画的是一只大拳头，他对同学们说："我长期受人欺负，我希望自己有一双大拳头。"对此家长若不知道心理学原则，就可能批评孩子"想打架不好"，而心理疏导方法是，全盘接纳男孩子希望有一双大拳头保护自己不受欺负的渴望，教孩子懂得老欺负别人不好，老被别人欺负也是不好的，人应该不欺善，也不怕恶的道理，告诉孩子有多种保护自己不受欺负的方法。

实际上孩子是懂得很多道理的，心理疏导要帮助孩子解决的是消极情绪问题，所以"无批评"的"无条件积极关注"是家庭教育要掌握的心理疏导的原则和方法，才能解决孩子情绪方面的问题。

3. 需要家长重点介入的心理保护

容易患某种疾病的人群，叫做这种病的高危人群，高危人群就需要有针对性地重点予以预防，降低危险的发生。心理疾病同样存在高危人群，家长要学会识别，才能降低孩子心理疾病发生的可能性。那么哪些特点是心理疾病的高危特点呢？

第一，消极情绪稳定的孩子，是心理健康疾病的高危人群，其共同特征是：消极体验、消极情绪稳定，持续时间长，内向、自卑。消极情绪、

---

[1] 美国心理学家罗杰斯认为，无条件积极关注是心理治疗的前提，它主要表现为心理咨询师对来访者的态度，无论来访者的品质、情感和行为怎么样，咨询师对其都不做任何评价和要求，而是对来访者表示无条件的温暖和接纳，使来访者觉得他是一个有价值的人。

苦恼谁都会有，但有的孩子"来得快，去得也快"，不高兴的事情很快就忘掉了，所以总是乐观开朗"不知愁"；而消极体验稳定和深刻的孩子，则需要家长重点关注，曾经有个高二的学生长期抑郁之后狂躁发作，拿着木棍追打父母，嘴里念叨着哪一年哪一次为什么事情打我，哪一年哪一次为什么事情不准我吃饭，还有哪一年冬天把他冻在阳台上……这就是消极体验极其稳定，没有及时疏导、积压起来成了心理疾病，由于家长不懂，以致这么长时间里没有疏导。

第二，退缩、自卑的孩子。退缩、自卑的孩子需要家长重点保护，孩子自卑、退缩有多种原因，比如学习成绩不好、人际困难（如被同学排挤、嘲笑）、体相不如别人（如个子矮小、容貌不扬）因此不接纳自己、行为退缩、自卑，这是家长要矫正的，如果再加上消极情绪稳定，则家长一定要高度重视，要作为很重要的事情重点介入，必要时求助专业介入。

家长要注意，有些退岁、自卑的孩子因为胆小怯懦，就显得很遵守纪律、很少攻击行为，从不惹是生非，所以从思想品德角度看，他们没有问题行为，甚至老师写的评语还不错。但从心理健康角度看，问题就比较严重，自卑是所有不良性格的核心根源，退缩行为如果得不到纠正，发展到最后就可能离家出走，离校出走，更严重的就是退出生命世界，家长对此要有敏锐的识别，及时保护孩子，防患于未然。

第三，高度规范的高焦虑孩子。有一类孩子的高焦虑是通过对"规范"的极端认真表现出来，这是容易被忽视的心理保护。如一个孩子因体育课忘了穿白球鞋，教师略带批评地提醒她下次记住，她觉得十分丢脸，之后一见到操场的跑道就觉得"透不过气来"；还有孩子因迟到被批评，此后只要稍微晚一点可能迟到，就害怕得近乎恐惧。从遵守规范角度，可以把这种情绪反应视为"遵守纪律""严格要求自己"，但这种高度遵守规范、因一次迟到、一次忘了穿白球鞋而长时间持续着"透不过气"的体验，从心理健康角度讲，已经是焦虑症或焦虑倾向，是需要纠正的，而家长往往忽视了，甚至无意间还在加码。孩子就可能要求自己去达到实际上不可能的高标准，更加焦虑重重。

尤其是一部分优生，带着这样的极端化观念去到中学、大学，有一点差错或挫折，情绪反应很极端，甚至有班干部被撤换、考试没有第一名就去轻生的。仔细追寻可以发现，这类"从未出过差错"的优生，高规范的背后是以高焦虑在维持的，其脆弱度也是高的。尤其到了青春期，面临学业、恋情、人际等内心冲突加大，稍有出入，已经很脆弱的心理就失去控制、崩溃、甚至酿出惨剧，看起来是孩子脆弱，实乃家长保护孩子不力之过。

三、保护孩子的特长和创造潜力

这里我把孩子的特长和创造力的保护单独提出来，是因为我深感现在不少家长，正在辛辛苦苦地一点一点地毁掉孩子的特长和创造潜力，的确是太可惜了。在平日的咨询和交谈中，我感觉有些家长对学校的学习竞争和练习方法无条件认同，没有自己的保留和见解，这是我不赞成的。家庭教育要有自己的独立见解，家校合作是家庭和学校各自教育功能的互补，而不单单只是"配合学校"，家长应该有更多的教育主动。在孩子的特长和创造力的保护方面，因为学校教育因材施教不足，家长更需要"当仁不让"于师。

保护孩子的特长和创造力是相当困难的教育任务，因为在中小学阶段，谁也无法确切地告诉你孩子潜在的创造力是什么，今后会创造发明什么，而且有相当一部分孩子表现出的偏离常规、与众不同，是学校的规范性要矫正的"缺点"，然而好多创造性思维又可能包含在这些缺点之中，家长又凭着什么去决定保留这些缺点还是克服这些缺点呢？

1.创造型常常偏离常规

创造性思维构成很复杂，需要逻辑性、幻想性、严密性、非理性、独特性、灵活性……还需要童心，还有许多不是一般常规推理可以解释的，有时甚至就是一种状态，大脑活动的状态，人只能感觉到而已。有心理学家在研究"创造的秘密"后提出几项与创造有关的因素，依次排列为：

（1）孤独性

（2）闲散状态

（3）自由思维

（4）随时处于一种准备捕捉相似性的状态

（5）容易受欺骗

（6）注重内心

（7）训练

由此可以看出，创造的思维特点、行为特点、注意倾向都表现出程度不一的与众不同，所以创造型的人一般都偏离常规，这个常规包括各种普遍存在的规章制度、组织纪律，在规范程度很高的学校，则往往成为被要求纠正的缺点。比如闲散状态，自由思维，都很容易作为"不规范"被一点一点地纠正掉，直到合乎了规范，也就差不多没有了"与众不同"、没有了创造性。

然而，道理又不能反推过去，不规范的孩子就是具有创造力的孩子，正因如此，鉴别孩子的创造力很困难。世界各国都做了大量相关研究，例如智商与创造力的关系是什么，怎样培养创造力等。研究结果证明，智商与创造相关并不密切，中等智商不能保证具有中等创造力，高智商不能保证高度创造力，智商在170或更高天赋的儿童有1/4在成年只取得一般成就，甚至成就贫乏，但高创造性需要智力中等以上。这种并不对称的关系，给鉴别创造力带来更大困难。

家长要明白一个道理，"创造力的本质决定了创造活动必须是与众不同的"[1]，而学校教育是规范化程度最高的教育，具有高度的规范化和组织化，学生要接受各方面的规范要求，很多时候都不允许"与众不同"，这对学生发展创造力并不有利。除非孩子遇到能够读懂孩子创造素质的教师，如平常我们说"慧眼独具"的伯乐，一般在学校十几年，创造力要发展是比较难的，这不是学校的错，因为学校必须高度规范化和组织化。

所以《简明国际教育百科全书》指出："或许学校应该是创造性天才得到承认和培育的地方，然而实际是各种教育机构可能集中于学生的学术表现而排斥其他一切，不仅掩盖潜在的创造性天才，而且成了创造性天才表现的一种负担。"[2]

---

[1] 索里、特尔福特著，高觉敷译：《教育心理学》，人民教育出版社，1983。

[2] 中央教科所编译.《简明国际教育百科全书·人的发展》，教育科学出版社，1989。

　　美国心理学会前会长吉尔福特一生从事智能和创造力研究，他指出："城市生活扼杀创造力。"指出了规范与创造性的相悖，对许多杰出科学家的调查结果也证明了这一点：在乡村的人比在城市的人有更大的可能成为出色的创造者，因为城市生活远比乡村生活有规则，城市人更多地接受规范规则的训练，因此，"闲散状态""幻想""自由思维""孤独性"形成的可能性远不如乡村。人们也注意到，不少来自偏远乡村的学生，在获得了基本的专业教育之后，显示出来的创造才能出类拔萃，但由于现在偏远乡村的教育还很落后，很多孩子得不到良好的教育条件，也就泯灭了创造的可能。

　　全世界都存在一个倾向，教师一般喜欢智商高而不一定喜欢创造力强的孩子，因为这些创造力强的孩子更多地表现为独立、倔强、顽皮甚至愚蠢、木讷，被教师视为"野孩子"。美国一著名小说家曾回忆道，在学校他是一个懒惰的大学生，对校规极为疏忽大意，宁肯怀有自己的幻想[①]。

　　爱因斯坦更是家喻户晓的学校的"坏孩子"，这是一个经典事例，他的中学校长对他父亲说："艾尔伯特（爱因斯坦的名）决不会干成任何一件事情。"这个中学校长有眼无珠，成为以后人们嘲笑的对象，其实只是他运气不好，因为创造潜力的鉴别太困难了，不知多少个校长都这么否定过某个孩子，只是没碰上爱因斯坦罢了。

　　不止一个家长问我"如何培养起孩子的创造力又不影响升学"？我认为这难度很大。一位家长是大学教师，对儿子的培养和希望都是高创造型人才，因孩子高三整整一年时间基本上都是重复练习、强化考试，这位家长就建议儿子降低一点报考目标，不去死抠分数，用这一年时间自学大学课程，进实验室，可是儿子思考两天之后说："爸爸，我还是牺牲一年的时间换取最好的大学吧。"家长同意孩子的见解，可非常痛惜，因为十七八岁是何等黄金般的年华！整整一年高强度的重复训练，对创造性思维破坏很大。后来儿子的确也考上了清华大学，家长还是遗憾认为这种应试训练损害创造力。这个事例可以见出，即使家长对此见解卓越，也还很难抵挡对

---

① 中央教科所编译：《简明国际教育百科全书·人的发展》，教育科学出版社，1989。

升学等综合因素的权衡。

数学大师陈省身为中科大少年班题词："不要考一百分！"南科大首任校长朱清时对此解释道，原生态的孩子一般考试能得七八十分，要想得一百分要下好几倍的努力，训练得非常熟练才能不出小错。要争这一百分，就需要浪费很多时间和资源，相当于土地要施十遍化肥，最后孩子的创造力都被磨灭了。这一番卓越的见识启迪我们家长要透过分数看智慧，使我们多一些教育的底气，眼光更长远，让自己的家庭教育更接近智慧。

家长对如此复杂的创造力可能会望而生畏，觉得弄不清的东西怎么去保护它呢？其实人类没弄清楚的事情比弄清楚了的事物多得多，越复杂的事情处理起来可能越简单。我们不知道孩子将来能否有创造，有多大的创造，最简单的办法就是不下结论，然后尽量给孩子拓宽环境，不要逼孩子与大家一个样，尽可能提供孩子保留创造潜能的条件。家长能在多大程度上容忍孩子与众不同，就极有可能在多大程度上保留了孩子的创造潜力。

2. 不妨肯定更妥

弗洛伊德认为创造力"不可思议"，我们很难做出鉴别，尤其是"灵感"一类的东西，更是大脑极为难得的一种状态，好多时候不知道从何而来。由于学校教育高度规范是一种必然，没有高规范就没有学校教育，所以家长保护孩子创造性几乎可以充当半个主角，至少目前是这样。

孩子喜欢得到肯定，这样才会有安全感。那么家长凭什么去给孩子肯定的评价呢？如果教师说你的孩子"自由散漫"，你能对孩子肯定地说："没关系，自由散漫不错"吗？孩子像爱因斯坦、爱迪生一样"学习很糟"，你能肯定孩子吗？

孩子天生是有好奇心的，他千方百计想弄清一个问题，会提出千奇百怪的问题，甚至有怪诞行为（比如爱迪生坐在鸡蛋箩筐里孵小鸡），孩子的好奇如果受到惩罚（如爱迪生被学校开除），家长究竟该持何种态度？我以为，在无法决定应该肯定还是应该否定时，最好还是"不反对"，让孩子发展过程充分一些。一般来讲只要智力在中等或中等以上，每个孩子都有自己独到的长处和创造潜力，而且都需要一段表露出来的过程和时间，而在这个过程中孩子必须得到鼓励和肯定才成。就像孩子参加赛跑，不到终点谁都不知最终结果如何，家长只有使劲给孩子喊"加油！"，不可能见孩子不在前头就把他从半道里拉出来，总得鼓励他跑完全程。

家长凭着什么给孩子肯定？就凭这一点：没有跑到终点之前，只给孩子"加油"，当然孩子如果有了小发明之类的创造，对孩子创造发展就更加有利。有家长问到如何培养孩子创造性？我认为这个问题很难回答得完满。创造是儿童的天性，家长能够不人为地去把它砍削掉，孩子已算是幸运了，这是一方面。另一方面，目前世界各国都在探索如何通过训练发展创造力，但正式纳入了教学计划，还只是少数国家，效果也并不明显，因为创造性在本质上是与众不同，所以更多的培养还是提倡拓宽思维环境，多提出求异的思考，激发好奇心等。为此家长可以给孩子一些具有挑战意味的创造性活动项目，这些项目可以在家庭教育中随时进行，也可以借助有关资料专门进行。例如：

① 独特的运用：让孩子指出日常用品的不同用途。如一块砖的用途，可以用于建筑、垫高、敲钉子、对付危险等，尽可能发散思考，寻找不同用途。如建房子、修墙、修路就是一类用途，家长可提醒孩子不止用于这一类，如敲钉子就是另一类用途。

② 推测结果：讲一个故事或一件事情，设置悬念，让孩子去推测结果，或进一步分析为什么是这样的结果，培养孩子的独立思考；

③ 想象性绘画：给出一个题目或一个词汇，要求孩子用图画画出这个主题或词汇的想象；

④ 说句子：家长给出三个词让孩子说一个句子，或给出一个词让孩子说三个不同的句子，训练孩子的发散思维，努力寻求"不同"，是创造性的核心思维方式；

⑤ 改进产品：指出某个产品的不足，让孩子想想可以用什么原理来改进？如何改进？

⑥ 完成未完成的图画：给出一幅没有画完的图画，让孩子按照自己的理解去完成图画；

⑦ 词的联想：说出一个词，让孩子尽可能多地联想与这个词有关的词或事件、场景；

⑧ 争论故事：讲一个能引起争论的故事，让孩子按照辩论的原则，执一端与人争论。家长要注意的是，故事本身具有争议。例如"两难"类的故事，一个贫困的人为了给妻子治病，去偷了一个为富不仁的药店老板的药，这类故事就很有争论性，除了启迪道德认知，对求异思维也是启迪训练。

更重要的是，平日尽可能提供给孩子闲散、独处的条件，少上网络多看书，让孩子多动手制作、改进、拆装模型产品等，这样把孩子的思考引向创新，很可能有意想不到的效果。例如一个 5 岁的小男孩，起床的时候手套进衣服袖口就停住了，坐在那里不动，妈妈见状并没有责备他，也没有催他，顺手拾掇了一下孩子的衣物。过一会儿小男孩仰脸对妈妈说，妈妈我想起来昨天那个故事的原因了，说话间跳起来迅速穿好衣服，利索地洗漱吃饭上幼儿园。这位妈妈说，其实她也不清楚孩子坐在那里不动是怎么回事，但自己已经习惯等等看，不想把孩子催得那么紧迫。孩子在发呆想问题没有固定时间场合，家长要留意给孩子大脑更充分的空间。如果家长给孩子一顿责备或批评催促，这种宝贵的大脑状态就被家长破坏了，多么可惜啊。

3. 独立性与家长的容忍度

独立不羁的孩子不仅教师不太喜欢，家长自己也可能容忍有限，不知为什么人类对"不顺从"行为的容忍总是有限的，而坚信"顺从"是一种美德。

然而人类历史的开创就源于一种"不顺从"的行为，亚当和夏娃对上帝的"不顺从"才使得人类的独立迈出了第一步。"普罗米修斯的神话也表明了全部人类的文明都建立在一种不顺从行为的基础之上。"① 可人们还是倾向于顺从，而很难"不从"，原因在于不顺从必须要有忍受孤独的勇气，敢于对权威说"不"，必须承受巨大的压力，所以大多数人不喜欢"不从"。

让孩子发展独立性、创造性，家长就得考虑这个问题，考虑容忍孩子的独立意识。这种容忍不是在孩子长大以后，而在孩子很小的时候就开始。

---

① ［美］弗洛姆著，王泽应译：《人的呼唤》. 三联书店，1991。

例如3岁的孩子有的已经可以试图纠正父母的指导说"不是这样的"，家长就要意识到孩子可贵的独立意识，而不一定真的去辩个对错；孩子再大一点，独立不羁更可能使家长心烦，升学、高考志愿、择职、大事、小事都坚持己见，家长如何对待呢？尤其在应试教育的限制下，孩子的创造性很可能与考试名次相悖，教师也不喜欢。这种情况家长能容忍吗？或者容忍到一个什么程度呢？

家长可以试着把握这个分寸。例如：孩子提出他的主张，而家长认为是行不通的，怎么办呢？这时家长应该允许孩子"试试"，去试试究竟行不行。这样一则发展孩子的独立性和好奇心，二则增加孩子创造试验的机会。

此外，家长容忍孩子的冒险、试探，不能非要求有结果不可。如果要求有结果，孩子就只能放弃试探。一个孩子要试试改变缩短复习时间看考试效果，家长正确的做法是允许尝试，如果家长说"你要试可以，但有一条，考试成绩不能降低"，那么孩子还试吗？就很可能不敢去试试了。这里介绍给家长了解"不利于儿童创造性发展的几点因素"：

"过分追求成功"；

"以同龄人为楷模"；

"难以容忍嬉戏的态度存在"；

"在时间压力情境下进行学习"；

"凡事设置标准答案"。

那么与此相反，有利于儿童创造性发展的做法是，不过分追求成功，容忍异议，鼓励儿童相信自己的判断，创造读书学习的宽松心理环境，布置一些不评分的练习，强调每一个人都有创造力。

4. 保护孩子创造力的艰辛所在

保护孩子的创造力真正不是一件轻松的事，即使家长努力去捕捉到了孩子的创造性征兆，要保存发展它们也是谈何容易！

第一，学校考试分数是家长最难过去的第一关，学校考试的分数给家长的压力太大了，尤其是几次重大考试的分数，直接关系到孩子升学是否顺利，家长不得不考虑。我也有12年时间去开中小学的家长会，虽然我孩子成绩好，可在家长会上听老师讲考试，尤其是高中阶段的考试，还是很有压力，而其他家长则有从高一就开始失眠、到高三家长就"已经快撑不住了"的几近崩溃。

家长高度的紧张与焦虑，大多数也顾不上还有保留创造性思维一说。我曾旁听一次高三家长会，一位家长焦急地要求数学教师，希望教师对孩子强调解题的思路不要"翻新花样"，因为出错丢分的可能性大大增加，而且高考阅卷教师没有那么多时间来研究标准答案以外的解题方法和答案！教师都非常清楚，能"翻新花样"地解题是何等可贵的求异思维！是多么聪慧的孩子！然而为了高考尽可能地少丢分，教师和家长非常清楚此举无奈之至，类似权衡何等无奈！让我慨叹至今。

第二，孩子并不知道自己的种种"毛病"是创造潜力的表现，教师家长一次次地否定、批评要求改正，孩子又如何可能保持自由思维和闲散状态呢？一个班一个年级每次考试都有先后，孩子是有自尊的，要承受"在人之后"的压力很困难，况且有的孩子去争取第一名、前三名还不仅仅是自己的事，比如为班集体去争夺名次等，所以孩子很难做到承受着压力去保留自在与闲散。

第三，从心理学角度讲，要求记忆与要求思维是相悖的，就是说，人在进行记忆、背诵的时候，很难进行思考，学校课程的不少内容完全可以通过记忆获得高分数，特别在小学初中阶段，不少孩子为了保持成绩优良居高不下降，几乎完全使用机械记忆，甚至殚心竭虑将教材倒背如流，家长明知如此会遏制思维能力的发展，又不忍心扫孩子争夺高分的兴致和苦心，也就走一段看一段，顾不上更多。

单单就这几点，已足见保护孩子创造力的艰难了，好多家长承受不了这般压力，也冒不了这个险，也就顾不上考虑孩子的长远发展，只顾及眼前，鼓动孩子舍本逐末，这非常有害。现在家庭教育追求这种外在虚浮的倾向，还不是少数。然而我还是认为，家长应该力求使孩子"来日方长"，力求眼前和长远二者的并存，也就是二者都做一些进退，成绩目标退后一点，那么孩子大脑的宽松自由就增进一些了。现实中二者兼顾的孩子还是有一些的，例如有研究说社会创造力高的往往不是读书的"前三名"，而是在"第十名"前后，这也许对家长真还是有用的启迪？

保护孩子的创造性还需要家长与自己的虚荣对抗，因为往往是家长更热衷于孩子去角逐名利，不少家长无法摆脱这种外在需求的压力，迫使孩子追求更现实的、但可能是空洞肤浅的东西，破坏孩子创造性的努力。所以保护孩子的创造潜力需要家长的智慧眼光，努力去克服自身的虚荣和软弱，才能做到。

创造性应该是人性的天然生成，"淡泊明志、宁静致远"，不少人的创造才赋得以保存和发展，完全在无意之中。著名心理学家马斯洛仔细研究了人的无意识与原始创造性的关系，他曾在选出的特别有创造性的人中发现了这种原始创造性，而且这种创造性极有可能是一种每一个人都有的遗传素质，在所有健康儿童中都能发现它的存在，是任何儿童都具有、但大多数人长大以后又会失去的那种创造性。[①] 那么我们去想，为什么长大后会失去呢？

诗曰："周虽旧邦，其命维新"[②]，说的就是万物生生不息、日新月异这个道理。

---

① 马斯洛：《人性能达的境界》，云南人民出版社，1987。
② 《诗经·大雅·文王》。

后　记

我喜欢"十年磨一剑"，喜欢耐心地寻找到一种完美的感觉而不及其余，屈指这本书便是磨了十多个年头。

人生一世总应该为别人做些什么。自忖才疏学浅，常有向往圣贤之心，苦乏济世救人之识。直到有了孩子，才想到了要为孩子们做点什么，做了母亲，才懂了为人之母之劬劳，诚心希冀为别的为人父母做点什么——于是处心积虑而有所学，而有所思，所谓"愚者千虑之一得"矣。我一直反复审视自己写的这本书，"思无邪乎？"几番掩卷，辗转不安，不胜惶惑：不知负了我的父母否，负了为人家长者否，负了自己之意诚否。

世上凡事可以说到无限的大，就可以说到无限的小，家庭教育的复杂性在于它的差异性、多样性和不确定性，所以它的作用不可能无限大，尤其是某一教育方法绝对不可能应对复杂的教育。我写出我的思考，提供给每一位翻开此书的家长。我也是家长，深知为人父母之不易，如果书中有一句话能对家长们的孩子有益，则我无所他求。

然而这也许亦是奢望。教育是属于整个人类的，我在其中微不足道，天下数不清的父母和教育者，他们远比我为孩子们做得更多，做得更出色。对于我，一个学者、教师、母亲，要做的是不断地思考下去，不断地唤起教育敏感……即便因此最终来到一片荒漠面前，也是无可怨悔的。人类面对茫茫无际的宇宙，差不多不也是一片荒漠么？

更何况，"道可道，非常道"。圣人曰："天何言哉？四时行焉，百物生焉，天何言哉？"[1] 这才是真正的大道理。

丙申暮春常州赵石屏识于重庆

---

[1]　出自《论语》，意思是："天何尝说话呢？四季照常运行，百物照样生长。天说了什么话呢？"